1496

INVESTIGAÇÃO CRIMINAL E AÇÃO PENAL

F312i   Feldens, Luciano
        Investigação criminal e ação penal / Luciano Feldens,
Andrei Zenkner Schmidt. – 2. ed., rev., atual. e ampl. –
Porto Alegre: Livraria do Advogado Ed., 2007.
        169 p.; 23 cm.

        ISBN 85-7348-451-9

        1. Investigação criminal. 2. Ação penal.
I. Schmidt, Andrei Zenkner. II. Título.

CDU - 343.12

Índices para o catálogo sistemático:

Investigação criminal
Ação penal

(Bibliotecária responsável: Marta Roberto, CRB-10/652)

Luciano Feldens
Andrei Zenkner Schmidt

INVESTIGAÇÃO CRIMINAL E AÇÃO PENAL

2ª EDIÇÃO
revista, atualizada e ampliada

Porto Alegre, 2007

©
Luciano Feldens
Andrei Zenkner Schmidt
2007

Capa, projeto gráfico e diagramação de
Livraria do Advogado Editora

Revisão
Rosane Marques Borba

Direitos desta edição reservados por
Livraria do Advogado Editora Ltda.
Rua Riachuelo, 1338
90010-273 Porto Alegre RS
Fone/fax: 0800-51-7522
editora@livrariadoadvogado.com.br
www.doadvogado.com.br

Impresso no Brasil / Printed in Brazil

Apresentação à 2ª edição

A rápida acolhida que recebeu a primeira edição do *Investigação Criminal e Ação Penal* impulsionou-nos a prosseguir em nosso projeto inicial, voltado essencialmente a oferecer ao leitor uma versão rigorosamente atualizada do debate doutrinário e jurisprudencial que envolve esses dois temas que se qualificam como a *porta de entrada* do direito processual penal.

A motivação para a realização deste ensaio deve-se ao recente *dinamismo* que assumiram as questões atinentes ao processo, seja a partir de significativas reformas legislativas, seja em face da (re)interpretação de determinados institutos processuais, muitos dos quais retirados da inércia discursiva a partir dos debates gerados desde a nova composição do Supremo Tribunal Federal. Além, é claro, da satisfação inerente à discussão da matéria, sentimento próprio de quem faz do Direito Criminal seu efetivo campo de atuação profissional, tanto na prática forense quanto no ambiente acadêmico. Muitas das questões aqui problematizadas refletem não apenas a angústia, mas o resultado de nosso labor diário no âmbito das ciências criminais (*v.g.*, a existência de arenas investigatórias diversas da policial e seus limites – tome-se aqui o exemplo das recorrentes comissões parlamentares de inquérito, ou mesmo a polêmica em torno da realização de diligências investigatórias pelo Ministério Público –, a imputação "genérica" nos denominados crimes econômico-societários, os problemas envolvendo a competência dos Juizados Especiais Criminais etc).

É sabido que um trabalho predominantemente descritivo de uma realidade em processo de mutação corre o risco de esgotar-se na singularidade de suas proposições. Não é isso, todavia, o que desejamos. Conquanto os objetivos do ensaio confessadamente não se dirijam a fomentar um repensar crítico sobre o modelo de processo de que dispomos, não poderíamos, em atuação inequivocamente metafísica, nos restringir a uma análise puramente reprodutora de sentido, seja do texto legal, seja do produto da doutrina e da jurisprudência.

Nesse tom, afigurou-se-nos oportuno – pelo menos pontualmente, quando a polêmica instaurada sobre determinado tema assim exigia – permear essa análise com pinceladas críticas que permitam, minimamente, manter acesa a chama do debate democrático que deve seguir informando essa relação jurídica fortemente vascularizada pela categoria dos direitos fundamentais: o processo penal.

Firmes nesse propósito, dedicamos essa 2ª edição aos nossos alunos.

Sumário

Investigação Criminal - Considerações introdutórias 11

1. Inquérito Policial 13
  1.1. Referência legislativa 13
  1.2. Natureza jurídica, sentido e destinatário do inquérito policial 13
  1.3. Inquérito policial e inquéritos não-policiais 14
  1.4. Dispensabilidade do inquérito policial 15
  1.5. Inquisitorialidade no inquérito policial 16
  1.6. Iniciativa e instauração do Inquérito Policial 17
    1.6.1. Instauração de ofício pela autoridade policial
    (mediante portaria) 17
    1.6.2. Instauração mediante requisição da autoridade judiciária ou do
    Ministério Público ou a requerimento do ofendido. 18
      1.6.2.1. Impossibilidade de recusa da requisição pela autoridade
      policial 19
      1.6.2.2. Autoridade coatora: autoridade requisitante 19
      1.6.2.3. Inquérito requisitado por membro do Ministério Público
      atuante em primeira instância: *habeas corpus* no Tribunal 20
    1.6.3. Inquérito em crimes de ação penal pública condicionada e em
    crimes de ação penal privada 21
    1.6.4. Infrações penais sujeitas a Juizados Especiais Criminais
    (Lei nº 9.099/95): lavratura de termo circunstanciado e a
    (im)possibilidade de instauração de inquérito policial 21
    1.6.5. A *notitia (ou delatio) criminis* 25
    1.6.6. *Notitia criminis* anônima 25
  1.7. Trancamento do Inquérito Policial: cabimento como "solução excepcional": 28
  1.8. Diligências realizáveis no âmbito do inquérito policial 28
    1.8.1. Comparecimento ao local do delito e apreensão de objetos 29
    1.8.2. A colheita de provas e o "poder geral de polícia" 29
      1.8.2.1. Limites constitucionais à atuação direta da autoridade
      policial e a necessidade de controle preventivo do
      Poder Judiciário 30
      1.8.2.2. Sentido e alcance das matérias submetidas a sigilo:
      a questão dos sigilos fiscal e financeiro. 30
    1.8.3. Oitiva do ofendido e do indiciado 32
    1.8.4. Reconhecimento de pessoas e coisas 33
    1.8.5. Identificação criminal 33
      1.8.5.1. Identificação datiloscópica 33
      1.8.5.2. Identificação fotográfica do investigado. 34
    1.8.6. Busca pessoal 35

1.9. Requisição de diligências (complementares) pelo Ministério Público 36
   1.9.1. Pode o juiz indeferir essas diligências? 36
   1.9.2. Requerimento de diligências pelo ofendido ou indiciado 37
1.10. O indiciamento e seu controle jurisdicional 38
   1.10.1. Nomeação de curador ao indiciado menor 39
   1.10.2. Indícios de crime por parte de magistrado ou membro do
       Ministério Público: providências 40
   1.10.3. Diligências de caráter instrutório versando sobre membros do
       Congresso Nacional: inquérito perante o STF 40
1.11. Prazo para conclusão do inquérito policial 41
1.12. Arquivamento do inquérito ou de outras peças de informação: disciplina . . . 42
   1.12.1. Arquivamento e ação penal privada subsidiária:
       impossibilidade 43
   1.12.2. Pedido de declínio de competência pelo MP: hipótese de
       arquivamento indireto (?) 44
   1.12.3. Efeitos do arquivamento: *quando faz coisa julgada* 45
   1.12.4. Desarquivamento do inquérito e "novas provas" 47
   1.12.5. Pedido de arquivamento de inquérito: irretratabilidade e
       reconsideração 47
   1.12.6. Arquivamento "provisório" de inquérito policial 48
   1.12.7. Arquivamento implícito (?) 49
1.13. Inquérito e provas: valor probatório dos elementos de convicção colhidos
   na fase pré-processual 50
   1.13.1. A prova testemunhal prestada em juízo por agente policial 51
   1.13.2. Vícios no inquérito policial 52
1.14. Sigilo e incomunicabilidade no Inquérito Policial 52
   1.14.1. Sigilo 52
   1.14.2. Incomunicabilidade do indiciado 54

2. Investigações criminais diversas 57
2.1. A realização de diligências investigatórias pelo Ministério Público 58
   2.1.1. Base constitucional e fundamento legal ao exercício da atividade
      investigatória pelo Ministério Público 59
   2.1.2. A inexistência de monopólio da Polícia para a realização de
      diligências investigatórias: exegese constitucional 60
2.2. Atividades investigatórias realizadas no âmbito dos três Poderes de Estado 62
   2.2.1. Poder Executivo 62
   2.2.2. Poder Legislativo 63
   2.2.3. Poder Judiciário 63
2.3. Investigação pelas Comissões Parlamentares de Inquérito:
   o inquérito parlamentar 64
   2.3.1. Fundamento constitucional 64
   2.3.2. As Comissões Parlamentares de Inquérito enquanto
      "direito subjetivo das minorias legislativas" 65
   2.3.3. Poderes e limites das Comissões Parlamentares de Inquérito 66

3. Ação Penal 71
3.1. Enquadramento legislativo 71
3.2. Conceituação e natureza 71
3.3. Classificação da ação penal quanto à legitimidade ativa 73
3.4. A determinação quanto à modalidade de ação penal 74
3.5. Ação penal popular 74

3.6. Ação penal nos crimes complexos 77
3.7. Ação penal nos crimes em detrimento de entes federados 79
3.8. Hipótese excepcional de "legitimidade concorrente" 80
3.9. É possível uma ação ser pública e privada ao mesmo tempo? 82
3.10. Conexão entre crime de ação pública e de ação privada: hipótese de
      litisconsórcio ativo no processo penal 82
3.11. Ação penal: casos especiais 82
      3.11.1. Ação penal nos crimes contra os costumes 82
      3.11.2. Ação penal nas contravenções penais 83
      3.11.3. Ação penal no abuso de autoridade 83
      3.11.4. Ação penal nos crimes de sonegação fiscal 84
3.12. Exigências comuns às diversas modalidades de ação penal 87
      3.12.1. Condições da ação 87
      3.12.1.1. Possibilidade jurídica do pedido 87
      3.12.1.2. Interesse de agir 87
      3.12.1.3. Legitimidade processual 89
      3.12.1.4. Justa causa 90
      3.12.2. Pressupostos processuais 95
3.13. Condições de procedibilidade, condições objetivas de punibilidade,
      escusas absolutórias e causas de extinção da punibilidade 96
3.14. Ação penal pública incondicionada 98
      3.14.1. Conceituação e hipóteses 98
      3.14.2. Princípios da ação penal pública 99
      3.14.2.1. Princípio da oficialidade 99
      3.14.2.2. Princípio da obrigatoriedade ou da legalidade 99
      3.14.2.3. Princípio da indivisibilidade 101
      3.14.2.4. Princípio da indisponibilidade 103
      3.14.2.5. Princípio da intranscendência ou da incontagiabilidade da
                sanção penal 104
      3.14.3. Denúncia: requisitos e formalidades 106
      3.14.3.1. O conteúdo (empírico) da denúncia 106
      3.14.3.2. Requisitos formais da denúncia (art. 41 do CPP) 107
      3.14.3.3. Circunstâncias do crime 108
      3.14.3.4. Capitulação do delito 110
      3.14.3.5. Qualificação do acusado e individualização de condutas.
                A denúncia pode ser genérica? 111
      3.14.3.6. (Im)possibilidade de correção, pelo juiz, no ato de recebimento
                da denúncia, da capitulação oferecida ao delito. É possível
                recebimento parcial da denúncia? 115
      3.14.3.7. Aditamento de denúncia. *Emendatio e mutatio libelli.* 116
      3.14.3.7.1. *Emendatio libelli* 119
      3.14.3.7.2. *Mutatio libelli* 121
      3.14.3.8. Forma da denúncia 125
      3.14.3.9. Ratificação da denúncia 125
      3.14.3.10. Prazo para oferecimento da denúncia 126
      3.14.3.11. Não-recebimento e rejeição da denúncia. Recurso cabível.
                 Julgamento antecipado da lide. 126
      3.14.3.12. (Des)necessidade de fundamentação na decisão de
                 recebimento da denúncia 128
      3.14.4. Custas processuais e honorários na ação penal pública 129

3.15. Ação penal pública condicionada 130
    3.15.1. Espécies 130
    3.15.2. A Representação, a requisição e os limites da denúncia 132
    3.15.3. Representação e requisição de Ministro: natureza 133
    3.15.4. Formalidades da representação e da requisição do Ministro da Justiça 134
    3.15.5. Legitimidade ativa 135
    3.15.6. Retratação 136
    3.15.7. Prazo para o oferecimento da representação 136
3.16. Ação penal privada 140
    3.16.1. Conceituação, hipóteses e espécies 140
    3.16.2. Princípios da ação penal privada 141
    3.16.2.1. Princípio da oportunidade ou conveniência 141
    3.16.2.2. Princípio da disponibilidade 142
    3.16.2.3. Princípio da indivisibilidade 142
    3.16.2.4. Princípio da intranscendência ou da incontagiabilidade da
        sanção penal 144
    3.16.3. Queixa: requisitos e formalidades 144
    3.16.4. Aditamento à queixa 146
    3.16.5. Legitimidade ativa 148
    3.16.6. Legitimidade passiva 150
    3.16.7. Renúncia 150
    3.16.8. Perdão 153
    3.16.9. Decadência do direito à queixa 154
    3.16.10. Perempção 157
    3.16.10.1. Inércia do querelante por mais de trinta dias 158
    3.16.10.2. Falecimento do querelante sem habilitação de sucessor em 60 dias . 158
    3.16.10.3. Ausência de comparecimento do querelante a ato personalíssimo
        e ausência de pedido de condenação nas alegações finais 159
    3.16.10.4. Extinção de pessoa jurídica sem sucessor 160
    3.16.11. Resenha acerca das causas extintivas da punibilidade na ação penal
        privada: o que as diferencia? 160
    3.16.12. Ação penal privada e a Lei n° 9.099/95 161
    3.16.13. Custas processuais e sucumbência 161
3.17. Ação penal privada personalíssima 162
3.18. Ação penal privada subsidiária da pública 163

Referências bibliográficas 167

Investigação Criminal – Considerações introdutórias

O tema da investigação criminal – a exemplo de outros que em alguma medida entrecortam o panorama dos direitos e garantias fundamentais, individuais e sociais – está a merecer um trato hermenêutico que se demonstre compatível com o atual modelo de Estado e Constituição, sob cuja direção assenta-se a sociedade contemporânea. Por essa razão mesma, parece-nos de rigor reproblematizá-lo, superando uma concepção ortodoxa que insiste em relegá-lo ao plano de uma legislação ordinária, haurida em período histórico de reduzida densidade democrática, consentâneo ao surgimento do vigente Código de Processo Penal (Decreto-Lei nº 3.689, de 3/10/1941).[1]

Dessa sorte, em uma primeira aproximação teórica, resulta-nos imperioso considerar que a legislação básica de regência, porquanto pré-1988, há de submeter-se ao – que se tem denominado – fenômeno de *filtragem constitucional* (Clève – Streck) para que veja reafirmada sua validade.

Em idêntica intensidade, o produto legislativo que se faz posterior ao advento da nova ordem constitucional não se imuniza a um tal controle de legitimidade material.

Trata-se, em síntese, de contextualizar o problema na presente quadra da História, firmes na constatação de que o *historicismo* – o mesmo que permitia a instauração da ação penal pelo auto de prisão em flagrante (art. 26 do CPP), que estabelecia a incomunicabilidade do indiciado (art. 21 do CPP), que informava a incapacidade da mulher casada para oferecer a queixa sem a outorga marital (art. 35 do CPP, tardiamente revogado) etc. – esbarra nos câmbios de paradigma; no caso do Direito, esse câmbio é evidenciado pelo advento de uma nova Constituição.[2]

---

[1] Sobre a relação Estado – Constituição – Direito Penal: FELDENS, Luciano. *A Constituição Penal – A Dupla Face da Proporcionalidade no Controle de Normas Penais.* Porto Alegre: Livraria do Advogado, 2005, p. 27-68.

[2] STRECK, Lenio Luiz; FELDENS, Luciano, *Crime e Constituição – A Legitimidade da Função Investigatória do Ministério Público.* 3. ed. Rio de Janeiro: Forense, 2006, p. 64.

No plano fático, não olvidemos o que se revela cristalino: a moderna criminalidade – marcadamente atentatória a objetividades jurídicas que brotaram do paulatino reconhecimento de direitos de segunda e terceira gerações, oportunizando a construção teórica daquilo que veio a denominar-se *tutela penal de interesses difusos*[3] (*v.g.*, crimes contra o sistema financeiro, a ordem econômico-tributária, etc.) – passa a exigir uma atuação estatal que a ela lhe faça frente. É dizer: certo que vinculada aos postulados sobre os quais se faz inscrita a própria história do Direito Penal,[4] a revelação do fato delituoso deve passar a contar, *mutatis mutandis*, com o apoio do mesmo acervo tecnológico e voluntarismo cooperativo utilizados no desencadeamento da prática delituosa, métodos esses que, aliados a outras circunstâncias do crime (posição social do agente, lesividade coletiva, aparência de licitude nas operações, etc.), fazem desses novos delitos uma categoria *especial*. Aliás, como já advertia Hungria, em seu tempo, o crime não mais se reduz àquela atávica hipótese sintetizada no dilema "a bolsa ou a vida".[5]

Corolário lógico do que vimos de dizer é que o Estado, no limiar do século XXI, não pode se dar ao luxo de prescindir, no plano investigatório, do conhecimento técnico e estratégico de estruturas estatais originariamente predispostas à ordenação econômica e social da sociedade (retratável, *ad exemplum*, na atuação do Banco Central do Brasil, da Secretaria da Receita Federal etc.), devendo abrir caminho, outrossim, à cooperação judiciária internacional, sem descurar da cooperação interna entre as instituições oficiais de Estado.

Com essas linhas gerais, cremos esteja justificado o título do Capítulo, o qual faz englobar na temática *investigação criminal* – terminologia que brota da moderna legislação processual (*v.g.* art. 1º da Lei nº 9.296/96 e art. 1º da Lei nº 9.807/99) – algo mais que o inquérito policial, simples espécie do gênero. Nada obstante, ainda que não se faça como um instrumento exclusivo a subsidiar futura e eventual ação penal, segue sendo o inquérito policial um procedimento administrativo destinado especificamente a tal finalidade, o que nos faz depositar sobre ele uma especial atenção, atentos à finalidade desta obra.

---

[3] Sobre o tema: FELDENS, Luciano. *Tutela Penal de Interesses Difusos e Crimes do Colarinho Branco.* Porto Alegre: Livraria do Advogado, 2002.

[4] Sobre o tema: SCHMIDT, Andrei Zenkner. *O Princípio da Legalidade Penal no Estado Democrático de Direito.* Porto Alegre: Livraria do Advogado, 2001.

[5] HUNGRIA, Nelson. *Comentários ao Código Penal.* volume VII, Rio de Janeiro: Forense, 1980, p. 165.

1. Inquérito Policial

1.1. REFERÊNCIA LEGISLATIVA

Conforme preceitua o art. 22, I, da CF/88, compete privativamente à União legislar sobre direito processual, disciplina jurídica na qual se insere o tema do inquérito policial, cuja conformação legislativa vem essencialmente determinada pelo CPP, nos artigos 4º a 23.

Outros dispositivos esparsos do Código igualmente lhe fazem referência de uma forma mais ou menos direta. Destacam-se, entre eles, os artigos 28 (arquivamento do inquérito), 39 (representação perante a autoridade policial), 39, § 5º, e 46, § 1º (dispensabilidade do inquérito pelo Ministério Público), 67 (efeitos civis do arquivamento do inquérito), 84, § 1º (competência por prerrogativa de função estendida a ex-agentes públicos),[6] 107 (suspeição de autoridade policial na fase do inquérito), 149 (exame de sanidade mental na fase preliminar), 304, § 1º (prisão em flagrante), 311 (prisão preventiva no curso do inquérito) e 327 (fiança).

A CF/88 faz referência ao inquérito policial tão-somente no art. 129, VII, no que assenta como função institucional do Ministério Público o poder de requisitar sua instauração à autoridade policial.

1.2. NATUREZA JURÍDICA, SENTIDO E DESTINATÁRIO DO INQUÉRITO POLICIAL

O inquérito policial é autêntico *procedimento administrativo*, presidido por autoridade policial, com objeto e destinatário próprios.

---

[6] Por ocasião do julgamento conjunto das ADINs nº 2797 e nº 2860, o STF declarou a inconstitucionalidade dos §§ 1º e 2º do art. 84 do CPP, na redação introduzida pela Lei nº 10.628/2002. Entendeu o STF que o § 1º do art. 84 do CPP, além de ter feito interpretação autêntica da Carta Magna, o que seria reservado à norma de hierarquia constitucional, usurpou a competência do STF como guardião da Constituição da República, ao inverter a leitura por ele já feita de norma constitucional, o que, se admitido, implicaria submeter a interpretação constitucional do Supremo ao referendo do legislador ordinário. (Informativo do STF nº 401, de setembro de 2005).

Consoante Aury Lopes Jr., a natureza *administrativa* do inquérito policial deve-se ao fato de o procedimento ser levado a cabo por órgão estatal não pertencente ao Poder Judiciário e, conseqüentemente, "a atividade carece da direção de uma autoridade com *potestade* jurisdicional, não podendo ser considerada uma atividade jurisdicional e tampouco de natureza processual".[7] Isso não exclui, complementa o mesmo autor, "uma possível intervenção de órgão jurisdicional – ao autorizar uma medida restritiva – mas apenas constatamos que essa intervenção é *contingente* e *limitada*".[8]

Visando à colheita de elementos tendentes à elucidação da autoria e materialidade de determinada infração penal, ostenta, como *finalidade única*, subsidiar futura e eventual ação penal a ser proposta pelo Ministério Público (nos delitos de ação penal pública) ou pelo ofendido (nos crime de ação penal de iniciativa privada). Resta realçado, portanto, seu *caráter eminentemente instrumental*: o inquérito policial "não faz – em sentido próprio – *justiça*, senão que tem como objetivo imediato garantir o eficaz funcionamento da justiça".[9]

Uma tal doutrina do inquérito policial encontra plena ressonância na jurisprudência do STF (excerto de voto do Ministro Celso de Mello):

> (...) O inquérito policial, que constitui *instrumento de investigação penal*, qualifica-se como *procedimento administrativo destinado a subsidiar a atuação persecutória do Ministério Público*, que é – enquanto dominus litis – o verdadeiro destinatário das diligências executadas pela Polícia Judiciária (...) [STF – HC 73.271-SP, 1ª Turma, rel. Min. Celso de Mello, j. 19/03/96, DJU: 04/10/96, RTJ 168/896].

Note-se que o STF se refere ao inquérito policial como *procedimento* – e não *processo* – administrativo, não se lhe aplicando, portanto, o art. 5º, LV, da CF/88, o qual reserva a observância do contraditório e da ampla defesa ao *processo* judicial ou administrativo. Inclusive porque no âmbito do inquérito, que não ostenta finalidade sancionadora, inexiste qualquer imputação. Tal constatação não significa, evidentemente, que o investigado não ostente direitos de compulsória obrigatória observância no plano da investigação preliminar. Disso cuidaremos mais adiante.

1.3. INQUÉRITO POLICIAL E INQUÉRITOS NÃO-POLICIAIS

No art. 4º do CPP, dispositivo que inaugura a disciplina normativa do inquérito policial, a lei processual confere à polícia judiciária a atribuição para apurar a infração penal e sua autoria:

---

[7] LOPES JUNIOR., Aury. *Sistemas de Investigação Preliminar no Processo Penal*. Rio de Janeiro: Lumen Juris, 2001, p. 33.

[8] Idem, p. 34.

[9] Idem, p. 38.

Art. 4º. A polícia judiciária será exercida pelas autoridades policiais no território de suas respectivas circunscrições e terá por fim a apuração das infrações penais e da sua autoria.

No mesmo dispositivo, porém, apenas que em seu parágrafo único, cuidou o CPP de assegurar idêntica atribuição a outras autoridades administrativas, *a quem por lei seja cometida a mesma função*:

Parágrafo único. A competência definida neste artigo *não excluirá a de autoridades administrativas, a quem por lei seja cometida a mesma função.*

Disso decorre, em essência, que, embora seja o inquérito policial o mais conhecido instrumento de investigação, ele *não é o único destinado a cumprir esta finalidade*. Tal consideração é ponto pacífico na doutrina há longa data. Conforme já anotara Espínola Filho, "que o inquérito não é atribuição exclusiva da autoridade policial, é ponte assente, muito comuns sendo os inquéritos administrativos".[10]

Sobre as outras investigações preliminares existentes, dedicamos capítulo próprio.

1.4. DISPENSABILIDADE DO INQUÉRITO POLICIAL

Corolário lógico da previsão de outros procedimentos destinados à colheita de elementos que embasem futura e eventual ação penal é a constatação de que o inquérito policial não é imprescindível ao oferecimento da denúncia.

Além de não enunciar tal condicionamento legal, o CPP, em seus artigos 39, § 5º, e 46, § 1º, é expresso quanto à possibilidade da dispensa, pelo Ministério Público, do inquérito policial, podendo a ação penal ser deduzida em juízo com base em outros elementos de convicção que a lei processual designa, genericamente, de *peças de informações*:

Art. 39. (...) § 5º *O órgão do Ministério Público dispensará o inquérito*, se com a representação forem oferecidos elementos que o habilitem a promover a ação penal, e, neste caso, oferecerá a denúncia no prazo de 15 (quinze) dias.
Art. 46. (...) § 1º *Quando o Ministério Público dispensar o inquérito policial*, o prazo para o oferecimento da denúncia contar-se-á da data em que tiver recebido as peças de informações ou a representação.

Situações existem em que, independentemente da instauração do inquérito policial, os elementos probatórios afiguram-se suficientes o bastante a propiciarem um juízo positivo de admissibilidade da inicial acusatória. A prática é rica na indicação de tais exemplos.

Pense-se, tendo em mente a criminalidade clássica, na hipótese de um suposto delito de falso testemunho (art. 342 do CP) prestado em juízo, onde a contradição entre as declarações prestadas e a realidade

---

[10] ESPÍNOLA FILHO, Eduardo. *Código de Processo Penal Brasileiro Anotado*, v. I, Rio de Janeiro, Editora Rio, *edição histórica*, 1976, p. 248.

vivenciada no mundo fático desponta cristalina pelo cotejo do depoimento acoimado de inverídico com os demais elementos de prova já constantes na ação penal (*v.g.*, testemunho prestado em desconformidade absoluta à perícia, a documento ou mesmo ao restante da prova testemunhal serenamente avaliada como autêntica).

Outrossim, cogite-se das demais hipóteses de investigação que, tendo ou não como desiderato principal a obtenção de provas destinadas a repercutir na seara criminal, tomem por apresentar ao Ministério Público elementos de convicção suficientes sobre o ilícito penal em tese praticado.

Apenas a título de exemplo, assim se passa, não raramente, com as representações fiscais oriundas da Receita Federal, com os procedimentos administrativos instaurados no âmbito do Banco Central, do IBAMA, das autarquias (*v.g.*, INSS) e empresas públicas (*v.g.*, sindicâncias no âmbito da Caixa Econômica Federal), isso sem mencionar as investigações advindas do Tribunal de Contas da União ou de um inquérito parlamentar (CPI). Tudo sem prejuízo, evidentemente, da eventual necessidade de instauração de inquérito a partir das conclusões assumidas pelos órgãos acima mencionados (*v.g.*, nos casos em que a representação fiscal não arrola – até porque quiçá não lhe competiria fazê-lo, haja vista a finalidade que a move – sócios "de fato" responsáveis pelo ilícito penal fiscal).

1.5. INQUISITORIALIDADE NO INQUÉRITO POLICIAL

A dogmática processual tradicional sustenta que o que empresta a uma investigação o matiz da inquisitorialidade seria o fato de: a) não permitir-se o contraditório; b) a imposição de sigilo e c) a não-intromissão de pessoas estranhas durante a feitura dos atos persecutórios.[11]

Outra decorrência desse caráter inquisitorial seria notada no art. 107 do CPP:

> Art. 107. Não se poderá opor suspeição às autoridades policiais nos autos do inquérito, mas deverão elas declarar-se suspeitas, quando ocorrer motivo legal.

Tais afirmações devem ser adequadamente analisadas. Significa dizer: não se trata, no âmbito do inquérito, de *impedimento* à participação do investigado e/ou de seu representante (defensor), cuja presença, em determinadas hipóteses, é inclusive salutar. Em realidade, o que se pretende sustentar é que uma suposta inobservância do "contraditório" não terá, como regra, o condão de nulificar a investigação realizada, impedindo figure ela como base à futura e eventual ação penal (ver, mais adiante, o item sigilo do inquérito).

---

[11] TOURINHO FILHO, Fernando da Costa. *Processo Penal.* São Paulo, Saraiva, 1989, vol. 1, p. 185.

Ao abordarmos a inquisitorialidade do inquérito como sua característica, longe estamos de sucumbir ao sentido gramatical ou histórico do termo, a ensejar, *mutatis mutandis*, a concessão de um poder discricionário e ilimitado à autoridade policial. Em realidade, com tal designação, quer-se essencialmente fazer notar algo em distinção àquilo que se verifica no âmbito da ação penal, na qual, prevalecendo o princípio acusatório, as funções de instauração (denúncia) e decisão (sentença) da demanda criminal estão acometidas a instituições distintas (Ministério Público e Poder Judiciário). No âmbito do inquérito policial, sua inauguração e conclusão está acometida a uma mesma autoridade (ou instituição) policial.

É importante lembrar, por outro lado, a necessidade de superação do dogma manualístico no sentido de que, no inquérito policial, não existe um acusado, mas sim um investigado, para, com isso, justificar-se a mitigação de direitos fundamentais. Investigado é *sujeito de direitos*, e não mero objeto da investigação. Nesse sentido, decidiu o STF:

> (...) A *unilateralidade* das investigações preparatórias da ação penal *não autoriza* a Polícia Judiciária a *desrespeitar* as garantias jurídicas que assistem ao indiciado, que não mais pode ser considerado mero objeto de investigações. O indiciado é sujeito de direitos e dispõe de garantias, legais e constitucionais, cuja inobservância, pelos agentes do Estado, além de eventualmente induzir-lhes a responsabilidade penal por abuso de poder, pode gerar a absoluta desvalia das provas *ilicitamente* obtidas no curso da investigação policial. (...) [STF – HC 73.271-SP, 1ª Turma, rel. Min. Celso de Mello, j. 19/03/96, DJU: 04/10/96, RTJ 168/896].

Com base nisso, poderíamos afirmar que o inquérito policial é, na verdade, *primordialmente* inquisitorial.

1.6. INICIATIVA E INSTAURAÇÃO DO INQUÉRITO POLICIAL

A instauração de inquérito policial é atribuição da Polícia Judiciária. Nada obstante, sua instauração pode ser determinada pelo Ministério Público ou pelo Poder Judiciário. Vejamos.

1.6.1. Instauração de ofício pela autoridade policial (mediante portaria)

Em tomando conhecimento da prática de infração penal (cognição imediata ou informal), a autoridade instaurará, de ofício, o inquérito policial:

> Art. 5º Nos crimes de ação pública o inquérito policial será iniciado:
> I – de ofício;

Conquanto o inquérito policial seja dispensável à formação da *opinio delicti* pelo Ministério Público, a autoridade policial não tem o poder de disponibilidade sobre sua instauração ou não. Tal medida

INVESTIGAÇÃO CRIMINAL E AÇÃO PENAL

é-lhe obrigatória quando as circunstâncias de fato apontam para a possível prática de um fato delituoso.

Sabidamente, por intermédio do inquérito policial, buscam-se elementos tendentes à comprovação preliminar da autoria e da materialidade delitivas. Por vezes, partir-se-á de uma autoria conhecida. Em outras oportunidades, todavia, comprovada poderá mostrar-se a materialidade, sem que existam, a princípio, indícios do autor da infração penal. Em ambas as hipóteses, a obrigatoriedade de instauração do inquérito policial está presente, em que pese o foco da investigação possa, desde o momento inicial, dirigir-se primordialmente à comprovação de uma (autoria) ou de outra (materialidade), quando não das duas.

Outro ponto assente é que não cabe à autoridade policial formular juízos acerca da existência de causas de exclusão da ilicitude ou da culpabilidade, para assim deixar de instaurar a investigação criminal. Pelo menos em regra, tais circunstâncias ensejam um debate jurídico que só cabe seja projetado perante o Poder Judiciário, e a requerimento do Ministério Público (veja-se, a propósito, o art. 43, I, do CPP).

Situações existem, nada obstante, em que a superveniência de uma causa extintiva da punibilidade pode revelar-se desde logo evidente (*v.g.*, morte do inequívoco autor da infração penal; constatação da prescrição penal acima de toda a dúvida). Embora assim seja, tudo recomenda que essa matéria seja objeto de deliberação judicial, uma vez preliminarmente apreciada pelo Ministério Público. Tal se justifica por uma série de fatores, dentre os quais a existência de dúvida sobre a correta tipificação legal do delito.

Como anota Coelho Nogueira, embora o CPP não tenha fixado prazo para a instauração do inquérito policial, o art. 6º do CPP edita que "logo que tiver conhecimento da prática da infração penal", a autoridade policial deverá diligenciar no sentido de sua revelação. Dessa sorte, a demora relevante e injustificada pode ensejar, inclusive, a responsabilização da autoridade policial.[12]

1.6.2. Instauração mediante requisição da autoridade judiciária ou do Ministério Público ou a requerimento do ofendido

Acaso o conhecimento da infração seja manifestado à autoridade judiciária ou ao Ministério Público, estes poderão requisitar a instauração do inquérito policial. Outrossim, faculta-se ao ofendido, ou a quem

---

[12] NOGUEIRA, Carlos Frederico Coelho. *Comentários ao Código de Processo Penal*. São Paulo: EDIPRO, vol. 1; NUCCI, Guilherme de Souza. *Código de Processo Penal Comentado*. 3. ed., São Paulo: Revista dos Tribunais, 2004, p. 190-191.

possua qualidade para representá-lo, a possibilidade de requerer sua instauração à autoridade policial (cognição mediata ou formal):

Art. 5º (...) II – mediante *requisição da autoridade judiciária ou do Ministério Público*, ou a *requerimento do ofendido* ou de quem tiver qualidade para representá-lo.

1.6.2.1. Impossibilidade de recusa da requisição pela autoridade policial

Consabido é que o termo "requisitar" não ostenta um conteúdo meramente "solicitatório"; para dizer o óbvio, não equivale a "solicitar" ou mesmo a "requerer".

O instrumento da requisição, nesse sentido, consubstancia, para além de uma simples solicitação, uma exigência legal ao seu destinatário. *Requisição* – anota Coelho Nogueira – é ordem, comando, determinação.[13]

Daí por que, ao revés do que poderia passar com o simples "requerimento do ofendido" (art. 5º, § 2º, do CPP), a "requisição da autoridade judiciária ou do Ministério Público" dirigida à instauração do inquérito policial não enseja à autoridade policial outra atitude que não a de instaurá-lo. É dizer: a autoridade policial não pode "indeferir" requisição de instauração de inquérito policial, salvo nos casos de manifesta e inequívoca arbitrariedade (*v.g.*, quando a investigação deve recair sobre pessoa já falecida). Sobre o tema, diz-nos o STJ:

DIREITO PENAL E DIREITO PROCESSUAL PENAL. (...) REQUISIÇÃO DE INSTAURAÇÃO DE INQUÉRITO POLICIAL. CRIME EM TESE. LEGALIDADE. 1. No sistema de direito positivo vigente, *não pode a Polícia Civil*, que tem a função constitucional de apurar infrações penais, exceção feita aos crimes militares (Constituição Federal, artigo 144, parágrafo 4º), *inatender requisição de instauração de inquérito policial, feita pelo Ministério Público* (Código de Processo Penal, artigo 5º, inciso II), a quem a Constituição da República atribuiu a ação penal, com exclusividade (artigo 129, inciso I), estabelecendo evidente subordinação institucional. (...) 5. Ordem denegada. [STJ – HC 15.115, 6ª Turma, rel. Min. Hamilton Carvalhido, j. 11/12/2001, DJU: 25/02/2002, p. 447].

1.6.2.2. Autoridade coatora: autoridade requisitante

Como decorrência do que assentado no item anterior, resulta lógico que eventual ilegalidade ou abuso de poder veiculado por meio da requisição oriunda da autoridade judiciária ou ministerial deve a essa ser imputado, razão por que o remédio jurídico tendente a afastá-los (ilegalidade ou abuso de poder) deve ser dirigido contra a própria autoridade requisitante. Assim, o STF:

PENAL. PROCESSUAL PENAL. HABEAS CORPUS. INQUÉRITO POLICIAL. INSTAURAÇÃO MEDIANTE REQUISIÇÃO DA AUTORIDADE JUDICIÁRIA. AUTORIDADE COATORA. I. – *Inquérito policial instaurado mediante requisição da autoridade judiciária: a esta atribui-se a*

---

[13] NOGUEIRA, cit., p. 375.

coação, e não à autoridade policial que preside o inquérito. Precedentes. II. – Recurso provido. [STF – RHC 74.860, 2ª Turma, rel. Min. Carlos Velloso, j. 18/02/97, DJU: 06/06/97].

1.6.2.3. Inquérito requisitado por membro do Ministério Público atuante em primeira instância: habeas corpus no Tribunal

Sendo o *habeas corpus* uma das medidas mais evidentes e eficazes destinadas a afastar a alegação de ilegalidade ou abuso de poder respeitante à liberdade de locomoção do cidadão, sua impetração dar-se-á perante o órgão jurisdicional competente para julgar e processar a autoridade requisitante. É exatamente este o argumento utilizado pela jurisprudência para afirmar, por exemplo, que compete ao Tribunal (de Justiça ou Regional Federal) o exame de *habeas corpus* que visa a impugnar ato praticado por membro do Ministério Público (Estadual ou Federal) que oficie na primeira instância. A respeito, decidiu o STF:

> EMENTA: Recurso extraordinário. Competência para processar e julgar *habeas corpus* impetrado contra ato de membro do Ministério Público Federal. Ambas as Turmas desta Corte (assim, nos RREE 141.209 e 187.725) têm entendido que, *em se tratando de "habeas corpus" contra ato de Promotor de Justiça Estadual, a competência para julgá-lo é do Tribunal de Justiça por ser este competente para seu julgamento quando acusado de crime comum ou de responsabilidade.* O fundamento dessa jurisprudência – como salientado pelo eminente Ministro Néry da Silveira no RE 187.725 – "foi sempre o de que *da decisão do habeas corpus pode resultar afirmação de prática de ilegalidade ou de abuso de poder pela autoridade*" e isso porque "ao se conceder o *habeas corpus*, se se reconhecer, expressamente, que a autoridade praticou ilegalidade, abuso de poder, *em linha de princípio, poderá configurar-se crime comum.* Dessa maneira, a mesma autoridade que julgar o habeas corpus será a competente para o processo e julgamento do crime comum, eventualmente, praticado pela autoridade impetrada". No caso, em se tratando, como se trata, de *habeas corpus contra membro do Ministério Público Federal que atua junto a Juízo de primeiro grau*, e tendo em vista que, *em virtude do disposto no art. 108, I, "a", da Constituição, compete aos Tribunais Regionais Federais processar e julgar originariamente esses membros, a esses Tribunais compete, também*, por aplicação do mesmo fundamento, *julgar os habeas corpus impetrados contra essas autoridades.* Recurso extraordinário conhecido e provido. [STF – RE nº 285.569-3/SP, 1ª Turma, rel. Min. Moreira Alves, j. 18/12/00, DJU: 16/03/01].

Peculiar é a situação dos membros do Ministério Público do Distrito Federal e Territórios. Segundo o STF, embora desempenhem suas funções perante juízes vinculados ao TJDFT, o foro competente para processá-los e julgá-los – e, portanto, para o julgamento do *habeas corpus* – é o Tribunal Regional Federal da 1ª Região, por força do art. 108, I, "a", que fixou dita competência relativamente aos membros do Ministério Público da União, instituição integrada pelo MPDFT.[14]

---

[14] Conforme publicado no Informativo do STF nº 412, de dezembro de 2005: "Compete ao TRF da 1ª Região, com base no art. 108, I, *a*, da CF, processar e julgar, originariamente, os membros do Ministério Público do Distrito Federal e Territórios que atuem em primeira instância. Com base nesse entendimento, a Turma reformou acórdão do Tribunal de Justiça do Distrito Federal e Territórios que afirmara a sua competência para processar e julgar *habeas corpus* em que a coação fora atribuída a membro do Ministério Público daquela unidade da federação. Inicialmente, salientou-se a orientação firmada pelo STF no sentido de que a competência para o julgamento de *habeas corpus* contra ato de autoridade, excetuado o Ministro de Estado, é do Tribunal a que couber a apreciação da ação penal contra essa mesma autoridade. Asseverou-se que o MPDFT

1.6.3. Inquérito em crimes de ação penal pública condicionada e em crimes de ação penal privada

Conforme dispõe o art. 5°, §§ 4° e 5°, do CPP, em se tratando de ação penal pública condicionada à representação ou de ação penal de iniciativa privada, a instauração do inquérito policial está legalmente subordinada ao advento, respectivamente, da *representação* ou do *requerimento* neste sentido:

> Art. 5º (...) § 4º O inquérito, nos crimes em que a ação pública depender de representação, *não poderá sem ela ser iniciado*.
>
> Art. 5º (...) § 5º Nos crimes de ação privada, a autoridade policial *somente poderá proceder a inquérito a requerimento de quem tenha qualidade para intentá-la*.

Nas hipóteses de infrações penais cuja iniciativa da ação penal está acometida à esfera privada, após o término do inquérito policial, deverá a autoridade remetê-lo à Justiça competente, onde aguardará a propositura da queixa ou o escoamento do prazo decadencial (em regra, aquele previsto no art. 38 do CPP):

> Art. 19. Nos crimes em que não couber ação pública, os autos do inquérito serão remetidos ao juízo competente, onde aguardarão a iniciativa do ofendido ou de seu representante legal, ou serão entregues ao requerente, se o pedir, mediante traslado.

1.6.4. Infrações penais sujeitas a Juizados Especiais Criminais (Lei n° 9.099/95): lavratura de termo circunstanciado e a (im)possibilidade de instauração de inquérito policial

A Lei n° 9.099/95 introduziu, de forma bastante evidente, o *consensualismo* no processo penal brasileiro, para o qual não se pode dizer tenha o mesmo sido originariamente projetado. Se tomarmos em conta a principiologia que orienta os Juizados Especiais (*v.g.*, celeridade e informalidade), pode-se efetivamente cogitar de um *novo modelo* de processo, um modelo que em primeira linha privilegia o consenso e evita o litígio, em torno do qual o sistema tradicional se fez construir. É função da dogmática jurídica a harmonização entre o sistema tradicional e as inovações que sobre ele se projetam. Todavia, isso nem sempre será tarefa fácil, no preciso sentido de que nem sempre encontraremos

está compreendido no MPU (CF, art. 128, I, *d*) e que a Constituição ressalva da competência do TRF somente os crimes atribuíveis à Justiça Eleitoral, não fazendo menção a determinado segmento do MPU, que pudesse afastar da regra específica de competência os membros do MPDFT. Rejeitou-se, portanto, a incidência da regra geral do inciso III do art. 96, da CF, com a conseqüente competência do Tribunal local para julgar o caso concreto. Ressaltando que, embora se reconheça a atuação dos Promotores de Justiça do DF perante a Justiça do mesmo ente federativo, em primeiro e segundo graus, similar à dos membros do MP perante os Estados-membros, concluiu-se que o MPDFT está vinculado ao MPU, a justificar, no ponto, tratamento diferenciado em relação aos membros do *parquet* estadual. RE provido para cassar o acórdão recorrido e determinar a remessa dos autos ao TRF da 1ª Região. Precedentes citados: RE 141209/SP (DJU de 10.2.92); HC 73801/MG (DJU de 27.6.97); RE 315010/DF (DJU de 31.5.2002); RE 352660/DF (DJU 23.6.2003); RE 340086/DF (DJU 1º.7.2002)". [STF – RE 418852/DF, 1ª Turma, rel. Min. Carlos Britto, j. 6.12.2005].

respostas técnicas, metodologicamente construídas. Por vezes, as respostas oferecidas quer pela doutrina, quer pela jurisprudência não encontram seu necessário referente lógico-jurídico, apresentando-se como um curativo no tecido processual, desgastado pelo entrecruzamento de métodos distintos (litígio e consenso) que agora devem conviver.

Ademais de prever as hipóteses de *transação penal* (arts. 72-76) e *procedimento sumaríssimo* (arts. 77-83), conforme requerido pela Constituição (isso para as infrações que a mesma Constituição designa de "menor potencial ofensivo"),[15] a Lei nº 9.099/95 estabeleceu a *suspensão condicional do processo* (art. 89), instituto que igualmente se reveste de caráter consensual, embora em nada se confunda com o procedimento.

Por igual, a Lei nº 9.099/95 fez projetar uma série de efeitos que se fizeram sentir, também, no plano pré-processual, notadamente a partir da disciplina legal estabelecida para as infrações penais de menor potencial ofensivo.

Inicialmente, em sua redação original, entendiam-se como tais:

> Art. 61. Consideram-se infrações penais de menor potencial ofensivo, para os efeitos desta Lei, as contravenções penais e os crimes a que a lei comine pena máxima não superior a 1 (um) ano, excetuados os casos em que a lei preveja procedimento especial. (antiga redação)

A seu turno, ulteriormente entrou em vigor a Lei nº 10.259/01, que instituiu os Juizados Especiais Cíveis e Criminais *no âmbito da Justiça Federal*, estabelecendo:

> Art. 2º Compete ao Juizado Especial Federal Criminal processar e julgar os feitos de competência da Justiça Federal, relativos às infrações de menor potencial ofensivo.
> Parágrafo único. Consideram-se infrações de menor potencial ofensivo, para os efeitos desta Lei, os crimes a que a lei comine pena máxima não superior a 2 (dois) anos, ou multa. (antiga redação)

A novel legislação estabeleceu um novo conceito para o que considera *infrações de menor potencial ofensivo*, o qual demonstra-se sobejamente mais amplo que o anterior, isso por dois motivos:

a) primeiro, porque elevado, de 1 (um) para 2 (dois) anos, o patamar de pena a admitir o enquadramento da infração na categoria de "menor potencial ofensivo";

b) segundo, porque não reprisada a restrição presente na Lei nº 9.099/95, que excetuava dessa categoria "os casos em que a lei preveja procedimento especial".

Tinha-se, pois, como derrogado o art. 61 da Lei nº 9.099/95,[16] aplicando-se também aos Juizados Especiais Estaduais, portanto, o

---

[15] CRFB – Art. 98. A União, no Distrito Federal e nos Territórios, e os Estados criarão: *I – juizados especiais*, providos por juízes togados, ou togados e leigos, *competentes para* a conciliação, *o julgamento* e a execução de causas cíveis de menor complexidade e *infrações penais de menor potencial ofensivo*, mediante os *procedimentos oral e sumaríssimo*, permitidos, nas hipóteses previstas em lei, *a transação* e o *julgamento de recursos por turmas de juízes de primeiro grau*. (...) § 1º Lei *federal disporá sobre a criação de juizados especiais no âmbito da Justiça Federal*. [EC nº 22/1999]

[16] Assim vinha decidindo o STF: Lei 10.259/2001 e *Sursis* Processual. A Turma indeferiu habeas corpus em que se pretendia a concessão de *sursis* processual a denunciado por crime cuja pena

conceito de infração de menor potencial ofensivo esculpido no parágrafo único do art. 2° da Lei n° 10.259/01.

Recentemente, a Lei n° 11.313, de 28 de junho de 2006, conferindo nova redação ao art. 61 da Lei n° 9.099/95, pôs fim a qualquer discussão:

> Art. 61. Consideram-se infrações penais de menor potencial ofensivo, para os efeitos desta Lei, as contravenções penais e os crimes a que a lei comine pena máxima não superior a 2 *(dois) anos*, cumulada ou não com multa.[17]

A mesma legislação houve, ainda, por dirimir controvérsia atinente às regras de conexão e continência, a implicar a unidade de processo e julgamento quando em questão infrações da competência do juízo comum e do juizado especial, respeitados os institutos da transação penal e da composição dos danos civis.

> Art. 60. O Juizado Especial Criminal, provido por juízes togados ou togados e leigos, tem competência para a conciliação, o julgamento e a execução das infrações penais de menor potencial ofensivo, respeitadas as regras de conexão e continência.
>
> Parágrafo único. Na reunião de processos, perante o juízo comum ou o tribunal do júri, decorrentes da aplicação das regras de conexão e continência, observar-se-ão os institutos da transação penal e da composição dos danos civis.

A seu turno, o art. 2° da Lei n° 10.259/01 passou a ter a seguinte redação:

> Art. 2° Compete ao Juizado Especial Federal Criminal processar e julgar os feitos de competência da Justiça Federal relativos às infrações de menor potencial ofensivo, respeitadas as regras de conexão e continência.
>
> Parágrafo único. Na reunião de processos, perante o juízo comum ou o tribunal do júri, decorrente da aplicação das regras de conexão e continência, observar-se-ão os institutos da transação penal e da composição dos danos civis.

Hoje em dia, mais de uma centena de infrações penais encontram-se submetidas à competência dos Juizados Especiais.[18] Como conseqüência, para tais infrações penais não mais haveria, em princípio,

---

mínima cominada fora superior a um ano de reclusão, sob a alegação de que a Lei 10.259/2001 teria alterado os requisitos exigidos pelo art. 89 da Lei 9.099/95, para os fins do benefício da suspensão condicional do processo. Considerou-se que a Lei 10.259/2001, revogando o art. 61 da Lei 9.099/95, apenas ampliou a competência dos juizados especiais comuns para o julgamento de infrações de menor potencial ofensivo a que a lei comine pena máxima não superior a dois anos, não alterando o instituto da suspensão do processo prevista no mencionado art. 89, haja vista que tal dispositivo somente é aplicável aos crimes em que a pena mínima cominada seja igual ou inferior a um ano. [HC 83.104-RJ, 2ª Turma, rel. Min. Gilmar Mendes, j. 21/10/03, DJU: 21.11.2003].

[17] Observe-se que não foi repetida a restrição anterior, consistente em excetuar os casos "em que a lei preveja procedimento especial" (redação anterior do art. 61 da Lei n° 9.099/95).

[18] A Lei n° 10.741/03 (Estatuto do Idoso) previu, em seu art. 94, que "Aos crimes previstos nesta Lei, cuja pena máxima privativa de liberdade não ultrapasse 4 (quatro) anos, *aplica-se o procedimento previsto na Lei n° 9.099*, de 26 de setembro de 1995, e, subsidiariamente, no que couber, as disposições do Código Penal e do Código de Processo Penal". O entendimento deve ser restritivo, no sentido de que às infrações penais referidas aplica-se o procedimento *sumaríssimo* do art. 77 (e seguintes) da Lei 9.099/95, *mas não a transação penal*. Nesse sentido: GRINOVER, Ada Pellegrini [*et al.*], *Juizados Especiais Criminais*, 5. ed., São Paulo: Revista dos Tribunais, 2005, p. 77.

INVESTIGAÇÃO CRIMINAL E AÇÃO PENAL

prisão em flagrante, nem mesmo a imposição de fiança. Bem assim, o inquérito policial seria substituído pelo termo circunstanciado (art. 69, *caput* e parágrafo único, da Lei n° 9.099/95):

> Art. 69. A autoridade policial que tomar conhecimento da ocorrência *lavrará termo circunstanciado* e o encaminhará imediatamente ao Juizado, com o autor do fato e a vítima, providenciando-se as requisições dos exames periciais necessários.
>
> Parágrafo único. Ao autor do fato que, após a lavratura do termo, for imediatamente encaminhado ao juizado ou assumir o compromisso de a ele comparecer, *não se imporá prisão em flagrante*, nem se exigirá fiança. Em caso de violência doméstica, o juiz poderá determinar, como medida de cautela, seu afastamento do lar, domicílio ou local de convivência com a vítima.

O próprio art. 77, § 1°, da Lei n° 9.099/95, que disciplina o procedimento sumaríssimo, sugere que o oferecimento da denúncia se dará *com dispensa do inquérito policial*:

> § 1º. Para o oferecimento da denúncia, que será elaborada com base no termo de ocorrência referido no art. 69 desta Lei, com dispensa do inquérito policial, prescindir-se-á do exame do corpo de delito quando a materialidade do crime estiver aferida por boletim médico ou prova equivalente.

Nada obsta, todavia, que à míngua de elementos mínimos de convicção acerca da efetiva ocorrência do fato delituoso ou mesmo de sua autoria, a impedirem até mesmo a proposição de proposta de transação penal, decida o Ministério Público pela requisição de inquérito policial. As circunstâncias de fato poderão inevitavelmente conduzir a tal medida, notadamente quando do termo circunstanciado nada brota senão a versão da sedizente vítima.

Muito embora o art. 62 da Lei n° 9.099/95 refira que o processo perante o Juizado Especial se orientará pelos critérios de *oralidade, informalidade, economia processual e celeridade*, cabe reconhecer que enquanto princípios que se projetam sobre a esfera *criminal* sua relatividade é gritante. Não fosse a possibilidade de conformá-los constitucionalmente, seria de se dizer que sua aplicabilidade estaria restrita ao aparelho cartorário, porquanto de juiz (ou Ministério Público) nenhum se pode exigir – ou admitir –, no âmbito de um Estado Democrático de Direito, que implemente uma marcha processual que privilegie a velocidade em detrimento de um mínimo de segurança no plano da imputação criminal. Como qualquer norma jurídica, o art. 62 da Lei n° 9.099/95 há de receber uma leitura constitucionalmente adequada. Em síntese, podemos afirmar que o "processo" haverá de ser tão oral, tão *informal*, tão *econômico* e tão *célere* quanto lhe permitir o Estado Democrático de Direito, fórmula jurídico-política que rejeita uma imputação aleatória, inquisitorial e desprovida da base empírica que deve ser-lhe subjacente. Razão cartorária de nenhuma ordem justifica, por exemplo, fazer-se ré (ou algo muito perto disso) a uma pessoa que, podendo ser previamente ouvida sem qualquer prejuízo à imputação, não o seja.

1.6.5. A *notitia (ou delatio) criminis*

Decorre do art. 5º, § 3º, do CPP, que "qualquer pessoa do povo que tiver conhecimento da existência de infração penal em que caiba ação pública poderá, verbalmente ou por escrito, comunicá-la à autoridade policial, e esta, verificada a procedência das informações, mandará instaurar inquérito".

Trata-se de faculdade de provocação da autoridade policial. Situações existem, todavia, em que essa faculdade se transforma em dever de comunicar o fato à autoridade competente, policial ou ministerial.

Dentre essas, destacam-se:

a) art. 66 do Decreto-lei nº 3.688/41 (Lei das Contravenções Penais), ao tipificar como contravenção a omissão de comunicação de crime à autoridade competente nas seguintes situações previstas em seus incisos: I – crime de ação penal pública incondicionada, de que teve conhecimento no exercício de função pública, e II – crime de ação penal pública incondicionada, de que teve conhecimento no exercício da medicina ou de outra profissão sanitária, desde que a ação penal não exponha o cliente a procedimento criminal;

b) art. 5º da Lei nº 6.149/74; e o

c) art. 80, § 2º, da Lei nº 6.435/77.

Registre-se que similar faculdade, apenas que tendo como destinatário da informação o Ministério Público, é estabelecida pelo art. 27 do CPP. Também aqui haverá hipóteses em que a comunicação será obrigatória, das quais formam exemplos:

a) art. 83 da Lei nº 9.430/96;

b) art. 28 da Lei nº 7.492/86; e

c) art. 9º da Lei Complementar nº 105/01.

1.6.6. *Notitia criminis* anônima

Conquanto se retire da dicção do art. 5º, IV, da CF/88, ser "vedado o anonimato", tal circunstância – assim vinham entendendo os Tribunais – não invalidaria eventual *notitia criminis* oferecida anonimamente:

CRIMINAL. RHC. *NOTITIA CRIMINIS* ANÔNIMA. INQUÉRITO POLICIAL. VALIDADE. 1. A delatio criminis anônima não constitui causa da ação penal que surgirá, em sendo caso, da investigação policial decorrente. Se colhidos elementos suficientes, haverá, então, ensejo para a denúncia. *É bem verdade que a Constituição Federal (art. 5, IV) veda o anonimato* na manifestação do pensamento, *nada impedindo, entretanto,* mas, pelo contrário, sendo dever da *autoridade policial proceder à investigação,* cercando-se, naturalmente, de cautela. 2. Recurso ordinário improvido. [STJ – RHC 7.329, 6ª Turma, rel. Min. Fernando Gonçalves, j. 16/04/1998, DJU 04/05/1998, p. 208].

Houve situações, todavia, que em face de sua especificidade, mereceram alguma matização pelos tribunais superiores.

Por exemplo, no julgamento do MS 24.405-DF, o STF declarou, *incidenter tantum*, a inconstitucionalidade do § 1º do art. 55 da Lei Orgânica do TCU, no ponto em que facultava a manutenção ou não do sigilo quanto ao objeto e à autoria da denúncia:

INVESTIGAÇÃO CRIMINAL E AÇÃO PENAL

Sigilo quanto à Autoria de Denúncia: Inconstitucionalidade. Tendo em conta que a CF/88 assegura o direito de resposta, proporcional ao agravo, e a inviolabilidade à honra e à imagem das pessoas, possibilitando a indenização por dano moral ou material daí decorrente (art. 5º, V e X), o Tribunal, por maioria, deferiu mandado de segurança impetrado contra ato do Tribunal de Contas da União – que mantivera o sigilo quanto à autoria de denúncia oferecida perante àquela Corte contra administrador público – e declarou, *incidenter tantum*, a inconstitucionalidade da expressão "manter ou não o sigilo quanto ao objeto e à autoria da denúncia", constante do § 1º do art. 55 da Lei Orgânica daquele órgão, bem como do contido no disposto no Regimento Interno do TCU, no ponto em que estabelece a permanência do sigilo relativamente à autoria da denúncia. Considerou-se, na espécie, que, o sigilo por parte do Poder Público impediria o denunciado de adotar as providências asseguradas pela Constituição na defesa de sua imagem, inclusive a de buscar a tutela judicial, salientando-se, ainda, o fato de que apenas em hipóteses excepcionais é vedado o direito das pessoas ao recebimento de informações perante os órgãos públicos (art. 5º, XXXIII) Vencido o Min. Carlos Britto, que indeferia a ordem – Lei nº 8.443/92, art. 55: "No resguardo dos direitos e garantias individuais, o Tribunal dará tratamento sigiloso às denúncias formuladas, até decisão definitiva sobre a matéria. § 1º Ao decidir, caberá ao Tribunal manter ou não o sigilo quanto ao objeto e à autoria da denúncia [STF – MS 24.405-DF, Tribunal Pleno, rel. Min. Carlos Velloso, j. 03/12/2003, DJU: 23/04/04, Informativo STF/332].

Outrossim, o Superior Tribunal de Justiça, pela palavra monocrática de um ministro que figurava como relator de inquérito onde eram investigadas autoridades sujeitas à sua jurisdição, assentou que uma "carta anônima" não justificaria a abertura de investigação perante aquela Corte:

Carta anônima e inquérito policial. "(...) Tratando-se de inquérito da alçada do Superior Tribunal de Justiça, as diligências imprescindíveis à respectiva instrução podem ser delegadas pelo relator à Polícia Federal, sua longa manus. Melhor examinando os autos, todavia, tenho que uma carta anônima não justifica a abertura de um inquérito perante este Superior Tribunal de Justiça. Arquivem-se, por isso, os autos, intimando-se pessoalmente dessa decisão os Subprocuradores-Gerais (...) Brasília, 17 de fevereiro de 2004. [STJ – Despacho no Inquérito 355, rel. Min. Ari Pargendler].

Mais contundente foi a decisão proferida pelo mesmo STJ na *notitia criminis* 280-TO, onde, apontado como parâmetro o art. 5º, IV, da CF/88, restou indicado que a abertura de inquérito criminal estaria supostamente condicionada à identificação e qualificação (!) do informante:

Denúncia anônima. Arquivamento. A Corte Especial, em questão de ordem, por maioria, decidiu arquivar a notícia-crime contra conselheiro de Tribunal de Contas estadual acusado, por carta anônima, da prática de crime de improbidade administrativa, falsidade ideológica com simulação de venda de imóvel e favorecimento de contrato de locação com o Poder Público estadual, fatos esses passíveis, não obstante, de inquérito criminal, caso comprovados por informante identificado e qualificado devidamente, *ex vi* do art. 5, IV, da CF/1988. [STJ – , Corte Especial, rel. Min. Nilson Naves, j. 18/8/2004, DJU: 05/09/05, Informativo STJ/218].

Tais decisões devem ser recebidas com reservas. Ou, pelo menos, com cautela, porquanto, do que se observa, pode-se afirmar ainda inexistente uma construção teórica sólida acerca do anonimato na fase pré-processual.

De um lado, estão os precedentes que o inadmitem, os quais, invariavelmente, traduzem hipóteses que se acercam de fatos que têm como sujeito passivo da investigação agentes públicos, de resto mais suscetíveis de figurarem como vítimas de uma denunciação caluniosa.

Em nenhum momento, entretanto, restou efetivamente questionada a validade da obtenção de elementos por meio de denunciante anônimo quando, por exemplo, o "convite" à prestação de informações tem seu anonimato garantido pelo próprio Estado. Veja-se a situação dos conhecidos *disque-denúncia*, em que a forma encontrada para a obtenção de dados sobre o fato delituoso ou o paradeiro do investigado traz, como contraprestação, a manutenção do sigilo quanto à pessoa do informante.

Fato é que o avanço desmesurado da criminalidade houve por justificar a adoção, no plano legislativo, de medidas tendentes à preservação da vítima, da testemunha ou mesmo do réu colaborador. Traga-se como exemplo a Lei n° 9.807/99, que estabelece *normas para a organização e a manutenção de programas especiais de proteção a vítimas e a testemunhas ameaçadas*, bem como sobre *a proteção de acusados ou condenados que tenham voluntariamente prestado efetiva colaboração à investigação policial e ao processo criminal.*

Na inexistência, portanto, de uma definição doutrinária ou jurisprudencial específica, a solução parece realmente fixar-se no plano do juízo de razoabilidade. Com a defecção inerente a toda disciplina que se faça verificar no "caso concreto", tal solução tem como álibi teórico afastar o propalado *denuncismo* que, motivado por razões de ordem político-eleitoral ou mesmo pessoal (inimizade), por vezes irrompe a regular atuação dos órgãos de investigação.

Ainda assim, figura como uma espécie de "síntese" sobre o problema o seguinte excerto do voto proferido pelo Ministro Celso de Mello, por ocasião do recente julgamento do Inquérito n° 1957-PR:

> (...) a) *os escritos anônimos não podem justificar, só por si, desde que isoladamente considerados, a imediata instauração da "persecutio criminis"*, eis que peças apócrifas não podem ser incorporadas, formalmente, ao processo, salvo quando tais documentos forem produzidos pelo acusado, ou, ainda, quando constituírem, eles próprios, o corpo de delito (como sucede com bilhetes de resgate no delito de extorsão mediante seqüestro, ou como ocorre com cartas que evidenciem a prática de crimes contra a honra, ou que corporifiquem o delito de ameaça ou que materializem o "crimen falsi", p. ex.); (b) *nada impede, contudo, que o Poder Público, provocado por delação anônima* ("disque-denúncia", p. ex.), *adote medidas informais destinadas a apurar, previamente, em averiguação sumária, "com prudência e discrição", a possível ocorrência de eventual situação de ilicitude penal, desde que o faça com o objetivo de conferir a verossimilhança dos fatos nela denunciados, em ordem a promover, então, em caso positivo, a formal instauração da "persecutio criminis", mantendo-se, assim, completa desvinculação desse procedimento estatal em relação às peças apócrifas*; e (c) o Ministério Público, de outro lado, independentemente da prévia instauração de inquérito policial, também pode formar a sua "opinio delicti" com apoio em outros elementos de convicção que evidenciem a materialidade do fato delituoso e a existência de indícios suficientes de sua autoria, desde que os dados informativos que dão suporte à acusação penal não tenham, como único fundamento causal, documentos ou escritos anônimos. [STF – Inq. 1957 – PR, Tribunal Pleno, rel. Min. Carlos Velloso, j. 11/05/2005, DJU: 11/11/2005].

1.7. TRANCAMENTO DO INQUÉRITO POLICIAL: CABIMENTO COMO "SOLUÇÃO EXCEPCIONAL":

A prematura sustação de uma ação penal já se revela, em si, como uma medida que se pode considerar grave, porquanto a impedir o seu regular processamento, findo o qual a matéria estaria apta a exame. A realidade prática, nada obstante, fez constatar que em situações determinadas (*v.g.*, a manifesta atipicidade do fato apontado como delituoso ou ausência de um conteúdo probatório mínimo acerca da autoria delitiva, ou mesmo sua defeituosa imputação) nada justificaria o desenvolvimento da persecução penal.

Se anteciparmos essa interrupção para o plano da investigação criminal, então, a situação torna-se ainda mais delicada, uma vez que no curso dessa fase sequer foram colhidos elementos básicos à formação da *opinio delicti*. Daí por que sua verificação deve dar-se em termos rigorosamente excepcionais. Situações essas se verificariam, segundo o STF, ante hipóteses de manifesta e indiscutível ilegalidade ou abuso de poder quando assim despontem, de forma clara, da investigação criminal:

> EMENTA: I. Inquérito policial: indeclinabilidade da capitulação do fato investigado pela autoridade policial – não obstante a sua essencial provisoriedade – seja para a decisão inicial de abrir ou não o inquérito, seja, uma vez instaurado, para resolver incidentes relevantes de seu procedimento: a lição de Roberto Lyra Filho. II. *Habeas corpus* para trancamento de inquérito policial: *cabimento, embora como solução excepcional, reservada a hipóteses em que a atipicidade do fato ou sua errônea classificação*, de modo a impedir o reconhecimento da extinção da punibilidade, *se possam evidenciar, acima de toda dúvida razoável, no procedimento sumário e documental da natureza do habeas corpus*; para tanto, não basta, porém, tomar, como premissa irremovível e inalterável dos fatos, a versão aventada na portaria de instauração do inquérito ou em elementos documentais que a tenham provocado. (...) [STF – HC 80.772, 2ª Turma, rel. Min. Sepúlveda Pertence, j. 03/04/2001, DJU: 29/06/01, RTJ 182/613].

1.8. DILIGÊNCIAS REALIZÁVEIS NO ÂMBITO DO INQUÉRITO POLICIAL

Ao contrário do que sucede em relação à ação penal, na fase do inquérito policial não há um rito preestabelecido. Algumas formalidades, nada obstante, devem ser obedecidas, tal a necessidade de o inquérito policial ser escrito. Di-lo, assim, o art. 9º do CPP:

> Art. 9º. Todas as peças do inquérito policial serão, num só processado, reduzidas a escrito ou datilografadas e, neste caso, rubricadas pela autoridade.

Demais disso, o art. 6º do CPP traça diretrizes acerca do inquérito policial, as quais são indicativas da ação da autoridade policial:

1.8.1. Comparecimento ao local do delito e apreensão de objetos

Diz o art. 6º do CPP:

Art. 6º. Logo que tiver conhecimento da prática da infração penal, a autoridade policial deverá:
I – dirigir-se ao local, providenciando para que não se alterem o estado e conservação das coisas, até a chegada dos peritos criminais;
II – apreender os objetos que tiverem relação com o fato, após liberados pelos peritos criminais;

Além de servir à consolidação da produção probatória, essa apreensão tem por um de seus objetivos a realização de perícia, pois, na linha do que estatuído pelo art. 175 do CPP, *serão sujeitos a exame os instrumentos empregados para a prática da infração, a fim de se lhes verificar a natureza e a eficiência.*

Essa apreensão dos objetos relacionados ao fato delituoso (inciso II) é aquela que se verifica no *locus delicti*, não se confundindo com eventual busca domiciliar (art. 240 do CPP), para a qual faz-se necessária a expedição de mandado judicial, a teor do art. 5º, XI, da CF/88.

Conforme preceitua o art. 11 do CPP, "os instrumentos do crime, bem como os objetos que interessarem à prova, acompanharão os autos do inquérito".

Demais disso, de acordo com o disposto no art. 91, II, "a", do CP, são "efeitos da condenação a perda em favor da União, ressalvado o direito do lesado ou de terceiro de boa-fé, dos instrumentos do crime, desde que consistam em coisas cujo fabrico, alienação, uso, porte ou detenção constitua fato ilícito".

1.8.2. A colheita de provas e o "poder geral de polícia"

Ainda, conforme o art. 6º do CPP, compete à autoridade policial:

Art. 6º (...) III – colher todas as provas que servirem para o esclarecimento do fato e suas circunstâncias;

Nesse inciso III assenta-se, mais especificamente, o poder geral de polícia da Polícia Judiciária (art. 144, §§ 1º e 2º, da CF/88). Cabem, aqui, alguns esclarecimentos.

A ação policial não se submete, em regra, a um controle preventivo do Poder Judiciário, podendo a autoridade policial diligenciar na obtenção dos elementos que entenda necessários à comprovação da materialidade e autoria delitivas. Nada impede, contudo, provoque-se repressivamente a intervenção jurisdicional, buscando afastar eventual constrangimento ilegal, alegadamente oriundo da atuação policial. Nesse sentido, o *habeas corpus* e o mandado de segurança seriam os remédios mais viáveis.

Situações existem, entretanto, que as diligências perseguidas pela autoridade policial dependem de prévia autorização do Poder Judiciário, seja porque assim dispõe a CF/88, no que engloba as matérias submetidas à *reserva de jurisdição*, seja porque, em hipóteses determinadas, a informação está protegida por sigilo imposto por lei complementar, sendo diretamente inalcançáveis, portanto, pela Polícia Judiciária.

1.8.2.1. Limites constitucionais à atuação direta da autoridade policial e a necessidade de controle preventivo do Poder Judiciário

Em três situações, a CF/88 reserva expressamente ao Poder Judiciário a prévia decisão sobre a efetivação de medidas que repercutem diretamente sobre direitos fundamentais do investigado. São elas:

a) busca e apreensão domiciliar (art. 5º, XI);
b) prisão de qualquer pessoa, ressalvada a hipótese de flagrante delito (art. 5º, LXI);
c) interceptação de comunicações telefônicas (art. 5º, XII).

Tais hipóteses, por dizerem respeito àquilo que se vem denominando *postulado constitucional da reserva de jurisdição*,[19] representam autênticos limites à atuação da Polícia Judiciária. Outros limites também são estabelecidos em lei, tais as hipóteses de afastamento do sigilo fiscal (art. 198 do CTN) e do sigilo financeiro (LC nº 105/01). Sobre tanto, o próximo item.

1.8.2.2. Sentido e alcance das matérias submetidas a sigilo: a questão dos sigilos fiscal e financeiro.

O "sigilo fiscal", cujo objeto diz respeito ao universo de informações obtidas pelo órgão fiscalizador acerca da situação econômica ou financeira do sujeito passivo ou de terceiros, bem como sobre a natureza e o estado de seus negócios ou atividades, vem disciplinado pelo Código Tributário Nacional (art. 198), lei complementar no particular.

---

[19] Sobre o tema *reserva de jurisdição*, veja-se: "(...) POSTULADO CONSTITUCIONAL DA RESERVA DE JURISDIÇÃO: UM TEMA AINDA *PENDENTE* DE DEFINIÇÃO PELO SUPREMO TRIBUNAL FEDERAL. *O postulado da reserva constitucional de jurisdição* importa em submeter, *à esfera única de decisão dos magistrados*, a prática de determinados atos cuja realização, por efeito de *explícita determinação* constante do próprio texto da Carta Política, *somente* pode emanar *do juiz*, e *não* de terceiros, *inclusive* daqueles a quem se haja eventualmente atribuído o exercício de *'poderes de investigação próprios das autoridades judiciais'*. A cláusula constitucional da *reserva de jurisdição* – que incide sobre *determinadas* matérias, como a *busca domiciliar* (CF, art. 5º, XI), a *interceptação telefônica* (CF, art. 5º, XII) e a *decretação da prisão de qualquer pessoa*, ressalvada a hipótese de flagrância (CF, art. 5º, LXI) – traduz a noção de que, *nesses temas específicos*, assiste ao Poder Judiciário, não *apenas* o direito de proferir a última palavra, mas, sobretudo, a prerrogativa de dizer, desde logo, a *primeira* palavra, *excluindo-se*, desse modo, por força e autoridade do que dispõe a própria Constituição, a possibilidade do exercício de *iguais* atribuições, por parte de *quaisquer* outros órgãos ou autoridades do Estado. Doutrina. – O princípio constitucional da reserva de jurisdição, embora reconhecido por cinco (5) Juízes do Supremo Tribunal Federal – Min. Celso de Mello (Relator), Min. Marco Aurélio, Min. Sepúlveda Pertence, Min. Néri da Silveira e Min. Carlos Velloso (Presidente) – não foi objeto de consideração por parte dos demais eminentes Ministros do Supremo Tribunal Federal, que entenderam suficiente, para efeito de concessão do *writ* mandamental, a falta de motivação do ato impugnado" [STF – MS 23.452-RJ, Tribunal Pleno, rel. Min. Celso de Mello, j. 16/09/99, DJU: 12/05/00, Informativo STF/188].

Por veículo legislativo de idêntica natureza está disciplinado o cognominado "sigilo bancário" (LC nº 105/01), a dizer com as *operações ativas e passivas dos serviços prestados*.[20]

Dessa sorte, ainda que não se tratem, propriamente, de temáticas submetidas à reserva de jurisdição, a autoridade policial não tem acesso direto a tais informações, porquanto a imposição de sigilo, em situações que tais, vem contemplada em lei complementar, revelando-se, pois, inatingível pelo poder geral de polícia concretizado em legislação ordinária, o CPP.[21]

Nada obstante, cabe considerar que não configuram violação do dever de sigilo "a comunicação, às autoridades competentes, da prática de ilícitos penais ou administrativos, abrangendo o fornecimento de informações sobre operações que envolvam recursos provenientes de qualquer prática criminosa (art. 1º, § 3º, IV, da LC nº 105/01)".

Outrossim, não é vedada a divulgação de informações relativas a *representações fiscais para fins penais* (art. 198, § 3º, do CTN, com a redação que lhe deu a LC nº 104/01).

Distinta discussão diz respeito não propriamente às "interceptações telefônicas", mas à obtenção de "dados cadastrais" ou mesmo informações paralelas (números de telefone, chamadas realizadas) de posse das companhias telefônicas que não se façam considerar dentro do que prevê a Lei nº 9.296/96.

Quer-nos parecer que *uma situação* é a prudente e recomendável preservação de tais dados, pela companhia telefônica, perante terceiros – situação inocorrente até pouco tempo atrás, bastando lembrar que as contas telefônicas eram remetidas "abertas" aos clientes, via correio -; *outra, bem distinta*, é a obrigatoriedade – a todos acometida – de atender ao Estado-Polícia quando este se fizer legitimamente investido dessa função, assentada a obrigatoriedade de *qualquer do povo* de não obstar (obrigação negativa) a atuação do poder de polícia do Estado, notadamente em face do comando do art. 6º, III, do CPP, que reza competir à Autoridade Policial "colher" todas as provas que servirem para o esclarecimento do fato e suas circunstâncias.[22]

---

[20] Sobre a temática dos sigilos bancário e fiscal: FELDENS, *Tutela Penal de Interesses Difusos e Crimes do Colarinho Branco*, cit., p. 208-228.

[21] A mesma restrição não se verifica, todavia, em relação ao Ministério Público, uma vez que a (também) Lei Complementar nº 75/93 dispõe, em seu art. 8º, § 2º, que *"Nenhuma autoridade poderá opor ao Ministério Público, sob qualquer pretexto, a exceção de sigilo, sem prejuízo da subsistência do caráter sigiloso da informação, do registro, do dado ou do documento que lhe seja fornecido"*. Sobre o tema: FELDENS, Luciano. *"Sigilo Bancário e Ministério Público: da necessária coabitação entre as Leis Complementares 105/01 e 75/93"*. Boletim dos Procuradores da República, São Paulo, n. 5, v. 56, p. 12-14, dez. 2002.

[22] Também sobre o tema: FELDENS, Luciano. *"Poder Geral de Polícia e "Sigilo Telefônico"*, disponível em *www.ultimainstancia.com.br* (17/09/2004).

Nesse exato sentido, decidiu o TRF/4ª Região:

MANDADO DE SEGURANÇA. GARANTIA CONSTITUCIONAL. SIGILO TELEFÔNICO. PEDIDO DE INFORMAÇÃO. CADASTRO DE USUÁRIO DE OPERADORA DE TELEFONIA MÓVEL. DELEGACIA DE POLÍCIA FEDERAL. INQUÉRITO. DESNECESSIDADE DE AUTORIZAÇÃO JUDICIAL. DIREITO DE INTIMIDADE. NÃO-VIOLAÇÃO. DIREITO LÍQUIDO E CERTO. INEXISTÊNCIA. 1. Havendo inquérito policial regularmente instaurado e existindo necessidade de acesso a dados cadastrais de cliente de operadora de telefonia móvel, sem qualquer indagação quanto ao teor das conversas, tal pedido prescinde de autorização judicial. 2. Há uma necessária distinção entre a interceptação (escuta) das comunicações telefônicas, inteiramente submetida ao princípio constitucional da reserva de jurisdição (CF, art. 5º, XII) de um lado, e o fornecimento dos dados (registros) telefônicos, de outro. 3. O art. 7º da Lei nº 9296/96 - regulamentadora do inciso XII, parte final, do art. 5º da Constituição Federal - determina poder, a autoridade policial, para os procedimentos de interceptação de que trata, requisitar serviços e técnicos especializados às concessionárias de serviço público. Se o ordenamento jurídico confere tal prerrogativa à autoridade policial, com muito mais razão, confere-a, também, em casos tais, onde pretenda-se, tão-somente informações acerca de dados cadastrais. 4. Não havendo violação ao direito de segredo das comunicações, inexiste direito líquido e certo a ser protegido, bem como não há qualquer ilegalidade ou abuso de poder por parte da autoridade apontada como coatora. [TRF/4 - AMS 2004.71.00.022811-2/RS, 7ª Turma, rel. Des. Federal Nefi Cordeiro, unânime, j. 07/06/2005]

1.8.3. Oitiva do ofendido e do indiciado

Dispõe o art. 6º do CPP competir à autoridade policial:

IV - ouvir o ofendido;
V - ouvir o indiciado, com observância, no que for aplicável, do disposto no Capítulo III do Título VII, deste Livro, devendo o respectivo termo ser assinado por 2 (duas) testemunhas que lhe tenham ouvido a leitura;

A oitiva do ofendido não é obrigatória, como também não o é o depoimento do indiciado, conquanto tudo recomende nesse sentido. Entenda-se essa não-obrigatoriedade da seguinte forma: uma tal e suposta omissão não traz conseqüência jurídica tendente à invalidação da investigação preliminar. Situações existem em que o indiciado está foragido, inalcançável pela polícia judiciária, hipótese essa, inclusive, que tem justificado seu "indiciamento indireto", consistente na qualificação do mesmo por elementos obtidos de forma paralela.

Especialmente quanto ao indiciado, todavia, se houver por ouvi-lo, deverá a autoridade policial fazê-lo com respeito às disposições constitucionais e legais incidentes. Tendo desde logo presente o princípio do *nemo tenetur se detegere*, especialmente consubstanciado no "direito ao silêncio" (art. 5º, LXIII, da CF), na oitiva do indiciado haverá a autoridade policial de prestar observância ao que estatuído no Livro I, Título VII, Capítulo III do CPP (arts. 185 a 196):

EMENTA I. *HABEAS CORPUS*: CABIMENTO. PROVA ILÍCITA. 1. Admissibilidade, em tese, do *habeas corpus* para impugnar a inserção de provas ilícitas em procedimento penal e postular o seu desentranhamento: sempre que, da imputação, possa advir condenação a pena privativa de liberdade: precedentes do Supremo Tribunal. II. PROVAS ILÍCITAS: SUA INADMISSIBILIDADE NO PROCESSO (CF, ART. 5º, LVI): CONSIDERAÇÕES GERAIS. 2. Da explícita proscrição da prova ilícita, sem distinções quanto ao crime objeto do processo (CF, art. 5º, LVI), resulta a prevalência da garantia nela estabelecida sobre o interesse na busca, a qualquer custo, da verdade real no processo: conseqüente impertinência de apelar-se ao princípio da proporcionalidade -à luz de teorias estrangeiras inadequadas à ordem constitucional brasileira – para sobrepor, à vedação constitucional da admissão da prova ilícita, considerações sobre a gravidade da infração penal objeto da investigação ou da imputação. *III. GRAVAÇÃO CLANDESTINA DE "CONVERSA INFORMAL" DO INDICIADO COM POLICIAIS. 3. Ilicitude decorrente – quando não da evidência de estar o suspeito, na ocasião, ilegalmente preso ou da falta de prova idônea do seu assentimento à gravação ambiental – de constituir, dita "conversa informal", modalidade.de "interrogatório" sub-reptício, o qual – além de realizar-se sem as formalidades legais do interrogatório no inquérito policial (C.Pr.Pen., art. 6º, V) –, se faz sem que o indiciado seja advertido do seu direito ao silêncio. 4. O privilégio contra a auto-incriminação – nemo tenetur se detegere –, erigido em garantia fundamental pela Constituição – além da inconstitucionalidade superveniente da parte final do art. 186 C.Pr.Pen. – importou compelir o inquiridor, na polícia ou em juízo, ao dever de advertir o interrogado do seu direito ao silêncio: a falta da advertência – e da sua documentação formal faz ilícita a prova que, contra si mesmo, forneça o indiciado ou acusado no interrogatório formal e, com mais razão, em "conversa informal" gravada, clandestinamente ou não. (...)* [STF – HC 80.949-9, 1ª Turma, rel. Min. Sepúlveda Pertence, j. 30/10/2001, DJU: 14/12/01, p. 26].

1.8.4. Reconhecimento de pessoas e coisas

O art. 6º do CPP ainda refere competir à autoridade policial:

VI – proceder a reconhecimento de pessoas e coisas e a acareações;

O reconhecimento de pessoas vem disciplinado pelo art. 226 do CPP, havendo de verificar-se nas circunstâncias de seus quatro incisos. Acaso não obedecidas as formalidades neles estabelecidas, vislumbrando-se, por exemplo, o simples apontamento de alguém, por terceiro, como sendo o autor da infração penal, esse elemento de prova assumirá a relativização própria do depoimento testemunhal, não havendo dizer-se tenha a pessoa identificada sido submetida ao reconhecimento de pessoa de que trata o CPP.

1.8.5. Identificação criminal

Entende-se por identificação criminal a colheita de elementos tendentes a comprovar, com a requerida fidelidade, a real identidade do investigado. Tradicionalmente, conecta-se o termo à identificação chamada datiloscópica.

1.8.5.1. Identificação datiloscópica

A identificação pelo processo datiloscópico (colheita das impressões digitais) passou por um processo de quatro fases:

Primeiramente, veio regulamentada pelo art. 6º, VIII, do CPP, que dispunha competir à autoridade policial:

VIII – ordenar a identificação do indiciado pelo processo datiloscópico, se possível, e fazer juntar aos autos sua folha de antecedentes.

INVESTIGAÇÃO CRIMINAL E AÇÃO PENAL

Diante do exposto no art. 6º, VIII, do CPP, o STF dispôs que:

Súmula 568 – STF: A identificação criminal não constitui constrangimento ilegal, ainda que o indiciado já tenha sido identificado civilmente.

A CF/88, porém, estabeleceu em seu art. 5º, LVIII:

LVIII – O civilmente identificado não será submetido à identificação criminal, *salvo nas hipóteses previstas em lei.*

Em cumprimento ao permissivo constitucional, foi editada a Lei nº 10.054/00, que estabeleceu várias hipóteses que estariam a justificar a identificação datiloscópica do investigado.[23]

1.8.5.2. *Identificação fotográfica do investigado*

O CPP não se referia à tomada de fotografias do investigado, como também não o faz a CF/88. Em face desse hiato normativo, discutia-se

---

[23] Utilizando-se de uma descrição *a contrario sensu*, prescreveu essa legislação: Art. 1º O preso em flagrante delito, o indiciado em inquérito policial, aquele que pratica infração penal de menor gravidade (art. 61, *caput* e parágrafo único do), assim como aqueles contra os quais tenha sido expedido mandado de prisão judicial, *desde que não identificados civilmente, serão submetidos à identificação criminal, inclusive pelo processo datiloscópico e fotográfico.* Parágrafo único. Sendo identificado criminalmente, a autoridade policial providenciará a juntada dos materiais datiloscópico e fotográfico nos autos da comunicação da prisão em flagrante ou nos do inquérito policial. Art. 2º A prova de identificação civil far-se-á mediante apresentação de documento de identidade reconhecido pela legislação. Art. 3º *O civilmente identificado por documento original não será submetido à identificação criminal, exceto quando:* I – estiver indiciado ou acusado pela prática de homicídio doloso, crimes contra o patrimônio praticados mediante violência ou grave ameaça, crime de receptação qualificada, crimes contra a liberdade sexual ou crime de falsificação de documento público; II – houver fundada suspeita de falsificação ou adulteração do documento de identidade; III – o estado de conservação ou a distância temporal da expedição de documento apresentado impossibilite a completa identificação dos caracteres essenciais; IV – constar de registros policiais o uso de outros nomes ou diferentes qualificações; V – houver registro de extravio do documento de identidade; VI – o indiciado ou acusado não comprovar, em quarenta e oito horas, sua identificação civil. (...).Registre-se, ainda, que mesmo antes da legislação acima referida, a Lei nº 9.034/95 já previa que: "Art. 5º. A identificação criminal de pessoas envolvidas com a ação praticada por organizações criminosas será realizada independentemente da identificação civil". Discute-se acerca da vigência, ou não, do art. 5º da Lei nº 9.034/95 após a publicação da Lei nº 10.054/00. Nada obstante as críticas – de resto conhecidas e merecidas – assacadas à Lei nº 9.034/95, notadamente ante a vaguidade da expressão "organizações criminosas", acreditamos que ambas as normas convivem harmonicamente, não havendo motivação jurídica bastante a entendê-lo como revogado pela superveniência da Lei nº 10.054/00. A CF/88 legitima o procedimento nas *hipóteses previstas em lei.* O art. 5º da Lei nº 9.034/95 é uma delas. Não seria exigível considerar-se, pelo menos em linha de princípio, que todas as hipóteses haveriam de constar sob a égide de uma mesma lei. No sentido da convivência mútua parece andar a doutrina majoritária. O STJ, todavia, já conta com pronunciamento que conclui pela revogação do dispositivo sob comento: "PENAL. RECURSO ORDINÁRIO EM *HABEAS CORPUS.* IDENTIFICAÇÃO CRIMINAL DOS CIVILMENTE IDENTIFICADOS. ART. 3º, *CAPUT* E INCISOS, DA LEI Nº 10.054/2000. REVOGAÇÃO DO ART. 5º DA LEI Nº 9.034/95. O art. 3º, caput e incisos, da Lei nº 10.054/2000, enumerou, de forma incisiva, os casos nos quais o civilmente identificado deve, necessariamente, sujeitar-se à identificação criminal, não constando, entre eles, a hipótese em que o acusado se envolve com a ação praticada por organizações criminosas. Com efeito, restou revogado o preceito contido no art. 5º da Lei nº 9.034/95, o qual exige que a identificação criminal de pessoas envolvidas com o crime organizado seja realizada independentemente da existência de identificação civil. Recurso provido". [STJ – RHC 12965-DF, 6ª Turma, rel. Felix Fischer, j. 07/10/2003, DJU. 10/11/2003, p. 197].

sobre a necessidade de se inserir a fotografação na disciplina jurídica da identificação datiloscópica. Antes mesmo da vigência da Lei n° 10.054/00, disse o STJ que não, fazendo anotar que a retirada de fotos do investigado, destinando-se à instrução do inquérito – e não à catalogação em prontuário – estava inserta no poder geral de polícia.

> Processual penal. Recurso em *habeas corpus*. Fotografias. 1. Fotografias de frente e de perfil, tiradas para instruir inquérito policial não incidem no inc. LVIII, art. 5., CF/1988, pois não se destinam a prontuário, mas a instrução do caderno informativo. O fato pode resultar do exercício do poder de policia, para evitar a consumação de ameaça pelo paciente, homem temibilíssimo, com 5 (cinco) homicídios. Essa é a nota mais característica do poder de policia, a prevenção. 2. Recurso improvido. [STJ – RHC 4798 – 6ª Turma, rel. Anselmo Santiago, j. 19/09/96, DJU: 18/11/96, p. 44926]

Atualmente, em face da dicção do art. 1° da Lei n° 10.054/00, que prevê que "o preso em flagrante delito, o indiciado em inquérito policial, aquele que pratica infração penal de menor gravidade (art. 61, caput e parágrafo único do), assim como aqueles contra os quais tenha sido expedido mandado de prisão judicial, desde que não identificados civilmente, serão submetidos à identificação criminal, inclusive pelo processo datiloscópico e fotográfico", deve-se entender que a fotografação do investigado integra, a exemplo da identificação datiloscópica, o processo de identificação criminal, sendo obrigatório para todo e qualquer indivíduo que não comprove identidade civil, seja qual for a infração penal praticada.[24]

1.8.6. Busca pessoal

Conforme dispõe o art. 244 do CPP:

> Art. 244. A busca pessoal independerá de mandado, no caso de prisão ou quando houver *fundada suspeita* de que a pessoa esteja na posse de arma proibida ou de objetos ou papéis que constituam corpo de delito, ou quando a medida for determinada no curso de busca domiciliar.

A medida de busca pessoal, como manifestação do poder de polícia, não necessita de autorização judicial para a sua execução, providência que apenas é exigida para a busca e apreensão domiciliar (art. 5°, XI, da CF/88).

O art. 244 do CPP, todavia, condiciona a realização da medida à existência de *fundada suspeita* de que a pessoa esteja na posse de arma proibida ou de objetos ou papéis que constituam corpo de delito.

A partir desse dispositivo, discutiu-se sobre a legitimidade do procedimento conhecido como *blitz* policial, haja vista a aparente incompatibilidade entre o requisito legal (fundada suspeita) e a própria generalidade da atuação policial em situações que tais.

Logicamente, existem situações e situações. O que não seria admissível é a realização de uma operação policial em massa, destituí-

---

[24] Nesse sentido: NOGUEIRA, cit., p. 326.

INVESTIGAÇÃO CRIMINAL E AÇÃO PENAL

da de qualquer móvel concreto, cuja finalidade não pudesse ser justificadamente distinguida do arbítrio. Em situações dessa natureza, não apenas a atuação policial, mas qualquer ação de Estado seria ilegítima.

Também aqui a realidade prática nos acena com a impossibilidade de uma atuação microcirúrgica do órgão policial, notadamente quando fundadas razões apontam para a possibilidade de que alguém, em meio a um universo de pessoas, encontre-se nas condições estabelecidas no art. 244 do CPP. Quer-se dizer: afastada a hipótese do arbítrio, não podemos lidar cegamente com uma dogmática da década de 40, quando a realidade social do século XXI nos apresenta um brutal incremento da criminalidade, para cuja redução a presença ostensiva e fiscalizatória do aparato policial revela-se potencialmente eficiente.

1.9. REQUISIÇÃO DE DILIGÊNCIAS (COMPLEMENTARES) PELO MINISTÉRIO PÚBLICO

Sendo o Ministério Público o destinatário das investigações policiais, faculta-se-lhe, evidentemente, a requisição de diligências – complementares ou não – à autoridade policial. Disso dão conta os seguintes dispositivos:

CPP – Art. 13. Incumbirá ainda à autoridade policial: (...)
II – realizar as diligências requisitadas pelo juiz ou pelo Ministério Público;

CPP – Art. 16. O Ministério Público não poderá requerer a devolução do inquérito à autoridade policial, senão para novas diligências, imprescindíveis ao oferecimento da denúncia.

CPP – Art. 47. Se o Ministério Público julgar necessários maiores esclarecimentos e documentos complementares ou novos elementos de convicção, deverá requisitá-los, diretamente, de quaisquer autoridades ou funcionários que devam ou possam fornecê-los

LC nº 75/93 – Art. 7º – Incumbe ao Ministério Público da União, sempre que necessário ao exercício de suas funções institucionais: (...)II – *requisitar diligências investigatórias* e a instauração de inquérito policial (...)

CR/88 – Art. 129. São funções institucionais do Ministério Público: (...)
VIII – *requisitar diligências investigatórias* e a instauração de inquérito policial (...)

1.9.1. Pode o juiz indeferir essas diligências?

Reminiscência de um arcaísmo processual, certamente incompatível com o modelo acusatório despontante do art. 129, I, da CF/88, é o método de comunicação interinstitucional no plano pré-processual. Segue o Poder Judiciário intermediando os contatos entre Polícia e Ministério Público. Findo o inquérito, o mesmo é remetido à Justiça, a qual, automaticamente, abre vista ao Ministério Público.

De tal sorte, caso o Ministério Público entenda necessário requisitar diligências complementares à Polícia, o fará, curiosamente, sob a forma de "requerimento à Justiça", porquanto o inquérito, uma vez cadastrado junto ao Poder Judiciário, por ele deverá novamente passar na hipótese de retorno à autoridade policial.

Por isso a indagação: poderia o Juiz indeferir diligência requisitada à autoridade policial via requerimento judicial?

O juízo sobre a conveniência e a oportunidade na obtenção de determinado elemento de prova tendente a subsidiar a ação penal deve, nesse momento (pré)processual, pertencer ao Ministério Público. Como aponta Coelho Nogueira, o juiz da imprescindibilidade de novas diligências só pode ser o órgão encarregado de oferecer a denúncia. Trata-se, antes de mais nada, de uma questão elementar de lógica.[25]

Ressalva-se, contudo, a hipótese de evidente ilegalidade, quando então seria o próprio juiz, ao autorizá-las, o autor da ilegalidade ou do abuso de poder manifestado na requisição ministerial. Assim decidiu, a propósito, o STF:

As *diligências probatórias* requeridas, ao Poder Judiciário, pelo Ministério Público, *no contexto* de um inquérito policial, *objetivam permitir*, ao "Parquet", que este, *com apoio* nos resultados delas emergentes, *venha a formar*, eventualmente, a "opinio delicti", *pois é o Ministério Público* o destinatário, *por excelência*, dos elementos de informação produzidos no contexto da investigação penal.

Não cabe, em regra, ao Poder Judiciário, *substituindo-se*, indevidamente, ao membro do Ministério Público, *formular juízo em torno da necessidade*, ou não, da adoção de medidas probatórias reputadas *indispensáveis*, pelo "dominus litis", à formação de sua convicção *a propósito* da ocorrência de determinada infração penal, *ressalvada*, no entanto, a *possibilidade* de controle jurisdicional *sobre a licitude* de tais diligências de caráter instrutório. (...) [STF – Inq. 2.041-MG, rel. Min. Celso de Mello, j. 30/09/2003]

1.9.2. Requerimento de diligências pelo ofendido ou indiciado

Refere o CPP:

Art. 14. O ofendido, ou seu representante legal, e o indiciado poderão *requerer qualquer diligência, que será realizada, ou não, a juízo da autoridade.*

Se a autoridade tem o dever de instaurar o inquérito policial, de ofício, podendo empreender as investigações necessárias com certa discricionariedade, não pode o indiciado exigir sejam ouvidas tais ou quais testemunhas, podendo, tão-somente, requerer diligências, cujo deferimento reserva-se à consideração da autoridade policial, nos termos do art. 14 do CPP.[26]

---

[25] NOGUEIRA, cit., p. 386.

[26] Todavia, em se tratando de requerimento de exame de corpo de delito, o juízo da autoridade sobre a realização de perícias solicitadas "pelas partes" cede espaço à exigência na sua realização. Assim dispõe o art. 184 do CPP: "*salvo o caso de exame de corpo de delito*, o juiz ou a autoridade policial negará a perícia requerida pelas partes, quando não for necessária ao esclarecimento da verdade".

1.10. O INDICIAMENTO E SEU CONTROLE JURISDICIONAL

Indiciamento é a imputação a alguém, no inquérito policial, da prática da infração penal que está sendo apurada, ou o "resultado concreto da convergência de indícios que apontam determinada pessoa ou determinadas pessoas como praticantes de fatos ou atos tidos pela legislação penal em vigor como típicos, antijurídicos e culpáveis".[27]

Conquanto não se refira diretamente a "indiciamento", o CPP menciona, por várias vezes, o termo "indiciado" (arts. 5°, § 1°, *b*; 6°, V, VIII e IX; 14; 15; 21; 23 etc.), expressão um tanto plurívoca, que não parece de conveniente utilização, porquanto nem sempre o investigado já foi indiciado e o CPP segue referindo-se a ele como tal.

Questão a saber diz com a possibilidade de o indiciamento em inquérito policial ocasionar constrangimento ilegal que, como tal, viabilize a manipulação dos *writs* constitucionais tendentes ao seu afastamento.

Considerando que o ato de indiciamento, por si só, não se projeta a restringir, pelo menos de forma direta, qualquer direito individual, historicamente a jurisprudência do STF vinha assentando que tal medida não se mostrava como potencialmente geradora de constrangimento ilegal.

> EMENTA: CONSTITUCIONAL. PENAL. PROCESSUAL PENAL. HABEAS CORPUS. INDICIAMENTO. TRANCAMENTO: IMPOSSIBILIDADE. DEPUTADO FEDERAL. TRAMITAÇÃO PERANTE JUÍZO DE 1A. INSTÂNCA: IMPOSSIBILIDADE. REMESSA DOS AUTOS AO SUPREMO TRIBUNAL FEDERAL. CF, ART. 102, I, b. I. – *O mero indiciamento em inquérito policial não constitui constrangimento ilegal que possa ser atacado por habeas corpus*. Precedentes do STF. II. – Não se tranca inquérito policial, se há suspeita de crime que justifique a investigação policial. Precedentes do STF. III. – Inquérito policial instaurado pelo Departamento de Polícia Federal, para apurar ilícitos penais atribuídos a Deputado Federal, em tramitação perante a Justiça Federal de primeira instância. IV. – Gozando os Deputados Federais de prerrogativa de função, não pode o procedimento investigatório tramitar perante Juízo de primeiro gráu. V. – HC indeferido. Concessão de *habeas corpus* de ofício para determinar que os autos do inquérito policial sejam remetidos ao Supremo Tribunal Federal [STF – HC 76.672-MG, rel. Min. Carlos Velloso].

Mais recentemente, todavia, tendo sob apreciação um caso específico, decidiu o STF sobre a possibilidade de realizar-se um controle jurisdicional do indiciamento.

> EMENTA: (...) A QUESTÃO DO INDICIAMENTO. NECESSIDADE DE QUE EXISTAM, PARA A EFETIVAÇÃO DESSE ATO DE POLÍCIA JUDICIÁRIA, INDÍCIOS MÍNIMOS DE AUTORIA E DE MATERIALIDADE DO FATO DELITUOSO. INOCORRÊNCIA, NO CASO, SEGUNDO O PRÓPRIO MINISTÉRIO PÚBLICO, DE TAIS ELEMENTOS INDICIÁRIOS. PEDIDO DE INDICIAMENTO INDEFERIDO. CONSIDERAÇÕES DE ORDEM DOUTRINÁRIA. JURISPRUDÊNCIA.

---

[27] TUCCI, Rogério Lauria. "Indiciamento e Qualificação Indireta", *Revista dos Tribunais*, vol. 571, São Paulo: Revista dos Tribunais, p. 292.

(...) – O indiciamento de alguém, por suposta prática delituosa, somente se justificará, se e quando houver indícios mínimos, que, apoiados em base empírica idônea, possibilitem atribuir-se, ao mero suspeito, a autoria do fato criminoso.

Se é inquestionável que o ato de indiciamento não pressupõe a necessária existência de um juízo de certeza quanto à autoria do fato delituoso, não é menos exato que esse ato formal, de competência exclusiva da autoridade policial, há de resultar, para legitimar-se, de um mínimo probatório que torne possível reconhecer que determinada pessoa teria praticado o ilícito penal.

O indiciamento não pode, nem deve, constituir um ato de arbítrio do Estado, especialmente se se considerarem as graves implicações morais e jurídicas que derivam da formal adoção, no âmbito da investigação penal, dessa medida de Polícia Judiciária, qualquer que seja a condição social ou funcional do suspeito. Doutrina. Jurisprudência. [STF – Inq. 2.041-MG, Rel. Min. Celso de Mello, j. 30/09/2003]

1.10.1. Nomeação de curador ao indiciado menor

Segundo o art. 15 do CPP:

Art. 15. Se o indiciado for menor, ser-lhe-á nomeado curador pela autoridade policial.

Há que se analisar, entretanto, a vigência dessa regra a partir da edição do novo Código Civil, que, em seu art. 5º, dispõe:

Art. 5º. A menoridade cessa aos dezoito anos completos, quando a pessoa fica habilitada à prática de todos os atos da vida civil.

Parece evidente que o fundamento para a nomeação de curador ao menor de 21 anos, para alguns atos da persecução penal, residia na sua relativa incapacidade civil, caso em que era conveniente a assistência de curador. No novo Estatuto Civil, entretanto, a maioridade plena é obtida aos 18 anos, motivo pelo qual a nomeação de curador perdeu a sua razão de ser. Pensamos, com isso, que o art. 5º do Código Civil revogou o art. 15 do CPP.[28] Ressalva-se, contudo, eventual ilegalidade do ato praticado sem a presença do curador nos casos verificados ainda na vigência do antigo Código Civil. Nestes casos pretéritos, já decidiu o STF que a menoridade penal relativa (indiciado que ainda não completou 21 anos) há de ser aferida na data do interrogatório, e não na data do fato delituoso.[29]

Da mesma forma, entendia-se, majoritariamente, que a ausência do curador poderia anular o ato, mas não a investigação.[30]

---

[28] No mesmo sentido: TOURINHO FILHO, cit., p. 265.

[29] Processual penal. Menoridade do réu. É de ser aferida à data do interrogatório, e não à data da prática do delito, para o efeito de lhe ser nomeado curador (CPP, arts. 194 e 564, III, c) [STF – RE 95.767-PR, 2ª Turma, rel. Min. Décio Miranda , j. 11/05/82, DJU 4/6/82, RT 570/429].

[30] "Habeas corpus. A falta de nomeação de curador no inquérito policial anula a confissão, não o procedimento judicial" [STF – HC 62.851-6-SP, 2ª Turma, rel. Min. Cordeiro Guerra, j. 30/04/85, DJU 31/5/85, RT 597/412] "Embora a jurisprudência entenda não invalidar a ação penal a circunstância de recair a nomeação de curador em pessoa pertencente ao quadro policial, não se pode convalidar o auto de prisão em flagrante na hipótese dos autos, em que o curador nomeado, sendo escrivão da própria Delegacia, não estava em condições de exercer o seu munus com total independência, nem possuía capacidade postulatória par atuar em favor do menor. Recurso de habeas corpus conhecido e provido para anular a prisão em flagrante" [STJ – RHC 2.885-8-GO, 5ª Turma, j. 1/9/93, DJU 4/10/93, RT 708/380]

1.10.2. Indícios de crime por parte de magistrado ou membro do Ministério Público: providências

As respectivas leis orgânicas da magistratura e do Ministério Público definem que as autoridades judiciárias e ministeriais não são submetidas a inquéritos policiais, mas a investigações perante seus próprios órgãos (art. 33, II, parágrafo único, da LOMAN – LC n° 35/79 e art. 18, II, f, parágrafo único, da Lei Orgânica do Ministério Público da União – LC n° 75/93).

Dessa sorte, havendo notícia da prática de infração penal por membro do Poder Judiciário ou do Ministério Público, serão comunicados, em cada caso, o Tribunal respectivo ou o Procurador-Geral, que conduzirão as investigações. Nada obsta, entretanto, que as respectivas autoridades (judiciária ou ministerial) requisitem à Polícia a realização de determinada diligência.

1.10.3. Diligências de caráter instrutório versando sobre membros do Congresso Nacional: inquérito perante o STF

Como explicitado pelo STF, "regra geral, o foro por prerrogativa de função do suspeito não subtrai dos órgãos da Polícia Judiciária a atribuição, que é administrativa, de apuração de infrações penais". Na hipótese de suspeita contra pessoa que detenha a prerrogativa, "o que de logo se transfere ao tribunal competente – e, portanto, ao relator designado –, são as funções – jurisdicionais, como as cautelares, ou não –, atribuídas à autoridade judiciária ainda durante a fase pré-processual da persecução penal" (STF – HC 82.507-9, 1ª Turma, rel. Min. Sepúvleda Pertence, j. 10/12/2002).

Assim, membros do Congresso Nacional podem ser investigados por meio de inquérito policial, o qual tramitará sob o controle do STF (mais precisamente, de um relator assim designado). A diferença, no particular, é que as diligências de caráter instrutório, bem como o controle de prazos, são, em situações que tais, promovidas perante o Tribunal. Conforme decidiu o STF:

(...) o *Supremo Tribunal Federal qualifica-se como juiz natural dos membros do Congresso Nacional* (RTJ 137/570 – RTJ 151/402), quaisquer que sejam as infrações penais a eles eventualmente imputadas (RTJ 33/590), mesmo que se cuide de simples ilícitos contravencionais (RTJ 91/423) ou se trate de crimes sujeitos à competência dos ramos especializados da Justiça da União (RTJ 63/1 – RTJ 166/785-786). Em razão dessa competência penal originária, *as diligências de caráter instrutório, requeridas no contexto de investigação penal instaurada contra membros do Congresso Nacional, deverão promover-se perante o Supremo Tribunal Federal* – e sob o controle imediato desta Corte –, a quem caberá, no que se refere à apuração de supostos crimes atribuídos a parlamentares federais, "ordenar (...) toda e qualquer providência necessária à obtenção de dados probatórios essenciais à demonstração da alegada prática delituosa (...) (RTJ 166/785-786, rel. Min. Celso de Mello, Pleno). [STF – Inq. 2.041-MG, rel. Min. Celso de Mello, j. 30/09/2003]

1.11. PRAZO PARA CONCLUSÃO DO INQUÉRITO POLICIAL

O art. 10 do CPP estabelece prazos distintos para a conclusão do inquérito policial, estando o indiciado preso (10 dias) ou solto (30 dias):

Art. 10. *O inquérito deverá terminar no prazo de 10 (dez) dias*, se o indiciado tiver sido *preso* em flagrante, ou estiver preso preventivamente, contado o prazo, nesta hipótese, a partir do dia em que se executar a ordem de prisão, ou no prazo de *30 (trinta) dias*, quando estiver *solto*, mediante fiança ou sem ela.

No que respeita ao prazo de indiciado solto, sabe-se da dificuldade prática em cumpri-lo, não sendo raras as situações em que se verifica uma significativa extrapolação dos trinta dias legalmente previstos.

Em situações tais, compete à autoridade policial solicitar ao Poder Judiciário seja concedida prorrogação de prazo para a conclusão das investigações, fazendo-se imprescindível, a tanto, a oitiva do Ministério Público.[31] Tal medida possibilita que o Ministério Público aponte, como *dominus litis*, as diligências cuja necessidade surja, paulatinamente, com a evolução das investigações.

Diferentemente se processa, contudo, na hipótese de investigado preso. Neste caso, o extravasamento do prazo – o qual, diferenciando-se da regra geral de contagem dos prazos processuais, tem como termo *a quo* o próprio dia em que se efetiva a constrição da liberdade – traz como implicação jurídica imediata a necessidade de liberação do investigado, porquanto se preso permanecesse a constrição do direito fundamental à liberdade se daria contra expressa disposição de lei. É verdade que a decretação da prisão preventiva teria o condão de alargar o prazo de prisão processual. Todavia, em tal hipótese, conforme reiterada jurisprudência, se requisitos existirem para a conversão da tutela cautelar, de flagrante em preventiva, as mesmas razões justificariam a existência de justa causa para a propositura da ação penal.

De ressaltar-se a existência de regras específicas que incidem à espécie. Por exemplo, em se tratando de inquérito policial acometido à Polícia Federal, tem aplicabilidade o art. 66 da Lei nº 5.010/66, a qual *"Organiza a Justiça Federal de primeira instância*, e dá outras providências"*. Segundo referido dispositivo legal:

Art. 66. O prazo para conclusão do inquérito policial será de *quinze dias, quando o indiciado estiver preso*, podendo ser *prorrogado por mais quinze dias*, a pedido, devidamente fundamentado, da autoridade policial e deferido pelo Juiz a que competir o conhecimento do processo.

---

[31] Nesse sentido, já assentou o TRF/4ª Região: INQUÉRITO POLICIAL – DILAÇÃO DE PRAZO PARA COMPLEMENTAÇÃO DA INVESTIGAÇÃO – COMPETÊNCIA DO JUIZ – NECESSIDADE DA OITIVA DO MINISTÉRIO PÚBLICO – DECURSO DO PRAZO – PEDIDO PREJUDICADO. Cabe ao juiz decidir sobre a dilação do prazo para diligências complementares no inquérito policial, *sempre com a prévia oitiva do Ministério Público*. Pedido de correição parcial prejudicado, face ao decurso do prazo questionado [TRF4 – CP 1999.04.01.009764-4-SC, Rel. Juiz Amir Sarti, 1ª Turma, unânime, DJU: 26/01/2000, p. 491].

Parágrafo único. Ao requerer a prorrogação do prazo para conclusão do inquérito, a autoridade policial deverá apresentar o preso ao Juiz.[32]

Outrossim, atente-se para o art. 51 da Lei n° 11.343/06 (nova Lei de Tóxicos), que "prescreve medidas para prevenção do uso indevido, atenção e reinserção social de usuários e dependentes de drogas; estabelece normas para represão à produção não autorizada e ao tráfico ilícito de drogas; define crimes e dá outras providências":

Art. 51. O inquérito policial será concluído no prazo máximo de 30 (trinta) dias, se o indiciado estiver preso, e de 90 (noventa) dias, quando solto.

Parágrafo único. Os prazos a que se refere este artigo podem ser duplicados pelo juiz, ouvido o Ministério Público, mediante pedido justificado da autoridade de polícia judiciária.

1.12. ARQUIVAMENTO DO INQUÉRITO OU DE OUTRAS PEÇAS DE INFORMAÇÃO: DISCIPLINA

A autoridade policial não pode promover o arquivamento do inquérito policial. Di-lo, expressamente, o CPP:

Art. 17. A autoridade policial não poderá mandar arquivar autos de inquérito.

Tal dispositivo guarda harmonia sistêmica com o art. 28 do CPP, que prevê que o arquivamento do inquérito é decretado exclusivamente pelo juiz, e sempre a requerimento do Ministério Público.

Dessa sorte, o arquivamento de inquérito "de ofício" pela autoridade policial, se verificado, representaria grave supressão da intervenção do Ministério Público e do Poder Judiciário. Veja-se que, a teor do art. 28 do CPP, a audiência do Ministério Público é imprescindível, não podendo o juiz adotar tal providência *ex officio*:[33]

Art. 28. Se o órgão do Ministério Público, ao invés de apresentar a denúncia, requerer o arquivamento do inquérito policial ou de quaisquer peças de informação, o juiz, no caso de considerar improcedentes as razões invocadas, fará remessa do inquérito ou peças de informação ao procurador-geral, e este oferecerá a denúncia, designará outro órgão do

---

[32] Tal prazo já teve sua validade reafirmada pelo STF: "Prisão preventiva: excesso de prazo não caracterizado. 1. *O prazo de encerramento do inquérito policial, afeto à Polícia Federal,* nas hipóteses de competência penal originária do STF, não é o de dez dias, estipulado no art. 10 C. Pr. Penal, mas sim, *por força do art. 66 da L. 5.010/66,* o de *quinze dias,* prorrogável de outro tanto. 2. Já não domina na jurisprudência do STF, para a caracterização do excesso, a consideração isolada dos sucessivos prazos interpostos ao procedimento penal: análise da jurisprudência. 3. Estando o indiciado sujeito a prisão preventiva anteriormente decretada pela Justiça local em razão de outro fato criminoso, só a partir do relaxamento dela é que o seu encarceramento pode ser imputado, para fins de verificação de excesso de prazo, à preventiva posteriormente decretada pelo Supremo Tribunal Federal" [STF – Petição (AgRg) 1.732-AL, Tribunal Pleno, rel. Min. Sepúlveda Pertence, j. 01/07/99, DJU: 17/09/99, Informativo STF/162].

[33] Nesse sentido, a jurisprudência: "INQUÉRITO POLICIAL – Arquivamento – Ministério Público não ouvido a respeito – Delito de ação pública – Infração ao art. 28 do CPP – Recurso extraordinário provido. Peças informativas referentes a crime de ação penal pública não podem ser arquivadas pelo juiz, ou pelo tribunal, sem a manifestação do Ministério Público". [STF – RE 91.066-2-ES, 1ª Turma, rel. Min. Rafael Mayer, j. 09/10/79, RT 540/417].

Ministério Público para oferecê-la, ou insistirá no pedido de arquivamento, ao qual só então estará o juiz obrigado a atender.

Ainda acerca do art. 28 do CPP, de ver-se que, em se cuidando de pedido de arquivamento formulado pelo Ministério Público Federal, este dispositivo deve ser interpretado em consonância com o art. 62, IV, da LC nº 75/93, que reza:

> Art. 62. Compete às Câmaras de Coordenação e Revisão: (...)
> IV – manifestar-se sobre o arquivamento de inquérito policial, inquérito parlamentar ou peças de informação, exceto nos casos de competência originária do Procurador-Geral;

No âmbito do Ministério Público Federal, tem prevalecido o entendimento de que a manifestação da Câmara de Coordenação e Revisão é definitiva; sequer passa, atualmente, pelas mãos do Procurador-Geral da República. Quando decide pela designação de outro membro do MPF para oficiar no feito, a Câmara determina a imediata baixa dos autos do inquérito ou das peças de informação ao órgão ministerial de origem.

Nos casos de competência penal originária do STF – e o mesmo entendimento, *mutatis mutandis*, poderia ser estendido aos Tribunais de Justiça dos Estados –, a situação é distinta. Conforme já decidiu a Suprema Corte:

> O STF, no âmbito de sua competência penal originária, está compelido a determinar o arquivamento de inquérito policial quando requerido pelo Procurador-Geral da República por ausência de base empírica para o oferecimento da denúncia, porquanto o Ministério Público é o titular da ação penal, cabendo a este avaliar se as provas existentes autorizam ou não a propositura da ação penal. Com base nesse entendimento, o Tribunal, por maioria, salientando que não cabe recurso da decisão judicial que acolhe pedido de arquivamento formulado pelo próprio chefe do Ministério Público, manteve decisão do Min. Celso de Mello, relator, que, nos termos da manifestação do *parquet*, determinara o arquivamento de *notitia criminis*. Vencido o Min. Marco Aurélio, que conhecia do recurso. [STF – Pet 2820 Agr-RN, Tribunal Pleno, rel. Min. Celso de Mello, j. 25/03/04, DJU: 07/05/04, Informativo STF/337].

1.12.1. Arquivamento e ação penal privada subsidiária: impossibilidade

Arquivado o inquérito policial a requerimento do Ministério Público, não cabe ação penal subsidiária da pública (art. 5º, LIX, da CF/88), hipótese constitucional destinada a suprir a inércia institucional (inação) do Ministério Público, situação que não ocorre ante a manifestação do titular da ação penal acerca da inviabilidade da instauração da ação penal, a qual traduz ato comissivo – e não omissivo – do agente ministerial. A propósito, o STF:

> *Ação Penal Privada Subsidiária.* A admissibilidade da ação penal privada subsidiária da pública pressupõe, nos termos do art. art. 5º, LIX, da CF (*será admitida ação privada nos crimes de ação pública, se esta não for intentada no prazo legal;*), a inércia do Ministério Público em adotar, no prazo legal (CPP, art. 46), uma das seguintes providências: oferecer a denúncia, requerer o arquivamento do inquérito policial ou requisitar novas diligências. À vista desse entendimento, a Turma deferiu *habeas corpus* impetrado contra acórdão do Tribunal de Justiça do Estado do Rio

INVESTIGAÇÃO CRIMINAL E AÇÃO PENAL

Grande do Sul que determinara o prosseguimento de ação penal privada ajuizada contra o paciente após o arquivamento do inquérito policial ordenado em primeira instância a requerimento do Ministério Público formulado dentro do prazo legal. Em conseqüência, julgou-se extinta a ação penal privada movida contra o paciente. Precedentes citados: Inq 172-SP (RTJ 112/474), HC 67502-RJ (RTJ 130/1084) [STF – HC 74.276-RS, rel. Min. Celso de Mello, 03/09/96, Informativo/STF 43].

1.12.2. Pedido de declínio de competência pelo MP: hipótese de arquivamento indireto (?)

Tradicionalmente, tem-se entendido que o juiz, quanto dissente do requerimento do Ministério Público voltado ao declínio de competência para a apreciação de inquérito policial, haveria de considerá-lo, por integração analógica ao art. 28 do CPP, como pedido de *arquivamento indireto*.[34]

O *leading case* que originou essa consideração remonta a um antigo precedente do STF:

CONFLITO DE ATRIBUIÇÕES. Juiz e Ministério Público Federal. Pedido de arquivamento indireto (art. 28 do CPP). *A recusa de oferecer denúncia, por considerar incompetente o juiz, que, no entanto, se julga competente, não suscita um conflito de atribuições, mas um pedido de arquivamento indireto,* que deve ser tratado à luz do art. 28 do CPP. Conflito de atribuições não conhecido. [STF – CA 12-1-BA, rel. Min. Rafael Mayer, unânime, j. 1/04/82, DJU 09/12/83, RT 583/424].

Conquanto de certa forma solidificado tal entendimento na doutrina e na jurisprudência pátrias, parece-nos que aludida comparação (entre o real e efetivo pedido de arquivamento formulado pelo Ministério Público e o requerimento de remessa dos autos do inquérito a juízo que o Ministério Público tem por competente) não há de promover-se, e por uma razão essencial: o juiz não está vinculado à decisão do órgão revisor da atuação ministerial (seja o Procurador-Geral, no âmbito dos Ministérios Públicos dos Estados, seja a Câmara de Coordenação e Revisão, no âmbito do Ministério Público Federal).[35]

---

[34] O exemplo dessa situação se verifica no caso de um procurador da República que, entendendo não se tratar de infração penal sujeita à competência da Justiça Federal, requer ao juiz Federal a remessa do inquérito ou das peças de investigação à Justiça Estadual. O juiz Federal, a seu turno, entende-se competente para o exame da matéria.

[35] Vale referir, no particular, a lição do magistrado federal Paulo Viera Aveline: "Vê-se que o pedido do *parquet* de declinação de competência não guarda qualquer relação com arquivamento. Os autos do inquérito ou das peças de informação não serão guardados em arquivo, nada será guardado, sobrestado, esquecido ou não levado em conta, nem é isso o que pede o agente ministerial. Nada há, também, de indireto em tal tipo de pedido. Nessa hipótese, o pedido é absolutamente direto: quer o MP a declinação de competência, nada mais. A par disso, a despeito de todo o esforço que empreendi, não consegui localizar na Constituição Federal ou mesmo na legislação infraconstitucional qualquer dispositivo que dê ao Ministério Público a atribuição de *decidir* acerca da competência de qualquer juízo. Sim, porque é a isso que leva a aplicação do art. 28 do CPP no caso vertente. Cabe ao Procurador Geral da República, acaso se entenda pela aplicação desse dispositivo legal, *decidir* se o juízo é ou não competente para processar e julgar determinados fatos e agentes. Noutras palavras, estar-se-ia dando ao Procurador Geral a atribuição de, ao seu talante, impedir determinado órgão do Poder Judiciário de

Realmente, o problema não é de simples solução. Veja-se que, ao simplesmente rejeitar o pedido de declínio de competência formulado pelo Ministério Público, o magistrado não terá, em contrapartida, como impor ao próprio Ministério Público a propositura da ação penal perante aquele mesmo juízo. Dir-se-á, então, que a solução seria que o Ministério Público recorresse da decisão judicial que nega o declínio de competência. Mas, se o Ministério Público não o fizer? E se, em o fazendo, o Tribunal negar provimento ao recurso?

De fato, a polêmica parece apenas ter fim quando jurisdicionalmente diluído eventual conflito de atribuições – v.g., entre membros do Ministério Público Federal e Estadual (art. 102, I, "f", da CF/88)[36] – ou de jurisdição (art. 105, I, "d", da CF/88).

1.12.3. Efeitos do arquivamento: *quando faz coisa julgada*

O arquivamento do inquérito policial pode verificar-se em função de razões diversas. O Ministério Público está autorizado a requerê-lo, basicamente, diante de duas genéricas situações:

a) quando não se façam presentes os requisitos para a formulação da denúncia, tal como inscritos no art. 41 do CPP (*v.g.*, a inexistência de elementos que apontem para a comprovação da autoria delitiva ou mesmo de elementos suficientes acerca da ocorrência do delito);

b) quando se verificar qualquer das hipóteses previstas no art. 43 do CPP (casos em que a denúncia, se oferecida, seria rejeitada).

Nesse tom, os efeitos do arquivamento do inquérito hão de estabelecer-se em face dos motivos que o determinaram.

Se, por um lado, o arquivamento por falta de base empírica à denúncia pode ensejar a ulterior propositura da ação penal, em face da colheita de novos elementos de prova (art. 18 do CPP em

---

exercer o poder-dever de prestar jurisdição, que lhe é outorgado pela Constituição Federal. Uma coisa é a titularidade quase-exclusiva (não se olvide a ação penal privada) da ação penal (CF, art. 129, I), o poder-dever do Ministério Público de propor ou não a ação penal. Outra coisa é exercer jurisdição, dizer o direito, função que a Carta Magna outorga apenas ao Poder Judiciário. Assim, ao Poder Judiciário, no exercício da jurisdição, por um de seus órgãos, singulares ou colegiados, dotados de investidura, cabe dizer que juízo é ou não competente. O Poder Judiciário é o único juiz de sua própria competência. Como diz Tourinho Filho, '*o Juiz tem a competência da competência (Kompetenz kompetenz)*' [Informações prestadas na correição parcial nº 2003.04.01.058608-9-RS].

[36] Entendeu o STF que lhe compete dirimir conflito de atribuições envolvendo o Ministério Público Federal e o Ministério Público Estadual. Como exposto pelo relator, "Esta corte tem precedente segundo o qual, diante da conclusão sobre o silêncio do ordenamento jurídico a respeito do órgão competente para julgar certa matéria, a ela própria cabe a atuação (...) Esse entendimento é fortalecido pelo fato de órgãos da União e de Estado membro estarem envolvidos no conflito, e aí já de se emprestar à alínea "f" do incido I do art. 102 da Constituição Federal alcance suficiente ao afastamento do descompasso, solucionando-o o Supremo, como órgão maior da pirâmide jurisdicional" [STF – Petição 3.528-3/BA, Pleno, rel. Min. Marco Aurélio, j. 28/09/2005, DJU: 03/03/2006].

combinação com a Súmula n° 524 do STF), o mesmo não sucede, por exemplo, quando o pedido é formulado porque o fato manifestamente não constitui crime (art. 43, I, do CPP). Nessa última hipótese, há apreciação do fato, o qual, todavia, decididamente não alcançou a seara penal. Dessa sorte, quando formulado nesses termos, o arquivamento faz coisa julgada material, impedindo posterior instauração da ação penal. Nesse sentido, a jurisprudência do STF.

EMENTA Inquérito policial: decisão que defere o arquivamento: quando faz coisa julgada. A eficácia preclusiva da decisão que defere o arquivamento do inquérito policial, a pedido do Ministério Público, é similar à daquela que rejeita a denúncia e, como a última, se determina em função dos seus motivos determinantes, impedindo — se fundada na atipicidade do fato — a propositura ulterior da ação penal, ainda quando a denúncia se pretenda alicerçada em novos elementos de prova. Recebido o inquérito — ou, na espécie, o Termo Circunstanciado de Ocorrência — tem sempre o Promotor a alternativa de requisitar o prosseguimento das investigações, se entende que delas possa resultar a apuração de elementos que dêem configuração típica ao fato (C.Pr.Penal, art. 16; L. 9.099/95, art. 77, § 2º). Mas, ainda que os entenda insuficientes para a denúncia e opte pelo pedido de arquivamento, acolhido pelo Juiz, o desarquivamento será possível nos termos do art. 18 da lei processual. O contrário sucede se o Promotor e o Juiz acordam em que o fato está suficientemente apurado, mas não constitui crime. Aí — a exemplo do que sucede com a rejeição da denúncia, na hipótese do art. 43, I, C.Pr.Penal — a decisão de arquivamento do inquérito é definitiva e inibe que sobre o mesmo episódio se venha a instaurar ação penal, não importa que outros elementos de prova venham a surgir posteriormente ou que erros de fato ou de direito hajam induzido ao juízo de atipicidade. [STF – HC 80.560-4, rel. Ministro Sepúlveda Pertence, 1ª Turma, j. 20/02/01, DJU: 30/03/2001, p. 81].

Recentemente, o STF mais uma vez pronunciou-se nesse sentido, explicitando, desta feita, sobre a impossibilidade de reabrir-se a investigação quando a decisão de arquivamento tenha sido proferida tendo por base a extinção da punibilidade do indiciado (art. 43, II, do CPP):

HABEAS CORPUS – PROCEDIMENTO PENAL – RECONHECIMENTO DE QUE SE CONSUMOU, NA ESPÉCIE, A PRESCRIÇÃO DA PRETENSÃO PUNITIVA DO ESTADO (...) O arquivamento judicial do inquérito ou das peças que consubstanciam a "notitia criminis", quando requerido pelo Ministério Público, por ausência ou insuficiência de elementos informativos, não afasta a possibilidade de aplicação do que dispõe o art. 18 do CPP, hipótese em que, havendo notícia de provas substancialmente novas (Súmula 524/STF – RTJ 91/831), legitimar-se-á a reabertura das investigações penais (RTJ 106/1108 – RTJ 134/720 – RT 570/429 – Inq 1.947/SP, Rel. Min. CELSO DE MELLO, v.g.). – Inexistirá, contudo, essa possibilidade, se o Poder Judiciário, ao reconhecer consumada a prescrição penal, houver declarado extinta a punibilidade do indiciado/denunciado, pois, em tal caso, esse ato decisório revestir-se-á da autoridade da coisa julgada em sentido material, inviabilizando, em consequência, o ulterior ajuizamento (ou prosseguimento) de ação penal contra aquele já beneficiado por tal decisão (...) [STF – 84.253-RO, 2ª Turma, rel. Min. Celso de Mello, j. 26/10/04, DJU: 17/12/2004]

Em uma hipótese extrema, entretanto, cremos seja possível o desarquivamento do inquérito ainda que assim se tenha decidido com base no art. 43, II, do CPP: imaginemos tenha sido declarada extinta a punibilidade pela suposta morte do agente (art. 107, I, do CP), decisão essa proferida ante uma falsa certidão de óbito. Comprovadamente vivo, o indiciado poderia ser denunciado, não podendo desvencilhar-se da imputação de um primeiro delito pelo fato de ter praticado um segundo (falsificação em assentamento de registro civil).[37]

1.12.4. Desarquivamento do inquérito e "novas provas"

Dispõe o art. 18 do CPP:

Art. 18. Depois de ordenado o arquivamento do inquérito pela autoridade judiciária, por falta de base para a denúncia, a autoridade policial poderá proceder a novas pesquisas, se de outras provas tiver notícia.

Tal dispositivo motivou o STF a editar a Súmula 524:

Súmula 524 – STF: Arquivado o inquérito policial, por despacho do juiz, a requerimento do promotor de justiça, não pode a ação penal ser iniciada, sem novas provas. [DJU 10/12/1969].

Faltava a definição sobre o que seriam "novas provas" hábeis ao desarquivamento do inquérito. Conforme esclarecido pelo próprio STF, para tanto requer-se que a "nova prova" seja substancialmente inovadora, e não apenas formalmente nova:

PROCESSUAL PENAL. ARQUIVAMENTO DO INQUÉRITO POLICIAL. Novas provas, capazes de autorizar início da ação penal, segundo a Súmula 524, serão somente aquelas que produzem alteração no panorama probatório dentro do qual fora concebido e acolhido o pedido de arquivamento. A nova prova há de ser substancialmente inovadora e não apenas formalmente nova. (...) [STF – RHC 57.191-RJ, rel. Min. Décio Miranda, 2ª Turma, j. 28/08/79, RTJ 91/831]

Como "nova prova", portanto, poderia assim se considerar a juntada de documentos que permitam a reabertura das investigações, porquanto a evidenciarem a materialidade do delito,[38] não podendo sê-lo, todavia, a simples utilização de declarações produzidas através da imprensa, que sequer foram reproduzidas em juízo, sede policial ou perante o Ministério Público.[39]

1.12.5. Pedido de arquivamento de inquérito: irretratabilidade e reconsideração

Uma vez formulado, pelo Ministério Público, o pedido de arquivamento do inquérito policial é irretratável, ainda que não tenha sido apreciado pelo órgão jurisdicional competente. Nessa linha, o STF:

---

[37] Essa é, a propósito, a posição perfilhada pelo STF: "PENAL. PROCESSUAL PENAL. *HABEAS CORPUS.* EXTINÇÃO DA PUNIBILIDADE AMPARADA EM CERTIDÃO DE ÓBITO FALSA. DECRETO QUE DETERMINA O DESARQUIVAMENTO DA AÇÃO PENAL. INOCORRÊNCIA DE REVISÃO *PRO SOCIETATE* E DE OFENSA À COISA JULGADA. FUNDAMENTAÇÃO. ART. 93, IX, DA CF. I. – A decisão que, com base em certidão de óbito falsa, julga extinta a punibilidade do réu pode ser revogada, dado que não gera coisa julgada em sentido estrito. II. – Nos colegiados, os votos que acompanham o posicionamento do relator, sem tecer novas considerações, entendem-se terem adotado a mesma fundamentação. III. – Acórdão devidamente fundamentado. IV. – H.C. indeferido". [STF – HC 84.525-MG, 2ª. Turma, rel. Min. Carlos Veloso, j: 16/11/04, DJU: 03/12/04]

[38] STF – HC 81.001-SP, 1ª Turma, rel. Min. Ilmar Galvão, j. 23/10/2001, DJU: 14/12/01.

[39] STF – RHC 80.757-AL, 1ª Tuma, rel. Min. Ellen Gracie, j. 16/10/2001, DJU: 01/08/03.

EMENTA: DENÚNCIA CONTRA SENADOR DA REPÚBLICA E OUTROS AGENTES. PEDIDO DE ARQUIVAMENTO DO INQUÉRITO PELO ENTÃO PROCURADOR-GERAL DA REPÚBLICA. POSTERIOR OFERECIMENTO DA DENÚNCIA POR SEU SUCESSOR. RETRATAÇÃO TÁCITA. AUSÊNCIA DE NOVAS PROVAS. IMPOSSIBILIDADE. À luz de copiosa jurisprudência do Supremo Tribunal Federal, no caso de inquérito para apuração de conduta típica em que a competência originária seja da Corte, o pedido de arquivamento pelo procurador-geral da República não pode ser recusado. Na hipótese dos autos, o procurador-geral da República requerera, inicialmente, o arquivamento dos autos, tendo seu sucessor oferecido a respectiva denúncia sem que houvessem surgido novas provas. Na organização do Ministério Público, vicissitudes e desavenças internas, manifestadas por divergências entre os sucessivos ocupantes de sua chefia, não podem afetar a unicidade da instituição. A promoção primeira de arquivamento pelo *Parquet* deve ser acolhida, por força do entendimento jurisprudencial pacificado pelo Supremo Tribunal Federal, e não há possibilidade de retratação, seja tácita ou expressa, com o oferecimento da denúncia, em especial por ausência de provas novas. Inquérito arquivado, em relação ao senador da República, e determinada a remessa dos autos ao Juízo de origem, quanto aos demais denunciados. [STF – Inq. 2.028-BA, Tribunal Pleno, rel. orig. Min. Ellen Gracie; rel. p/ o acórdão Min. Joaquim Barbosa, j. 28/4/2004, DJU: 16/12/05].

Hipótese curiosa, entretanto, foi acenada pelo STF, ao permitir que o juiz, sem realizar diligências probatórias, solicitasse nova apreciação do Ministério Público sobre a viabilidade da propositura da ação penal. Tal circunstância, além de juridicamente possível, não macularia, no entendimento do Tribunal, a imparcialidade do magistrado.[40]

1.12.6. Arquivamento "provisório" de inquérito policial

Recentemente, o STF reconheceu uma nova e distinta hipótese de arquivamento do inquérito policial (*arquivamento provisório*), diversa da prevista no art. 18 do CPP. Tal situação teria sido implicitamente criada pelo art. 72 da Lei nº 9.099/95, verificando-se na hipótese de não-localização da vítima.[41]

---

[40] Retira-se do Informativo do STF nº 356: *"Pedido de Arquivamento de Inquérito e Reconsideração.* A Turma deferiu, em parte, habeas corpus impetrado contra acórdão do STJ que negara provimento a recurso especial, em que se sustentava a ofensa aos arts. 28 e 252, II, do CPP e a omissão da aplicação do art. 9º da Lei nº 10.684/2003. No caso concreto, o juiz de primeira instância, em razão do pedido do Ministério Público de arquivamento do inquérito policial, solicitara nova manifestação do *parquet* sobre a possibilidade de realizar nova tentativa de elucidação do ilícito noticiado, o que fora acolhido, tendo sido, posteriormente, oferecida denúncia apta, com base em novas provas e fatos, que originaram ação penal e conseqüente condenação da paciente pela prática de crime contra a ordem tributária. Entendeu-se correto o acórdão recorrido na parte em que afastara a alegação de violação aos arts. 28 e 252, II, do CPP, tendo em vista que a hipótese descrita nos autos não configurara iniciativa probatória exercida pelo juiz, mas mera sugestão de medidas apuratórias, não tendo havido, outrossim, colisão com o entendimento do STF no sentido de que, requerido o arquivamento do inquérito pelo Ministério Público perante o juiz de primeiro grau, este só poderá acatar ou remeter ao Procurador-Geral. Considerou-se, no entanto, ocorrida a omissão alegada. HC deferido, em parte, para que o STJ, completando seu julgamento, examine a alegação do paciente no sentido da aplicação do art. 9º da Lei nº 10.684/2003". [STF – HC 84.051-PR, 2ª Turma, rel. Min. Gilmar Mendes, j. 17/08/2004].

[41] Atente-se que o caso é bastante peculiar. Cuida-se de um delito de lesões corporais leves, para o qual exige-se a representação do ofendido (art. 88 da Lei 9.099/95), bem como a situação reclamava a presença da vítima na audiência preliminar. Retira-se do Informativo do STF nº 363

1.12.7. Arquivamento implícito (?)

É intenso o debate acerca da existência – ou não – da figura do arquivamento *implícito* no processo penal brasileiro, prevalecendo, todavia, o entendimento acerca de sua inexistência, mormente em face da referência contida no art. 28 do CPP, a sugerir que aludida manifestação haveria de exteriorizar-se por meio de *razões invocadas*. Nesse sentido, decidiu o STJ:

> PENAL. PROCESSUAL. Peculato. Arquivamento. Justa causa. Trancamento. *Habeas corpus.* Recurso. 1. O silêncio do Ministério Público em relação a acusados cujos nomes só aparecem depois em aditamento à denúncia não implica em arquivamento quanto a eles. *Só se considera arquivado o processo com o despacho da autoridade judiciária* (CPP, art. 18) (...)" [STJ – HC 1.268-8-SP, 5ª Turma, rel. Min. Edson Vidigal, j. 26/08/92, DJU: 14/09/1992].

> NOVO INQUÉRITO. TESTEMUNHAS. Ao se submeter à lipoaspiração, a vítima teve seus intestinos perfurados, falecendo em razão de infecção generalizada. O médico que a operou respondeu à ação penal pelo homicídio culposo, obtendo sursis processual. Após, o MP requisitou novo inquérito, agora para apurar a responsabilidade dos ora pacientes, médicos e diretores da Clínica, pelo mau acompanhamento da vítima no pós-operatório. Alegam no *habeas corpus* que o inquérito anterior, em que compareceram como testemunhas, resultou somente na denúncia do médico operador, estando tacitamente arquivado em relação àqueles. A Turma entendeu que não há como acolher a alegação de falta de justa causa pelo suposto arquivamento implícito, visto que os ora pacientes não figuravam como possíveis acusados naquele feito pretérito e os fatos a ser investigados são diversos daqueles anteriormente

"A Turma, por maioria, indeferiu *habeas corpus* em que se pretendia a nulidade de acórdão de turma recursal de juizado especial criminal que indeferira idêntica medida e mantivera decisão de juízo singular que determinara o desarquivamento de inquérito policial instaurado contra o paciente pela suposta prática de lesões corporais simples. No caso concreto, o Ministério Público requerera o arquivamento do inquérito, por falta de interesse processual, em face da não localização da vítima para realização de exame complementar de corpo de delito, o que fora acolhido pelo juízo. Posteriormente, em decorrência da manifestação da vítima informando a existência de erro no endereço constante do mandado de intimação, o mesmo órgão ministerial pedira o desarquivamento do feito, o que também fora deferido. Sustentava o impetrante que o desarquivamento se dera em afronta ao art. 10, XXXIII, da Lei Complementar 28/92, do Estado do Rio de Janeiro ("Cabe ao Procurador-Geral requisitar autos arquivados, promover seu desarquivamento e, se for o caso, oferecer denúncia ou designar outro órgão do Ministério Público para fazê-lo".), e, ainda, ao Enunciado 524 da Súmula do STF ("Arquivado o inquérito policial, por despacho do juiz, a requerimento do promotor de justiça, não pode a ação penal ser iniciada, sem novas provas"). Esclareceu-se, de início, que o art. 72 da Lei 9.099/95, ao exigir a presença da vítima para audiência preliminar, criou, implicitamente, na hipótese da mesma não ser localizada para tanto, nova modalidade de arquivamento das peças informativas diversa daquelas previstas no art. 18 do CPP, na Súmula 524 e na norma estadual invocada (Lei 9.099/95, art. 72: "Na audiência preliminar, presente o representante do Ministério Público, o autor do fato e a vítima e, se possível, o responsável civil, acompanhados por seus advogados, o Juiz esclarecerá sobre a possibilidade da composição dos danos e da aceitação da proposta de aplicação imediata de pena não privativa de liberdade"; CPP, art. 18: "Depois de ordenado o arquivamento do inquérito pela autoridade judiciária, por falta de base para a denúncia, a autoridade policial poderá proceder a novas pesquisas, se de outras provas tiver notícia"). Entendeu-se que, sendo hipótese de crime condicionado à representação do ofendido, o arquivamento do feito somente seria considerado definitivo se a vítima, ciente deste, se mantivesse inerte, o que não ocorrera na espécie. Vencido o Min. Marco Aurélio que deferia o writ por considerar que, em homenagem à segurança jurídica, a existência da premissa errônea não seria suficiente, por si só, para acatar o pedido de reconsideração do arquivamento". [STF – HC 84.638-RJ, 1ª Turma, rel. Min. Sepúlveda Pertence, j. 28/09/2004, DJU: 25/02/2005].

apurados, tanto que não houve qualquer aditamento da denúncia resultante do primeiro inquérito. [STJ – HC 12.056-SP, 5ª Turma, rel. Min. Gilson Dipp, j. 05/10/00, DJU: 23/10/00, Informativo STJ/73]

Em alguma medida, o tema sob apreço relaciona-se com o princípio da indivisibilidade da ação penal, tópico aprofundado mais adiante.

1.13. INQUÉRITO E PROVAS: VALOR PROBATÓRIO DOS ELEMENTOS DE CONVICÇÃO COLHIDOS NA FASE PRÉ-PROCESSUAL

A doutrina tradicional reconhece a impossibilidade de uma sentença condenatória lastrear-se *exclusivamente* em elementos despontantes do inquérito policial. A razão é simples: a prova produzida no âmbito do inquérito não o foi com observância do princípio constitucional do contraditório. Daí por que, para que assuma validade jurídico-probatória, haveria de ser confirmada em juízo. A respeito, a jurisprudência do STF[42] e do STJ.[43]

Situações existem, todavia, em que a prova produzida é *irrepetível*; ou seja, pela sua própria natureza, não se presta – pelo menos em regra

---

[42] *"Condenação Fundada em Provas Colhidas em Inquérito. Não Ratificação. Garantia do Contraditório. Ofende a garantia constitucional do contraditório fundar-se a condenação exclusivamente em elementos informativos do inquérito policial não ratificados em juízo.* Com base nesse entendimento, a Turma deferiu *habeas corpus* para anular decisão que condenara o paciente pela prática do delito previsto no art. 157, § 2º, I e II, do CP. No caso concreto, a condenação se fundara na chamada dos co-réus e no reconhecimento de um deles por vítimas e testemunhas na fase policial. A Turma, considerando que as vítimas ratificaram em juízo apenas o reconhecimento em relação a um dos co-réus, que não o paciente, e que a delação e confissão do paciente ocorridas no inquérito policial foram retratadas no processo penal, entendeu insuficientes os elementos para embasar a condenação. Ressaltou que o valor da confissão deve ser extraído de seu confronto *"com as demais provas do processo, verificando se entre ela e estas existe compatibilidade ou concordância"* (CPP, art. 197), mas que, na decisão condenatória, esse critério fora invertido, ou seja, para restabelecer a validade da confissão extrajudicial, negara-se valor à retratação, ao fundamento de que esta seria incompatível e discordante das demais provas colhidas, especialmente as chamadas dos co-réus na fase policial e o reconhecimento de um deles. Precedentes citados: HC 74368/MG (DJU de 28.11.97) e HC 81171/DF (DJU de 7.3.2003). [STF – HC 84.517-SP, 1ª Turma, rel. Min. Sepúlveda Pertence, j. 19/10/2004, DJU: 19/11/04, Informativo STF nº 366]. Antônio Magalhães Gomes Filho, em detalhado estudo sobre o direito à prova no processo penal, aponta situação em que o STF considerou *legítima a condenação que se funda em instrução policial não infirmada pela prova colhida na instrução judicial, porque o convencimento do julgador se inspira na realidade dos fatos apurados com isenção, e não no lugar onde se fez a colheita da prova* (RTJ 88/388). GOMES FILHO, Antônio Magalhães. *O Direito à Prova no Processo Penal*. São Paulo: Revista dos Tribunais, 1997, p. 144.

[43] "HC. ESTUPRO E ATENTADO VIOLENTO AO PUDOR. NULIDADE PROCESSUAL. CONDENAÇÃO FUNDADA EXCLUSIVAMENTE NO INQUÉRITO POLICIAL E NÃO CONFIRMADAS EM JUÍZO. 1. *A prova para ser considerada idônea, de modo a conduzir a uma sentença condenatória não pode encontrar-se fundada exclusivamente nos elementos informativos do inquérito policial;* antes, deverá ser produzida ou confirmada em juízo, sob pena de sua desconsideração, sobretudo quando estas se baseiam em provas orais, não ratificadas na instrução criminal, por terem sido desmentidas. 2. Precedentes do STF e STJ". Ordem concedida para que outra sentença seja proferida [STJ – HC 16.079-RJ, 5ª Turma, rel. Min. José Arnaldo da Fonseca, j. 04/10/01, DJU: 04/02/02].

– a uma confirmação ulterior. Via de regra, são provas de caráter pericial, cuja urgência na realização é determinante à revelação do fato que se pretende comprovar. Pensemos, por exemplo, no exame de corpo de delito a conferir materialidade a um delito de lesão corporal.

EMENTA: I. *Habeas corpus*: cabimento na pendência de indulto condicional (D. 1.860/96). II. Princípio do contraditório e provas irrepetíveis. O dogma derivado do princípio constitucional do contraditório de que a força dos elementos informativos colhidos no inquérito policial se esgota com a formulação da denúncia tem exceções inafastáveis nas provas – a começar do exame de corpo de delito, quando efêmero o seu objeto – que, produzidas no curso do inquérito, são irrepetíveis na instrução do processo: porque assim verdadeiramente definitivas, a produção de tais provas, no inquérito policial, há de observar com rigor as formalidades legais tendentes a emprestar-lhe maior segurança, sob pena de completa desqualificação de sua idoneidade probatória. (...) [STF – HC 74.751-RJ, 1ª Turma, rel. Min. Sepúlveda Pertence, j. 04/11/97, DJU: 03/04/98, Informativo STF/105]

Nesse mesmo julgado, o STF reconheceu a precariedade do denominado "reconhecimento fotográfico" realizado na fase pré-processual:

(...) III. *Reconhecimento fotográfico*. O reconhecimento fotográfico à base da exibição da testemunha da foto do suspeito é meio extremamente precário de informação, ao qual a jurisprudência só confere valor ancilar de um conjunto de provas juridicamente idôneas no mesmo sentido: não basta para servir de base substancial exclusiva de decisão condenatória [STF – HC 74.751-RJ, 1ª Turma, rel. Min. Sepúlveda Pertence, j. 04/11/97, DJU: 03/04/98, Informativo STF/105]

Situação inusitada é a que pode decorrer da decisão assumida pelo conselho de sentença no plenário do Tribunal do Júri. Considerado o método de avaliação da prova imprimido pelos jurados (sistema da *íntima convicção*, a implicar não apenas a desnecessidade de fundamentação da decisão, mas também o sigilo sobre a mesma), torna-se difícil – para não dizer impossível – exercer-se um controle jurisdicional pleno sobre a atividade mental do jurado em tais circunstâncias, o qual, do acervo probatório submetido ao seu conhecimento, poderá eleger como fator de decisão um elemento obtido exclusivamente na fase inquisitorial.

1.13.1. A prova testemunhal prestada em juízo por agente policial

O STF tem jurisprudência pacífica sobre o tema, ficando assentado que o exclusivo fato de a testemunha compor o organismo estatal policial não retira a eficácia probatória de seu testemunho, salvo se restar demonstrado um atuar faccioso do agente, motivado por um interesse particular.

HABEAS CORPUS (...) TESTEMUNHO PRATICADO POR POLICIAIS – VALIDADE – PEDIDO INDEFERIDO. (...) VALIDADE DO DEPOIMENTO DE AGENTES POLICIAIS. – O valor do depoimento testemunhal de servidores policiais – especialmente quando prestado em juízo, sob a garantia do contraditório – reveste-se de inquestionável eficácia probatória, não se podendo desqualificá-la pelo só fato de emanar de agentes estatais incumbidos, por dever de ofício, da

INVESTIGAÇÃO CRIMINAL E AÇÃO PENAL

repressão penal. – O depoimento testemunhal do agente policial somente não terá valor quando se evidenciar que esse servidor do Estado, por revelar interesse particular na investigação penal, age facciosamente ou quando se demonstrar – tal como ocorre com as demais testemunhas – que as suas declarações não encontram suporte nem se harmonizam com outros elementos probatórios idôneos. Doutrina e jurisprudência [HC 73.518-5-SP, rel. Min. Celso de Mello, j. 26/03/96, DJU: 18/10/96, Informativo STF/49].

1.13.2. Vícios no inquérito policial

Como igualmente já decidido pelo STF, eventuais irregularidades verificadas no âmbito do inquérito policial não têm o condão de anular o processo penal que dele decorra.

Vícios do inquérito policial. Eventuais vícios formais concernentes ao inquérito policial não têm o condão de infirmar a validade jurídica do subseqüente processo penal condenatório. As nulidades processuais concernem, tão-somente, aos defeitos de ordem jurídica que afetam os atos praticados ao longo da ação penal condenatória. Precedentes. (...) [STF – HC 73.271-SP, 1ª Turma, rel. Min. Celso de Mello, RTJ 168/896].

Outrossim, em pelo menos uma oportunidade, o STF decidiu que os atos decisórios proferidos no âmbito do inquérito policial podem revelar-se como ilegítimos, porquanto e se prestados por juiz incompetente:

EMENTA: Recurso Ordinário em Habeas corpus. 2. Acórdão do Superior Tribunal de Justiça que declarou a nulidade do processo criminal, ab initio, inclusive da denúncia, por incompetência da Justiça Federal. 3. Atos investigatórios mantidos, a serem apreciados pela Justiça Estadual. 4. Decerto, os atos investigatórios constantes do inquérito policial, da fase indiciária, não são nulos, ut art. 567 do CPP, porque não se revestem de caráter decisório, salvo aqueles de natureza constritiva de direito, que, possuindo essa índole, provêm de decisão judicial. 5. Recurso parcialmente provido para ampliar o deferimento do habeas corpus e considerar nula a decisão do Juiz Federal incompetente, quanto à autorização para a interceptação telefônica e quebra dos sigilos bancário e telefônico, sem prejuízo das demais provas constantes do inquérito policial que, autônomas, possam fundamentar a denúncia do Ministério Público Estadual [RHC 80.197-8 (2149), rel. Min. Néri da Silveira, 2ª Turma, decisão por maioria, j. 08/08/2000, DJU: 29/09/2000, p. 100].

1.14. SIGILO E INCOMUNICABILIDADE NO INQUÉRITO POLICIAL

1.14.1. Sigilo

Conforme expressa disposição do CPP, o sigilo na fase do inquérito policial atende a duas finalidades: necessidade para a elucidação do fato e interesse social:

Art. 20. A autoridade assegurará no inquérito o sigilo necessário à elucidação do fato ou exigido pelo interesse da sociedade.

A Constituição da República igualmente dispõe:

Art. 5º (...) XXXIII – todos têm direito a receber dos órgãos públicos informações de seu interesse particular, ou de interesse coletivo ou geral, que serão prestadas no prazo da lei, sob pena de responsabilidade, *ressalvadas aquelas cujo sigilo seja imprescindível à segurança da sociedade e do Estado*.

Tal sigilo, logicamente, é inoponível ao Ministério Público, haja vista ser ele próprio o destinatário das investigações e o controlador direto da legalidade da atividade policial. Nessas situações, a obrigatoriedade do sigilo estende-se ao Ministério Público. Veja-se, a propósito, a LC nº 75/93:

> Art. 8º (...) § 2º. Nenhuma autoridade poderá opor ao Ministério Público, sob qualquer pretexto, a exceção de sigilo, sem prejuízo da subsistência do caráter sigiloso da informação, do registro, do dado ou do documento que lhe seja fornecido.
>
> Art. 9º O Ministério Público da União exercerá o controle externo da atividade policial por meio de medidas judiciais e extrajudiciais podendo:
> I – ter livre ingresso em estabelecimentos policiais ou prisionais;
> II – ter acesso a quaisquer documentos relativos à atividade-fim policial;

Em relação ao advogado, a solução há de ser apreciada segundo as circunstâncias do caso concreto. O inciso XIV do art. 7º da Lei nº 8.906/94 (Estatuto da OAB) assegurou, como direitos do advogado, "examinar em qualquer repartição policial, mesmo sem procuração, autos de flagrante e de inquérito, findos ou em andamento, ainda que conclusos à autoridade, podendo copiar peças e tomar apontamentos". Tal norma está em vigor e, em princípio, não há razão para reputá-la inconstitucional. Disso não decorre, entretanto, que possa ser interpretada em termos absolutos, pois situações existem em que a audiência do advogado fulminaria o objeto da investigação, tal a hipótese, por exemplo, de investigação lastreada em interceptação telefônica (Lei nº 9.296/96). Assim, pode-se estabelecer, como princípio, a acessibilidade, ao advogado, dos autos do inquérito policial, salvo em hipóteses extremas em que o sigilo juridicamente sobreponha-se. Caberá ao Poder Judiciário controlar, *a posteriori*, os casos em que se verifique abuso da autoridade policial em manter sigilosa a investigação.

A jurisprudência brasileira, embora tivesse uma orientação que conferia preponderância do sigilo ao interesse particular do investigado,[44] mudou de tendência a partir do julgamento do HC 82.354-PR pelo STF:

> EMENTA: I. *Habeas corpus*: cabimento: cerceamento de defesa no inquérito policial. 1. O cerceamento da atuação permitida à defesa do indiciado no inquérito policial poderá refletir-se em prejuízo de sua defesa no processo e, em tese, redundar em condenação a pena privativa

---

[44] "(...) I. Não é direito líquido e certo do advogado o acesso irrestrito a autos de inquérito policial que esteja sendo conduzido sob sigilo, se o segredo das informações é imprescindível para as investigações. II. O princípio da ampla defesa não se aplica ao inquérito policial, que é mero procedimento administrativo de investigação inquisitorial. III. Não se evidencia restrição à liberdade profissional de advogado, se não demonstrada a iminência de medidas destinadas à restrição da liberdade física ou patrimonial dos seus clientes, a demandar efetiva ação do profissional do direito. IV. *Sendo o sigilo imprescindível para o desenrolar das investigações, configura-se a prevalência do interesse público sobre o privado*. V. Recurso desprovido". [STJ – ROMS 13.010, Rel. Min. Gilson Dipp, 5ª Turma, j. 03/12/2002, DJU: 17/03/2003, p. 240].

INVESTIGAÇÃO CRIMINAL E AÇÃO PENAL

de liberdade ou na mensuração desta: a circunstância é bastante para admitir-se o *habeas corpus* a fim de fazer respeitar as prerrogativas da defesa e, indiretamente, obviar prejuízo que, do cerceamento delas, possa advir indevidamente à liberdade de locomoção do paciente. 2. Não importa que, neste caso, a impetração se dirija contra decisões que denegaram mandado de segurança requerido, com a mesma pretensão, não em favor do paciente, mas dos seus advogados constituídos: o mesmo constrangimento ao exercício da defesa pode substantivar violação à prerrogativa profissional do advogado – como tal, questionável mediante mandado de segurança – e ameaça, posto que mediata, à liberdade do indiciado – por isso legitimado a figurar como paciente no *habeas corpus* voltado a fazer cessar a restrição à atividade dos seus defensores. II. Inquérito policial: inoponibilidade ao advogado do indiciado do direito de vista dos autos do inquérito policial. 1. Inaplicabilidade da garantia constitucional do contraditório e da ampla defesa ao inquérito policial, que não é processo, porque não destinado a decidir litígio algum, ainda que na esfera administrativa; existência, não obstante, de direitos fundamentais do indiciado no curso do inquérito, entre os quais o de fazer-se assistir por advogado, o de não se incriminar e o de manter-se em silêncio. 2. Do plexo de direitos dos quais é titular o indiciado – interessado primário no procedimento administrativo do inquérito policial –, é corolário e instrumento a prerrogativa do advogado de acesso aos autos respectivos, explicitamente outorgada pelo Estatuto da Advocacia (*L. 8906/94, art. 7º, XIV*), da qual – ao contrário do que previu em hipóteses assemelhadas – não se excluíram os inquéritos que correm em sigilo: a *irrestrita amplitude do preceito legal resolve em favor da prerrogativa do defensor o eventual conflito dela com os interesses do sigilo das investigações, de modo a fazer impertinente o apelo ao princípio da proporcionalidade.* 3. A oponibilidade ao defensor constituído esvaziaria uma garantia constitucional do indiciado (CF, art. 5º, LXIII), que lhe assegura, quando preso, e pelo menos lhe faculta, quando solto, a assistência técnica do advogado, que este não lhe poderá prestar se lhe é sonegado o acesso aos autos do inquérito sobre o objeto do qual haja o investigado de prestar declarações. 4. *O direito do indiciado, por seu advogado, tem por objeto as informações já introduzidas nos autos do inquérito, não as relativas à decretação e às vicissitudes da execução de diligências em curso* (cf. L. 9296, atinente às interceptações telefônicas, de possível extensão a outras diligências); *dispõe, em conseqüência a autoridade policial de meios legítimos para obviar inconvenientes que o conhecimento pelo indiciado e seu defensor dos autos do inquérito policial possa acarretar à eficácia do procedimento investigatório.* 5. *Habeas corpus* deferido para que aos advogados constituídos pelo paciente se faculte a consulta aos autos do inquérito policial, antes da data designada para a sua inquirição. [STF – HC 82.354-PR, 1ª Turma, j. 10/08/04, DJU: 24/09/04]

1.14.2. Incomunicabilidade do indiciado

Segundo o art. 21 do CPP:

Art. 21. A incomunicabilidade do indiciado dependerá sempre de despacho nos autos e somente será permitida quando o interesse da sociedade ou a conveniência da investigação o exigir.

Parágrafo único. A incomunicabilidade, que não excederá de 3 (três) dias, será decretada por despacho fundamentado do juiz, a requerimento da autoridade policial, ou do órgão do Ministério Público, respeitado, em qualquer hipótese, o disposto no art. 89, III, do Estatuto da Ordem dos Advogados do Brasil (Lei nº 4.215, de 27 de abril de 1963).

Ao CPP, sobreveio a CF/88, explicitando, no capítulo destinado ao "Estado de Defesa e Estado de Sítio", mais especificamente no art. 136, § 3º, IV, ser *vedada a incomunicabilidade do preso*.

Argumenta-se, pois, que se até mesmo durante o Estado de Defesa, situação em que o governo se habilita a tomar medidas enérgicas para a preservação da ordem pública, é vedada a incomunicabilidade do preso, com mais razão não se poderia decretá-la no âmbito do inquérito policial, em situação de plena normalidade político-institucional. Logo, sustenta-se que o art. 21 foi revogado pela CF/88 (Tourinho Filho,[45] Mirabete[46]), lembrando, ainda, Mirabete, que a nova Carta Magna assegura ao preso a "assistência da família e de advogado" (art. 5º, LXIII), determinando que sua prisão seja comunicada imediatamente ao "juiz competente e à família do preso ou a pessoa por ele indicada" (art. 5º, LXII).[47] Não havendo nenhuma ressalva a esses direitos nos dispositivos constitucionais, não poderia a lei possibilitar a incomunicabilidade do preso em hipótese alguma. Nesse sentido, o STJ:

> EMENTA. RECURSO EM *HABEAS CORPUS*. PROCESSUAL PENAL. USURA PECUNIÁRIA. INQUÉRITO POLICIAL. CONTRADITÓRIO. INEXISTÊNCIA. 1. A natureza inquisitorial do inquérito policial não se ajusta à ampla defesa e ao contraditório, próprios do processo, até porque visa preparar e instruir a ação penal. 2. O sigilo do inquérito policial, diversamente da incomunicabilidade do indivíduo, foi recepcionado pela vigente Constituição da República. 3. A eventual e temporária infringência das prerrogativas do advogado de consulta aos autos reclama imediata ação corretiva, sem que se possa invocá-la para atribuir a nulidade ao feito inquisitorial. 4. Precedentes. 5. Recurso improvido [STJ – RHC 11.124-RS, 6ª. Turma, rel. Min. Hamilton Carvalhido, j. 19/06/2001, DJU: 24/09/2001, p. 344].

---

[45] TOURINHO FILHO, cit., p. 187-188.

[46] MIRABETE, Julio Fabbrini. *Processo Penal*. 4 ed. São Paulo, Atlas, 1995, p. 90, e *Código de Processo Penal Interpretado*. 7. ed., São Paulo, Atlas, 2000, p. 123.

[47] Ibidem.

2. Investigações Criminais Diversas

Investigações de outras espécies, levadas a efeito em esferas distintas do ambiente policial, igualmente se habilitam a subsidiar a ulterior ação do Ministério Público. Dessas, formam apenas exemplos: a) *as representações* oriundas da Receita Federal e do INSS, bem como as comunicações efetuadas pelo Banco Central do Brasil e pelo COAF;[48] b) o próprio inquérito civil público presidido pelo Ministério Público (Lei n° 7.347/85), assim como outras sindicâncias[49] e procedimentos administrativos a seu cargo (art. 129, VI, da CF/88); c) os inquéritos elaborados pelas comissões parlamentares de inquérito (art. 58, § 3°, da CF/88),[50] d) as sindicâncias administrativas realizadas no âmbito da administração direta e indireta.

Todos esses procedimentos acima referidos, quando aportados ao Ministério Público, podem receber a genérica designação de *notitia criminis* ou mesmo de peças de informações, que nada mais representam do que os documentos oferecidos ao Ministério Público – ou por ele próprio obtidos – que veiculam informações sobre a prática, em tese, de uma infração penal. Nesse contexto, cabe desde logo referir o art. 27 do CPP, em pleno vigor:

> Art. 27. Qualquer pessoa do povo poderá provocar a iniciativa do Ministério Público, fornecendo-lhe, por escrito, informações sobre o fato e a autoria e indicando o tempo, o lugar e os elementos de convicção.

---

[48] Ver, a propósito, o art. 83 da Lei n° 9.430/96 (com a interpretação que lhe deu o STF na ADI 1571/DF, 10/12/2003), o art. 28 da Lei n° 7.492/86 e o art. 9° da LC n° 105/00.

[49] Lei n° 10.741/00 (Estatuto do Idoso): Art. 74. Compete ao Ministério Público: V – instaurar procedimento administrativo e, para instruí-lo: a) expedir notificações, colher depoimentos ou esclarecimentos e, em caso de não comparecimento injustificado da pessoa notificada, requisitar condução coercitiva, inclusive pela Polícia Civil ou Militar; (...); VI – instaurar sindicâncias, requisitar diligências investigatórias e a instauração de inquérito policial, para a apuração de ilícitos ou infrações às normas de proteção ao idoso; (...)
Lei n° 8.069/90 (Estatuto da Criança e do Adolescente): Art. 201. Compete ao Ministério Público: VI – instaurar procedimentos administrativos e, para instruí-los: a) expedir notificações para colher depoimentos ou esclarecimentos e, em caso de não comparecimento injustificado, requisitar condução coercitiva, inclusive pela polícia civil ou militar; (...) VII – instaurar sindicâncias, requisitar diligências investigatórias e determinar a instauração de inquérito policial, para apuração de ilícitos ou infrações às normas de proteção à infância e à juventude; (...).

[50] A propósito, atente-se para a Lei n° 10.001/00, que *"Dispõe sobre a prioridade nos procedimentos a serem adotados pelo Ministério Público e por outros órgãos a respeito das conclusões das comissões parlamentares de inquérito".*

2.1. A REALIZAÇÃO DE DILIGÊNCIAS INVESTIGATÓRIAS PELO MINISTÉRIO PÚBLICO

Eis um tema que suscitou grande polêmica nos ambientes doutrinário e jurisprudencial nacionais: a legitimidade – ou não – do Ministério Público para a realização de diligências investigatórias.

A jurisprudência do STJ sempre esteve orientada no sentido de admiti-la,[51] tendo chegado ao ponto de sumular que:

> Súmula 234 – STJ: A participação de membro do Ministério Público na fase investigatória criminal não acarreta o seu impedimento ou suspeição para o oferecimento da denúncia [DJU 07/02/2000].

Quando relacionados ao cognominado *controle externo da atividade policial* (art. 129, VII, da CF/88; arts. 3º, 9º e 10 da LC nº 75/93), ganharam vulto as interpretações afirmando a legitimidade ministerial para o desenvolvimento de tal atividade.[52]

Nada obstante, em sessão de 06/05/2003, assim decidiu a 2ª Turma do STF (então composta por três Ministros), reacendendo a diatribe:

> EMENTA: RECURSO ORDINÁRIO EM HABEAS CORPUS. MINISTÉRIO PÚBLICO. INQUÉRITO ADMINISTRATIVO. NÚCLEO DE INVESTIGAÇÃO CRIMINAL E CONTROLE EXTERNO DA ATIVIDADE POLICIAL/DF. PORTARIA. PUBLICIDADE. ATOS DE INVESTIGAÇÃO. INQUIRIÇÃO. ILEGITIMIDADE. (...) 2. INQUIRIÇÃO DE AUTORIDADE ADMINISTRATIVA. ILEGITIMIDADE. A Constituição Federal dotou o Ministério Público do poder de requisitar diligências investigatórias e a instauração de inquérito policial (CF, art. 129, VIII). A norma constitucional não contemplou a possibilidade do *parquet* realizar e presidir inquérito policial. Não cabe, portanto, aos seus membros inquirir diretamente pessoas suspeitas de autoria de crime. Mas requisitar diligência nesse sentido à autoridade policial. Precedentes. O recorrente é delegado de polícia e, portanto, autoridade administrativa. Seus atos estão sujeitos aos órgãos hierárquicos próprios da Corporação, Chefia de Polícia, Corregedoria. Recurso conhecido e provido [STF – RHC 81.326-DF, 2ª Turma, rel. Min. Nelson Jobim, j. 06/05/2003, DJU: 01/08/03].[53]

---

[51] PENAL. PROCESSUAL PENAL. (...) MINISTÉRIO PÚBLICO. ILEGITIMIDADE. INEXISTÊNCIA. (...) 2. *Quando o Ministério Público opta por dispensar o inquérito policial, pode ele proceder a investigações com o escopo de formar a opinio delicti*, não sendo este fato, motivo apto a acarretar sua ilegitimidade para eventual denúncia (...) [STJ – RESP 223.395-RJ, 6ª Turma, rel. Min. Fernando Gonçalves, unânime, j. 23/10/2001, DJU 12/11/2001].
"EMENTA: *HABEAS CORPUS* SUBSTITUTIVO DE RECURSO ORDINÁRIO. TRANCAMENTO DA AÇÃO PENAL. ATOS INVESTIGATÓRIOS REALIZADOS PELO MINISTÉRIO PÚBLICO. VALIDADE. ORDEM DENEGADA. I. *São válidos os atos investigatórios realizados pelo Ministério Público, que pode requisitar informações e documentos para instruir seus procedimentos administrativos, visando ao oferecimento de denúncia*". II. Ordem que se denega". [STJ – HC 7.445, 5ª Turma, rel. Min. Gilson Dipp, j. 01/12/1998, DJU 01/02/1999, p. 218].

[52] "(...) Esta Corte tem entendimento pacificado no sentido da dispensabilidade do inquérito policial para propositura de ação penal pública, *podendo o Parquet realizar atos investigatórios para fins de eventual oferecimento de denúncia, principalmente quando os envolvidos são autoridades policiais, submetidos ao controle externo do órgão ministerial*. (...)" [STJ – RHC 11.670-RS, Rel. Min. Fernando Gonçalves, 6ª Turma, unânime, j. 13/11/01, DJU: 04/02/2002, p. 551].

[53] Logo mais, entretanto, viria a assentar: "*HABEAS CORPUS*. ABUSO SEXUAL CONTRA MENOR. LEGITIMIDADE DO MINISTÉRIO PÚBLICO PARA INSTAURAR SINDICÂNCIA. ESTATUTO DA CRIANÇA E DO ADOLESCENTE (ECA). O Ministério Público tem legitimidade para instaurar sindicância para a apuração de crimes previstos no Estatuto da Criança e do

Duas são, em síntese, as objeções assacadas contra a possibilidade de o Ministério Público exercer, diretamente, diligências investigatórias: a) suposta *ausência de fundamento legal* a tanto; b) alegada *exclusividade* da polícia (monopólio) para a realização de quaisquer diligências investigatórias.

Examinemos, a seguir, tais argumentos. Antes de mais nada, entretanto, torna-se imperioso esclarecer: o objeto de questão aqui trazida não diz com a presidência de inquérito policial por parte de membro do Ministério Público, atividade que evidentemente não lhe pertence. A questão diz respeito à possibilidade de o Ministério Público realizar "diligências investigatórias", as quais se habilitariam a sustentar futura ação penal.

2.1.1. Base constitucional e fundamento legal ao exercício da atividade investigatória pelo Ministério Público

A legitimidade do Ministério Público para o exercício de atividade investigatória desponta, inicialmente, da própria Constituição, notadamente de seu art. 129, que distribui, de forma não-taxativa, as funções institucionais do Ministério Público. No particular, anotam Streck e Feldens:

> que o próprio art. 129, berço normativo das funções institucionais do Ministério Público, ao cabo de especificar um rol de funções acometidas à instituição, dispôs expressamente, em seu inciso IX, que: "Art. 129. São funções institucionais do Ministério Público: (...) IX – *exercer outras funções que lhe forem conferidas*, desde que *compatíveis com sua finalidade*, sendo-lhe vedada a representação judicial e a consultoria jurídica de entidades públicas".[54]

Demais disso, de ver-se que a própria CF/88 estendeu ao plano da legislação complementar a possibilidade de se estabelecer novas atribuições ao Ministério Público. Assim o diz, expressamente, seu art. 128, § 5º, ao assentar que leis complementares da União e dos Estados estabelecerão *a organização, as atribuições e o estatuto de cada Ministério Público*.

Trilhando no mesmo diapasão, veja-se que a LC nº 75/93, ao concretizar essa disposição constitucional, dispôs que:

> Art. 5º. São funções institucionais do Ministério Público da União: (...) VI – *exercer outras funções previstas na Constituição Federal e na lei.*

Ainda com referência ao art. 129, IX, da Constituição, prosseguem Streck e Feldens:

Adolescente (art. 201, inciso VII, da Lei 8.069/90). Além da competência que lhe atribui o ECA, é pacífico o entendimento desta Corte de que o Ministério Público não necessita de inquérito policial para instaurar ação penal. Caso que não se confunde com o RHC 81.326 que tratava de falta de legitimidade do Parquet para presidir ou desenvolver diligências pertinentes ao inquérito policial. A questão relativa à infância e à juventude é regulada por lei especial que tem previsão específica (Lei 8.069/90). Habeas corpus indeferido. [STF – HC 82.865-GO, rel. Min. Nelson Jobim, Informativo STF/345]".

[54] STRECK; FELDENS, *Crime e Constituição*..., cit., p. 77.

A norma constitucional sob apreço qualifica-se como uma *cláusula de abertura* – legalmente concretizável – ao exercício, pelo Ministério Público, de "outras funções", as quais, entretanto, haveriam de estar submetidas às seguintes três condicionantes:

a) proveniência legal da função (limitação formal);

b) compatibilidade da função legalmente conferida com a finalidade institucional do Ministério Público (limitação material afirmativa);

c) vedação de qualquer função que implique a representação judicial ou a consultoria jurídica de entidades públicas (limitação material negativa).[55]

Nesse sentido, em consonância à diretriz legislativa, o art. 8º da Lei Complementar veio a estabelecer que:

Art. 8º. Para o exercício de suas atribuições, o Ministério Público da União poderá, nos procedimentos de sua competência: (...)

V – *realizar* inspeções e *diligências investigatórias*; (...).[56]

Daí conclui-se, como faz Clèmerson Merlin Clève, que a legitimação do poder investigatório do Ministério Público tem *sede constitucional e*, no plano infraconstitucional, *autoridade própria de lei complementar*. Diante disso, prossegue Clève, "parece lógico que, dispondo de meios apropriados e recursos adequados, a atuação do membro do Ministério Público não deve ser, em todos os casos e circunstâncias, *limitada* pela atuação da polícia judiciária". Isso porque "o limite, em última instância, pode significar o seqüestro da possibilidade de propositura da ação penal".[57]

Recentemente, o Conselho Superior do Ministério Público Federal regulamentou o art. 8º da LC nº 75/93, disciplinando, no âmbito do Ministério Público Federal, a instauração e a tramitação do procedimento investigatório criminal (Resolução nº 77, de 14/09/2004). Tal resolução, isso é evidente, não tem o poder de estabelecer hipóteses extralegais de atuação do Ministério Público, senão que tem sua validade adstrita ao efeito regulamentador do dispositivo em questão, fixando, por outro lado, a responsabilidade do agente do Ministério Público que desbordar de sua orientação.

2.1.2. A inexistência de monopólio da Polícia para a realização de diligências investigatórias: exegese constitucional

Outrossim, não prepondera o argumento acerca da exclusividade da Polícia para a realização de diligências investigatórias, supostamente decorrente do art. 144 da CF/88. Conforme manifestam Streck e Feldens:

---

[55] STRECK; FELDENS, *Crime e Constituição...*, cit., p. 77-78

[56] De forma similar, o art. 26 da Lei Federal 8.625/93 (Lei Orgânica Nacional do Ministério Público dos Estados), prescreveu que: *"no exercício de suas funções, o Ministério Público poderá: I – (...) c) promover inspeções e diligências investigatórias"*.

[57] CLÈVE, Clèmerson Merlin. *Investigação Criminal e Ministério Público*. Jus Navigandi, Teresina, a. 8, n. 450, 30 set. 2004.

Logicamente, ao referir-se à "exclusividade" da Polícia Federal para exercer funções "de polícia judiciária da União", o que fez a Constituição foi, tão-somente, delimitar as atribuições entre as diversas polícias (federal, rodoviária, ferroviária, civil e militar), razão pela qual observou, para cada uma delas, um parágrafo dentro do mesmo art. 144. Daí porque, se alguma conclusão de caráter exclusivista pode-se retirar do dispositivo constitucional seria a de que não cabe à Polícia Civil "apurar infrações penais contra a ordem política e social ou em detrimento de bens, serviços e interesses da União ou de suas entidades autárquicas e empresas públicas" (art. 144, 1º, I), pois que, no espectro da "polícia judiciária", tal atribuição está reservada à Polícia Federal. Acaso concluíssemos distintamente, ou seja, no sentido do "monopólio investigativo" da Polícia, teríamos de enfrentar importantes indagações para as quais não visualizamos qualquer possibilidade de resposta coerente com a tese restritiva. Por exemplo: o que se passaria com as "diligências investigatórias" imprimidas pelos demais órgãos da administração (Poder Executivo), os quais, conquanto não ostentem, ao contrário do Ministério Público, finalidade dirigida à persecução penal, as realizam no escopo de fomentá-la? Bem assim, o que ocorreria com as investigações criminais – que existem em pluralidade – levadas a efeito no âmbito dos Poderes Legislativo e Judiciário?[58]

Demais disso, quer-nos parecer que a estrutura do sistema processual brasileiro, com o advento da CF/88, foi primordialmente construída a partir do modelo acusatório. Como bem ressalta Geraldo Prado, o modelo acusatório projeta no processo penal "a tutela dos direitos fundamentais e da disciplina constitucional da divisão dos poderes, em seu interior, e resulta na implementação do princípio da divisão de funções no próprio processo, atribuindo-se a diferentes sujeitos as atividades principais de acusar, defender e julgar".[59]

Explica-se: o art. 2º da CF/88 enuncia a adoção do sistema tripartido de poderes, reconhecendo como *Poderes da União, independentes e harmônicos entre si, o Legislativo, o Executivo e o Judiciário.* Já os arts. 127, *caput,* e 133, reconheceram, como *funções essenciais à Justiça,* o Ministério Público e a Advocacia, cabendo, ao primeiro, a função institucional de *promover, privativamente, a ação penal pública, na forma da lei* (art. 129, I, da CF/88).

Interpretando-se estas três normas de forma sistemática, teremos, dentre outros princípios processuais, o vínculo fundamental que separou a função de julgar em relação às funções de acusar e defender, somente podendo o juiz apreciar fatos tidos como delituosos quando o titular da ação penal der início à persecução.[60]

Diante disso, cabe indagar: será que a função de acusar, própria do Ministério Público, é antitética à competência para promover atos de investigação? Será que a investigação promovida pelo Ministério Público é ofensiva ao sistema acusatório? Parece-nos negativa a resposta: a prática de atos de investigação é uma conseqüência lógica e dinâmica da função de acusar.

---

[58] STRECK; FELDENS, *Crime e Constituição...*, cit., p. 87-88.

[59] PRADO, Geraldo. *Sistema Acusatório. A Conformidade Constitucional das Leis Processuais Penais.* Rio de Janeiro: Lumen Juris, 1999, p. 206.

[60] SCHMIDT, Andrei Zenkner. 'O Direito de Punir: Revisão Crítica'. *Revista de Estudos Criminais.* Porto Alegre: Notadez, n. 09, 2003, p. 94.

INVESTIGAÇÃO CRIMINAL E AÇÃO PENAL

Como bem pondera Aury Lopes Jr.[61], *mais importante do que decidir quem vai fazer a inquisição (MP ou Polícia), está em definir como será a inquisição*, ou seja, a questão relaciona-se muito mais aos limites do poder de investigação do Ministério Público do que, propriamente, à sua suposta ilegitimidade ativa para a investigação. Se o controle do ato é constitucionalmente válido, perde importância boa parte da discussão.

Deve-se ter em mente que, ao tratarmos do poder investigatório do Ministério Público, não estamos nos referindo a uma ampla e discricionária liberdade persecutória. Assim como os atos da investigação policial estão sempre vinculados pelos direitos fundamentais, o mesmo pode ser dito em relação à mesma atividade, quando despenhada por outros órgãos.

2.2. ATIVIDADES INVESTIGATÓRIAS REALIZADAS NO ÂMBITO DOS TRÊS PODERES DE ESTADO

De ver-se, outrossim, que se exclusividade existisse sob o parâmetro constitucional invocado, seriam inconstitucionais todas as demais normas que atribuem poderes de condução de investigação a outros órgãos, hipótese ocorrente no âmbito dos três Poderes de Estado.

2.2.1. Poder Executivo

No ambiente do Poder Executivo, a Receita Federal dispõe, em cada região fiscal, de um "Escritório de Pesquisa e Inteligência" (ESPEI). A seu turno, o Banco Central conta em sua estrutura com um "Departamento de Combate a Ilícitos Cambiais e Financeiros" (DECIF), órgão diretamente vinculado à sua Diretoria de Fiscalização (DIFIS). Também naquela esfera são efetuadas diligências que, para além de instruir o procedimento administrativo, terão como destinatário o Ministério Público, para que proceda criminalmente contra os investigados. O Conselho de Coordenação de Atividades Financeiras, de igual forma, realiza, certo que a seu modo, atividade investigatória, o que faz atuando como "órgão do Governo, responsável pela coordenação de ações voltadas ao combate à 'lavagem' de dinheiro". Isso tudo sem cogitar da Controladoria e da Corregedoria Geral da União, que igualmente encetam, diretamente, diligências de caráter investigatório.[62]

---

[61] LOPES JÚNIOR, Aury, *A opacidade da discussão em torno do promotor investigador – mudem os inquisidores, mas a fogueira continuará acesa*. Boletim IBCCRIM. São Paulo, v.12, n.142, p. 10-11, set. 2004.

[62] STRECK; FELDENS, *Crime e Constituição...*, cit., p. 88-90.

Os exemplos não se esgotam nas hipóteses acima. Basta recordar que a estrutura administrativa conta, em suas diversas esferas, com órgãos estabelecidos para a colheita de elementos que, dentre outros, terão como destinatário o Ministério Público. Pense-se na *representação fiscal para fins penais* oriunda do setor de fiscalização do INSS, bem como nas notícias-crime ofertadas pelo IBAMA, para a verificação de alguma infração ambiental, isso sem cogitarmos das recorrentes sindicâncias administrativas realizadas, por exemplo, no interior da Caixa Econômica Federal (empresa pública), as quais têm servido, isoladamente, à propositura de ação penal pelo Ministério Público, inclusive por crime contra o Sistema Financeiro Nacional (*v.g.*, art. 4º da Lei nº 7.492/86).

2.2.2. Poder Legislativo

Igualmente, no âmbito do *Poder Legislativo* existem disposições normativas que acometem a autoridades específicas a condução de inquéritos. Ademais das conhecidas Comissões Parlamentares de Inquérito (tema a ser abordado adiante), atente-se para o art. 269 do Regimento Interno da Câmara dos Deputados, que ao prever a hipótese de cometimento do delito nos edifícios da Câmara, determina que o inquérito será *presidido pelo diretor de serviços de segurança*.

2.2.3. Poder Judiciário

Também assim se verifica no espectro do Poder Judiciário. Dispõe o art. 43 do Regimento Interno do STF que, *ocorrendo infração à lei penal na sede ou dependência do Tribunal, o Presidente instaurará inquérito*.

De resto, o art. 33, parágrafo único, da LC nº 35/79 determina que:

quando, no curso de investigação, houver indício da prática de crime por parte do magistrado, a autoridade policial, civil ou militar, remeterá os respectivos autos ao Tribunal ou órgão especial competente para o julgamento, a fim de que prossiga na investigação.

Igualmente sucede, *mutatis mutandis*, em relação aos membros do Ministério Público. Por força do art. 18, II, parágrafo único, da LC nº 75/93:

quando, no curso de investigação, houver indício da prática de infração penal por membro do Ministério Público da União, a autoridade policial, civil ou militar, remeterá imediatamente os autos ao Procurador-Geral da República, que designará membro do Ministério Público para prosseguimento da apuração do fato.

Situação distinta é aquela que remonta à coleta de prova por juiz, no âmbito de uma investigação criminal – ou mesmo ação penal – em andamento. Em pelo menos dois de seus dispositivos, o CPP estaria a facultar ao juiz, explicitamente, o poder de iniciativa probatória:

Art. 156. O juiz poderá, no curso da instrução ou antes de proferir sentença, determinar, de ofício, diligências para dirimir dúvida sobre ponto relevante.

Art. 209. O juiz, quando julgar necessário, poderá ouvir outras testemunhas, além das indicadas pelas partes.

Conquanto a lei assim preveja, a atuação do Poder Judiciário, em situações que tais, há de se verificar moderadamente, não podendo estabelecer-se de forma apta a macular a imparcialidade que lhe é própria por definição. É dizer, essa faculdade de atuação oficial do juiz no campo probatório deve ser tomada em termos relativos.[63]

2.3. INVESTIGAÇÃO PELAS COMISSÕES PARLAMENTARES DE INQUÉRITO: O INQUÉRITO PARLAMENTAR

2.3.1. Fundamento constitucional

A Constituição estabeleceu, no art. 58, § 3°, um importante instrumento de investigação a cargo do Parlamento, o qual, sob determinados requisitos, pode reunir-se em comissão (parlamentar) de inquérito, no desiderato de apurar "fato determinado":

> § 3º. As comissões parlamentares de inquérito, que terão poderes de investigação próprios das autoridades judiciais, além de outros previstos nos regimentos das respectivas Casas, serão criadas pela Câmara dos Deputados e pelo Senado Federal, em conjunto ou separadamente, mediante requerimento de um terço de seus membros, para a apuração de fato determinado e por prazo certo, sendo suas conclusões, se for o caso, encaminhadas ao Ministério Público, para que promova a responsabilidade civil ou criminal dos infratores.

Tendo em vista o princípio federativo, reconhece-se a possibilidade de criação de comissões parlamentares de inquérito em níveis estadual e municipal, cujos limites jurídicos de atuação não podem,

---

[63] Aliás, no que respeita à genérica coleta de provas por juiz, decidiu o STF, tendo sob mira o art. 3° da Lei n° 9.034/95: "O Tribunal, por maioria, *julgou procedente em parte o pedido formulado em ação direta ajuizada pelo Procurador-Geral da República contra o art. 3° da Lei 9.034/95, que conferia ao juiz competência para diligenciar pessoalmente nos procedimentos de investigação e obtenção de provas nas persecuções penais relativas a atos de organizações criminosas*, nas hipóteses em que houvesse possibilidade de violação de sigilo. Preliminarmente, o Tribunal considerou prejudicada a ação direta no ponto em que autorizava o acesso a dados, documentos e informações bancárias e financeiras, em razão da superveniência da LC 105/2001, hierarquicamente superior, que regulou integralmente a questão, revogando a norma impugnada por incompatibilidade. Em seguida, no que se refere aos dados, documentos e informações fiscais e eleitorais, o Tribunal julgou procedente o pedido, por ofensa ao princípio do devido processo legal, por entender que a coleta pessoal de provas desvirtua a função do juiz, de modo a comprometer a imparcialidade deste no exercício da prestação jurisdicional. Vencido o Min. Carlos Velloso, que julgava improcedente o pedido, por considerar que o caráter público do processo não proibiria, em hipóteses excepcionais, a participação ativa do juiz na busca da verdade material (Lei 9.034/95, art. 3°: Nas hipóteses do inciso III do art. 2° desta Lei, ocorrendo possibilidade de violação de sigilo preservado pela Constituição ou por lei, a diligência será realizada pessoalmente pelo juiz, adotado o mais rigoroso segredo de justiça. — art. 2° — Em qualquer fase de persecução criminal que verse sobre ação praticada por organizações criminosas são permitidos, além dos já previstos na lei, os seguintes procedimentos de investigação e formação de provas: ... III – o acesso a dados, documentos e informações fiscais, bancárias, financeiras e eleitorais)". [ADI 1570/DF, Tribunal Pleno, rel. Min. Maurício Corrêa, j. 12/2/2004, DJU: 22/10/04 – Informativo STF/336].

evidentemente, extravasar aqueles estabelecidos às CPIs do Congresso Nacional.[64]

2.3.2. As Comissões Parlamentares de Inquérito enquanto "direito subjetivo das minorias legislativas"

As Comissões Parlamentares de Inquérito, conforme assentou o STF, constituem-se em direito público subjetivo das minorias legislativas, razão pela qual, uma vez preenchidos os requisitos do § 3º do art. 58 da CF/88, não podem ter sua instalação obstada (*v.g.*, pela não-indicação, pelo partidos políticos, dos respectivos integrantes):

> Concluído o julgamento de mandados de segurança impetrados por senadores contra ato da Mesa do Senado Federal, representada por seu Presidente, consubstanciado na validação da recusa deste em proceder à indicação de membros para instaurar a denominada "CPI dos Bingos" (...) No mérito, salientando ter havido, na espécie, o preenchimento dos requisitos do § 3º do art. 58 da CF, concluiu-se pela afronta ao direito público subjetivo, nesse dispositivo assegurado, às minorias legislativas, de ver instaurado o inquérito parlamentar, com apoio no direito de oposição, legítimo consectário do princípio democrático. [MS 24.847-DF, rel. Min. Celso de Mello, Informativo STF/393]

---

[64] "O Tribunal concluiu julgamento de ação cível originária em que se discutia sobre a existência ou não de poder das Comissões Parlamentares de Inquérito estaduais para determinar quebra de sigilo bancário. Tratava-se de mandado de segurança impetrado pela Assembléia Legislativa do Estado do Rio de Janeiro contra ato do Banco Central do Brasil, consistente na negativa de quebra de sigilo bancário requerida pela Comissão Parlamentar de Inquérito daquele Estado, que investiga denúncias de irregularidades e de corrupção na LOTERJ e no RIOPREVIDÊNCIA – v. Informativo 358. O Banco Central justificava o ato impugnado com base no art. 4º da LC 105/2001 (que dispõe sobre o sigilo das operações de instituições financeiras e dá outras providências), sustentando que o mesmo não autoriza o Poder Legislativo estadual a ter acesso a dados relativos a serviços prestados por instituições financeiras. O Pleno concedeu, por maioria, e, em parte, a ordem, para determinar que o Banco Central forneça as informações requeridas pela CPI. Inicialmente, asseverou-se que a referida autarquia fizera mera leitura formalista da questão e que a interpretação somente seria válida se a proteção constitucional conferida ao sigilo de dados bancários fosse de natureza absoluta, o que, conforme jurisprudência do STF, já teria sido afastado. Entendeu-se que a regra do § 3º do art. 58 da CF, à luz do princípio federativo, é extensível às CPI estaduais (CF, art. 58: "§ 3º- As comissões parlamentares de inquérito, que terão poderes de investigação próprios das autoridades judiciais, além de outros previstos nos regimentos das respectivas Casas, serão criadas pela Câmara dos Deputados e pelo Senado Federal, em conjunto ou separadamente, mediante requerimento de um terço de seus membros, para a apuração de fato determinado e por prazo certo, sendo suas conclusões, se for o caso, encaminhadas ao Ministério Público, para que promova a responsabilidade civil ou criminal dos infratores). Ressaltou-se que a possibilidade de criação de CPI decorre de norma constitucional central de absorção compulsória nos Estados-membros, a qual se destina a garantir o potencial do Poder Legislativo em sua função de fiscalizar a administração, um dos traços fundamentais da separação de poderes no sistema federativo. Acrescentou-se que a quebra do sigilo bancário seria instrumento inerente e fundamental ao exercício dessa atividade parlamentar e que, tendo em conta a semelhança entre as CPI federais e as estaduais, impedir que esse instrumento fosse utilizado pelos legislativos estaduais implicaria a criação de 'elemento adicional de apoucamento das já institucionalmente fragilizadas unidades integrantes da Federação'. Vencidos os Ministros Eros Grau, Cezar Peluso, Ellen Gracie, Carlos Velloso e Nelson Jobim que entendiam que, em face de estar em jogo garantia individual fundamental, o § 3º do art. 58 da CF, por ser expressamente voltado às CPI de cunho federal, não poderia comunicar às CPI estaduais atribuições de poderes judiciais, sendo necessária para a quebra de sigilo a prévia autorização judicial". [STF, ACO 730-RJ, Tribunal Pleno, rel. Min. Joaquim Barbosa, j. 22/09/04, DJU: 11/11/05, Informativo STF/362]

2.3.3. Poderes e limites das Comissões Parlamentares de Inquérito

Embora o art. 58, § 3º, da CF/88 defina que as Comissões Parlamentares de Inquérito "terão poderes de investigação próprios das autoridades judiciais, além de outros previstos nos regimentos das respectivas Casas", algumas matizações, decorrentes da interpretação desse dispositivo pelo STF, devem ser enaltecidas.

É um princípio básico que os limites do poder de investigação da CPI, afora as hipóteses de reserva de jurisdição, são os mesmos estabelecidos para os demais Poderes da União, especialmente os vinculativos da atuação dos juízes (*v.g.*, necessidade de fundamentação das medidas restritivas de direito).

A CPI tem autonomia para praticar atos de investigação, independentemente de prévia autorização do Poder Judiciário, naqueles casos em que o ato poderia ser praticado por outros titulares de investigações (a polícia judiciária, por exemplo) independentemente da mesma autorização. Daí a legitimidade, por exemplo, para determinar-se a condução coercitiva de uma testemunha.

Ao contrário, haveria ilegalidade, consoante entendimento do STF, para a decretação de indisponibilidade de bens por presidente de CPI, haja vista tratar-se de poder geral de cautela, típico das autoridades judiciárias:

> As Comissões Parlamentares de Inquérito - CPI têm poderes de investigação vinculados à produção de elementos probatórios para apurar fatos certos e, portanto, não podem decretar medidas assecuratórias para garantir a eficácia de eventual sentença condenatória (CPP, art. 125), uma vez que o poder geral de cautela de sentenças judiciais só pode ser exercido por juízes. Com esse entendimento, o Tribunal deferiu mandado de segurança para tornar sem efeito ato do Presidente da chamada CPI dos Bancos que decretara a indisponibilidade dos bens dos impetrantes. Precedente citado: MS 23.452-DF. [STF – MS 23.446-DF, rel. Min. Ilmar Galvão, 18/08/99, Informativo/STF 158].

Noutro caso, o STF entendeu que as CPIs, por estarem sujeitas aos mesmos limites constitucionais impostos aos juízes, devem *fundamentar* as suas decisões, sob pena de invalidade do ato. Nos acórdãos referidos abaixo, além do reconhecimento da ilegalidade de uma CPI determinar uma busca e apreensão sem autorização judicial (princípio da reserva de jurisdição), reconheceu-se a necessidade de fundamentação adequada:

> O Tribunal, por unanimidade, deferiu mandado de segurança impetrado contra ato da Comissão Parlamentar de Inquérito do Senado Federal, que determinou a expedição de mandado de busca e apreensão de documentos relativos às atividades profissionais, contábeis ou comerciais dos impetrantes. O Tribunal entendeu que a CPI, ao exercer a competência investigatória prevista no art. 58, § 3º da CF, está sujeita às mesmas limitações constitucionais que incidem sobre as autoridades judiciárias, devendo, dessa forma, fundamentar as suas decisões (CF, art. 93, IX). Salientou-se, também, que o mandado de busca e apreensão deveria ser específico quanto à diligência a ser efetuada e não poderia, de forma alguma, delegar à autoridade policial o poder de selecionar os documentos a serem apreendidos. De outra parte, os Ministros Ilmar Galvão e

Octavio Gallotti entenderam que a amplitude genérica do mandado de busca e apreensão e a delegação à autoridade policial do poder de selecionar os documentos a serem apreendidos seriam suficientes para a concessão da segurança. Em maior extensão, os Ministros Marco Aurélio, relator, Celso de Mello e Carlos Velloso também concederam a ordem por entenderem que, além dos fundamentos acima expostos, a CPI não poderia deliberar sobre o instituto da busca e apreensão domiciliar, por se tratar de ato cuja prática a CF atribui com exclusividade aos membros do Poder Judiciário. [STF – MS 23.454-DF, Tribunal Pleno, rel. Min. Marco Aurélio, j. 19/08/99, DJU: 23/04/04, Informativo STF/158].[65]

Por força do que dispõe o art. 58, § 3º, da CF/88, somente se admitiria instauração válida de CPI caso relacione-se à apuração de "fato determinado" e por "prazo certo":

COMISSÃO PARLAMENTAR DE INQUÉRITO – QUEBRA DE SIGILO – AUSÊNCIA DE INDICAÇÃO CONCRETA DE CAUSA PROVÁVEL – NULIDADE DA DELIBERAÇÃO PARLA-MENTAR – MANDADO DE SEGURANÇA CONCEDIDO. A QUEBRA DE SIGILO NÃO PODE SER UTILIZADA COMO INSTRUMENTO DE DEVASSA INDISCRIMINADA, SOB PENA DE OFENSA À GARANTIA CONSTITUCIONAL DA INTIMIDADE. – A quebra de sigilo, para legitimar-se em face do sistema jurídico-constitucional brasileiro, necessita apoiar-se em decisão revestida de fundamentação adequada, que encontre apoio concreto em suporte fático idôneo, sob pena de invalidade do ato estatal que a decreta. A ruptura da esfera de intimidade de qualquer pessoa – quando ausente a hipótese configuradora de causa provável – revela-se incompatível com o modelo consagrado na Constituição da República, pois a quebra de sigilo não pode ser manipulada, de modo arbitrário, pelo Poder Público ou por seus agentes. Não fosse assim, a quebra de sigilo converter-se-ia, ilegitimamente, em instrumento de busca generalizada, que daria, ao Estado – não obstante a ausência de quaisquer indícios concretos – o poder de vasculhar registros sigilosos alheios, em ordem a viabilizar, mediante a ilícita utilização do procedimento de devassa indiscriminada (que nem mesmo o Judiciário pode ordenar), o acesso a dado supostamente impregnado de relevo jurídico-probatório, em função dos elementos informativos que viessem a ser eventualmente descobertos. A FUNDAMENTA-ÇÃO DA QUEBRA DE SIGILO HÁ DE SER CONTEMPORÂNEA À PRÓPRIA DELIBERAÇÃO LEGISLATIVA QUE A DECRETA. – A exigência de motivação – que há de ser contemporânea ao ato da Comissão Parlamentar de Inquérito que ordena a quebra de sigilo – qualifica-se como pressuposto de validade jurídica da própria deliberação emanada desse órgão de investigação legislativa, não podendo ser por este suprida, em momento ulterior, quando da prestação de informações em sede mandamental. Precedentes. [STF – MS 23.851-DF, Tribunal Pleno, rel. Min. Celso de Mello, j. 26/9/2001, DJU: 21/06/02, Informativo STF/243].

Reconhece-se às CPIs o poder de determinar o afastamento do sigilo bancário de investigados, independentemente de autorização judicial. Surgiu a discussão, entretanto, acerca da possibilidade de CPIs estaduais terem o mesmo direito, controvérsia esta decorrente da redação do art. 4º da LC nº 105/01. No julgamento da Ação Cível Originária nº 730/RJ, o Plenário do STF entendeu, por maioria de votos (vencidos os Min. Eros Grau, Cezar Peluso, Ellen Gracie, Carlos Velloso

---

[65] No mesmo tom: "Por ausência de fundamentação, o Tribunal deferiu mandado de segurança impetrado contra ato do Presidente da CPI do narcotráfico, que determinara a quebra de sigilo bancário, fiscal e telefônico do impetrante. Considerou-se que a CPI, ao exercer a competência investigatória prevista no art. 58, § 3º, da CF, está sujeita às mesmas limitações constitucionais que incidem sobre às autoridades judiciárias, devendo, dessa forma, fundamentar as suas decisões (CF, art. 93, IX)". [STF, MS 23.619-DF, Tribunal Pleno, rel. Min. Octavio Gallotti, j. 04/05/2000, DJU: 07/12/00, Informativo STF/187].

e Nelson Jobim), que também pode-se ampliar tal possibilidade para os Poderes Legislativos Estaduais.

Na análise da medida liminar pleiteada no MS 23.669-DF, o Min. Celso de Mello referiu que a quebra do sigilo bancário pelas CPIs depende de aprovação de maioria absoluta dos parlamentares (princípio da colegialidade).[66] Entretanto, a possibilidade de as CPIs terem acesso a documentos referentes a dados bancários não lhes permite, legitimamente, divulgar tais dados.[67]

Outro limite importante, e já devidamente consolidado nos Tribunais, é a necessidade de as CPIs assegurarem o direito ao silêncio em relação a pessoas que, ao prestarem depoimento, possam vir a produzir auto-incriminação. Ademais, também em relação a essas pessoas estaria vedada a condução coercitiva:

> Deferido mandado de segurança impetrado contra ato da Comissão Parlamentar Mista de Inquérito - CPI do Banestado, pelo qual os impetrantes foram convocados a depor, na qualidade de testemunhas, apesar de já deferido, quanto a eles, requerimento de quebra de sigilo bancário, fiscal, telefônico e telemático. O Tribunal, embora salientando que a garantia contra a auto-incriminação é assegurada a todos os cidadãos, considerou que, ante o fato de os impetrantes estarem sendo objeto da própria investigação, não seria possível a sua oitiva como testemunhas, mas sim como investigados, devendo ser-lhes assegurado o direito de permanecerem calados, na hipótese de eventual auto-incriminação, além de obstaculizada a expedição de mandado de condução coercitiva". [STF – HC 83703-SP, Tribunal Pleno, rel. Min. Marco Aurélio, j. 18/12/2003, DJU: 23/04/04, Informativo STF/334].[68]

---

[66] "(...) O PRINCÍPIO DA COLEGIALIDADE CONDICIONA A EFICÁCIA DAS DELIBERAÇÕES DE QUALQUER COMISSÃO PARLAMENTAR DE INQUÉRITO, ESPECIALMENTE EM TEMA DE QUEBRA DO SIGILO BANCÁRIO. – O princípio da colegialidade traduz diretriz de fundamental importância na regência das deliberações tomadas por qualquer Comissão Parlamentar de Inquérito, notadamente quando esta, no desempenho de sua competência investigatória, ordena a adoção de medidas restritivas de direitos, como aquela que importa na revelação das operações financeiras ativas e passivas de qualquer pessoa. O necessário respeito ao postulado da colegialidade qualifica-se como pressuposto de validade e de legitimidade das deliberações parlamentares, especialmente quando estas – adotadas no âmbito de Comissão Parlamentar de Inquérito – implicam ruptura, sempre excepcional, da esfera de intimidade das pessoas. A quebra do sigilo bancário, que compreende a ruptura da esfera de intimidade financeira da pessoa, quando determinada por ato de qualquer Comissão Parlamentar de Inquérito, depende, para revestir-se de validade jurídica, da aprovação da maioria absoluta dos membros que compõem o órgão de investigação legislativa (Lei nº 4.595/64, art. 38, § 4º). (...)" [STF – Medida Liminar no MS 23.669-DF, rel. Min. Celso de Mello, DJU: 17/04/2000, Informativo STF/185].

[67] "(...) Todavia, resta um pedido que me parece ainda não prejudicado, o contido sob c, fl. 8: 'que a mesma Comissão Parlamentar de Inquérito adote as mais rígidas providências visando a preservação do sigilo dos documentos apresentados'. Impedir, entretanto, que a Comissão aprecie tais documentos não me parece possível, aqui, tendo em vista que a quebra do sigilo já foi efetivada. Assim, defiro a liminar, em parte, para que o exame dos documentos fique adstrito à CPI, apenas, adotando esta rígidas providências para que os documentos a ela encaminhados não sejam divulgados. Comunique-se o teor desta decisão à autoridade impetrada, solicitando-se-lhe que preste, no prazo legal, as informações que entender necessárias ao julgamento do writ. Oficie-se e publique-se". [STF – Medida Liminar no MS 23.880, rel. Min. Carlos Velloso, DJU: 07/02/01, Informativo STF/218].

[68] Entendeu-se que a apreciação de atos judiciais (sentenças) incumbe ao próprio Poder Judiciário. Considerou-se, assim, que "Ofende o princípio constitucional da separação dos poderes (CF, art. 2º) a intimação de magistrado para prestar esclarecimentos perante comissão

Recentemente, o STF, reiterando que o investigado se situa na condição de sujeito de direito, assegurou-lhe expressamente o direito de se fazer representar por advogado:

EMENTA: COMISSÃO PARLAMENTAR DE INQUÉRITO (CPI). (...) A PESSOA SOB INVESTI-GAÇÃO (PARLAMENTAR, POLICIAL OU JUDICIAL) NÃO SE DESPOJA DOS DIREITOS E GARANTIAS ASSEGURADOS PELA CONSTITUIÇÃO E PELAS LEIS DA REPÚBLICA. DIREI-TO À *ASSISTÊNCIA EFETIVA E PERMANENTE POR ADVOGADO: UMA PROJEÇÃO CON-CRETIZADORA DA GARANTIA CONSTITUCIONAL DO "DUE PROCESS OF LAW".* A PRIMAZIA DA "RULE OF LAW". A PARTICIPAÇÃO DOS ADVOGADOS PERANTE AS COMIS-SÕES PARLAMENTARES DE INQUÉRITO E O NECESSÁRIO RESPEITO ÀS PRERROGATI-VAS PROFISSIONAIS DESSES OPERADORES DO DIREITO (MS 25.617/DF, REL. MIN. CELSO DE MELLO, DJU 03/11/2005, V.G.). (...) MEDIDA CAUTELAR DEFERIDA. (...) Impende assinalar, de outro lado, tendo em vista o pleito deduzido em favor do ora paciente – no sentido de que se lhe assegure o direito de ser assistido por seu Advogado e de com este comunicar-se durante o curso de seu depoimento perante a "CPMI dos Correios" –, que *cabe, ao Advogado, a prerrogativa, que lhe é dada por força e autoridade da lei, de velar pela intangibilidade dos direitos daquele que o constituiu como patrono de sua defesa técnica,* competindo-lhe, por isso mesmo, para o fiel desempenho do "munus" de que se acha incumbido, o exercício dos meios legais vocacionados à plena realização de seu legítimo mandato profissional. Na realidade, mesmo o indiciado, quando submetido a procedimento inquisitivo, de caráter unilateral (perante a Polícia Judiciária ou uma CPI, p. ex.), não se despoja de sua condição de sujeito de determinados direitos e de garantias indisponíveis, cujo desrespeito põe em evidência a censurável face arbitrária do Estado cujos poderes, necessariamente, devem conformar-se ao que impõe o ordenamento positivo da República, notadamente no que se refere à efetiva e permanente assistência técnica por Advogado. (...) Na condição de indiciado, terá direito à assistência de advogado, *garantindo-se ao profissional,* com suporte no art. 7º da Lei 8.906/94 – Estatuto da Advocacia e da OAB – comparecer às reuniões da CPI (VI, d), nelas podendo *reclamar, verbalmente ou por escrito, contra a inobservância de preceito de lei, regulamento ou regimento* (XI). (...) "Nem se diga, no lastimável argumento repugnante à inteligência e comprometedor do bom senso, que a presença ativa dos advogados nas sessões das CPIs frustraria os seus propósitos investigatórios. Fosse assim, tampouco chegariam a termo as averiguações policiais; ou os inquéritos civis conduzidos pelo Ministério Público; ou, ainda, as inquirições probatórias administradas pelo Judiciário. Com plena razão, magistrados, promoto-res e delegados jamais alegaram a Advocacia como obstáculo, bem ao contrário, nela enxergando meio útil à descoberta da verdade e à administração da Justiça". (...) Registre-se, ainda, por necessário, que, se é certo que a Constituição atribuiu às CPIs "os poderes de investigação próprios das autoridades judiciais" (CF, art. 58, § 3º), não é menos exato que os

parlamentar de inquérito sobre ato jurisdicional praticado. Com base nesse entendimento, o Tribunal deferiu *habeas corpus* impetrado contra a intimação de desembargador para prestar depoimento perante CPI, a fim de esclarecer quais os motivos que o levaram a demorar mais de três anos para concluir autos de exceção de suspeição que já estava prejudicada pelo afastamento do magistrado tido como suspeito. Precedentes citados: HC 80.089-RJ (DJU de 29.9.2000) e HC 79.441-DF (DJU de 6.10.2000)". [STF – HC 80.539-PA, rel. Min. Maurício Corrêa, 21/3/2001, Informativo STF/221].

"Deferido *habeas corpus* impetrado contra convocação da paciente, juíza, para prestar depoimen-to à CPI do narcotráfico. O Tribunal considerou que, no caso, pretendia-se investigar decisões judiciais e não atos administrativos por ela praticados, o que contraria o disposto no art. 146, b, do Regimento Interno do Senado Federal ("art. 146. Não se admitirá comissão parlamentar de inquérito sobre matérias pertinentes: ... b) às atribuições do Poder Judiciário;"), norma esta decorrente do princípio constitucional da separação e independência dos poderes. Precedente citado: HC 79.441-DF (julgado em 24.11.99, Informativo STF/172)". [STF – HC 80.089-RJ, Tribunal Pleno, rel. Min. Nelson Jobim, j. 21/6/2000, DJU: 29/09/00, Informativo STF/194].

INVESTIGAÇÃO CRIMINAL E AÇÃO PENAL

órgãos de investigação parlamentar estão igualmente sujeitos, tanto quanto os juízes, às mesmas restrições e limitações impostas pelas normas legais e constitucionais que regem o "due process of law", mesmo que se cuide de procedimento instaurado em sede administrativa ou político-administrativa, de tal modo que *se aplica às CPIs, em suas relações com os Advogados, o mesmo dever de respeito – cuja observância também se impõe aos Magistrados* (e a este Supremo Tribunal Federal, inclusive) – às prerrogativas profissionais previstas no art. 7º da Lei nº 8.906/94, que instituiu o "Estatuto da Advocacia". *O Advogado – ao cumprir o dever de prestar assistência técnica àquele que o constituiu, dispensando-lhe orientação jurídica perante qualquer órgão do Estado – converte, a sua atividade profissional, quando exercida com independência e sem indevidas restrições, em prática inestimável de liberdade.* Qualquer que seja o espaço institucional de sua atuação (Poder Legislativo, Poder Executivo ou Poder Judiciário), ao Advogado incumbe neutralizar os abusos, fazer cessar o arbítrio, exigir respeito ao ordenamento jurídico e velar pela integridade das garantias jurídicas – legais ou constitucionais – outorgadas àquele que lhe confiou a proteção de sua liberdade e de seus direitos, dentre os quais avultam, por sua inquestionável importância, a prerrogativa contra a auto-incriminação e o direito de não ser tratado, pelas autoridades públicas, como se culpado fosse, observando-se, desse modo, as diretrizes, previamente referidas, consagradas na jurisprudência do Supremo Tribunal Federal. (...) [STF – HC 88.015, rel. Min. Celso de Mello, Informativo STF/416, fevereiro de 2006]

Por outro lado, entendeu o STF que não pode o Poder Judiciário restringir a publicidade do ato de investigação, determinando a inquirição do investigado em sessão reservada, medida que importaria "inaceitável ato de censura judicial".[69]

[69] "(...) POSTULAÇÃO QUE TAMBÉM OBJETIVA VEDAR O ACESSO DA IMPRENSA E DE PESSOAS ESTRANHAS À CPI À INQUIRIÇÃO DO IMPETRANTE. INADMISSIBILIDADE. INACEITÁVEL ATO DE CENSURA JUDICIAL. A ESSENCIALIDADE DA LIBERDADE DE INFORMAÇÃO, ESPECIALMENTE QUANDO EM DEBATE O INTERESSE PÚBLICO. A PUBLICIDADE DAS SESSÕES DOS ÓRGÃOS DO PODER LEGISLATIVO, INCLUSIVE DAS CPIs, COMO CONCRETIZAÇÃO DESSA VALIOSA FRANQUIA CONSTITUCIONAL. NECESSIDADE DE DESSACRALIZAR O SEGREDO. PRECEDENTES (STF). PEDIDO DE RECONSIDERAÇÃO INDEFERIDO. (...) Entendo não competir, ao Poder Judiciário, sob pena de ofensa ao postulado da separação de poderes, substituir-se, indevidamente, à CPMI/Correios na formulação de um juízo – que pertence, exclusivamente, à própria Comissão Parlamentar de Inquérito – consistente em restringir a publicidade da sessão a ser por ela realizada, em ordem a vedar o acesso, a tal sessão, de pessoas estranhas à mencionada CPMI, estendendo-se essa mesma proibição a jornalistas, inclusive. Na realidade, *a postulação em causa, se admitida, representaria claro (e inaceitável) ato de censura judicial à publicidade e divulgação das sessões dos órgãos legislativos em geral, inclusive das Comissões Parlamentares de Inquérito.* Não cabe, ao Supremo Tribunal Federal, interditar o acesso dos cidadãos às sessões dos órgãos que compõem o Poder Legislativo, muito menos privá-los do conhecimento dos atos do Congresso Nacional e de suas Comissões de Inquérito, pois, nesse domínio, há de preponderar um valor maior, representado pela exposição, ao escrutínio público, dos processos decisórios e investigatórios em curso no Parlamento. (...) a liberdade de informação (que compreende tanto a prerrogativa do cidadão de receber informação quanto o direito do profissional de imprensa de buscar e de transmitir essa mesma informação) deveria preponderar no contexto então em exame. Não custa rememorar, neste ponto (...) que os estatutos do poder, numa República fundada em bases democráticas, não podem privilegiar o mistério. (...) *O novo estatuto político brasileiro – que rejeita o poder que oculta e que não tolera o poder que se oculta – consagrou a publicidade dos atos e das atividades estatais como expressivo valor constitucional, incluindo-o, tal a magnitude desse postulado, no rol dos direitos, das garantias e das liberdades fundamentais* (...). Impende assinalar, ainda, que o direito de acesso às informações de interesse coletivo ou geral – a que fazem jus os cidadãos e, também, os meios de comunicação social – qualifica-se como instrumento viabilizador do exercício da fiscalização social a que estão sujeitos os atos do poder público". [MS 25.832-DF, rel. Min. Celso de Mello, Informativo STF/416, de fevereiro de 2006]

3. Ação Penal

3.1. ENQUADRAMENTO LEGISLATIVO

Código Penal: Parte Geral – Título VII: Da Ação Penal (artigos 100 a 106).
Código de Processo Penal: Título III: Da Ação Penal (artigos 24 a 62).

3.2. CONCEITUAÇÃO E NATUREZA

O poder punitivo está dentre os deveres estatais sobre os quais recai o monopólio da jurisdição. No exercício desse monopólio, a União estruturou competências orgânicas constitucionais para o exercício do poder punitivo, destacando que a competência para a solução dos *casos penais* é do Poder Judiciário, considerando, ainda, como *funções essenciais à Justiça*, o Ministério Público da União e dos Estados (art. 127 da CF/88) e a Advocacia/Defensoria Pública (arts. 133 e 134 da CF/88).

Dessa estrutura constitucional resta evidente a posição *angular* estabelecida na relação processual travada entre acusação, juiz e defesa, apanágio do *sistema acusatório*, onde as funções de julgar e de acusar restam dissociadas.[70] A iniciativa da ação penal é, em regra, do Ministério Público (art. 129, I, da CF/88, salvo a exceção descrita no art. 5º, LIX, da CF/88), recaindo sobre o Poder Judiciário a atribuição fundamental de dirimir o litígio, bem como à Advocacia/Defensoria Pública, a de exercitar a defesa em toda a sua amplitude.

A maior parte da doutrina processual brasileira[71] reconhece a ação penal como um *direito público subjetivo* de exigir, por meio do processo, a manifestação da jurisdição sobre a pretensão punitiva estatal. A ação

---

[70] A doutrina processual majoritária considera o sistema brasileiro misto, ou seja, primordialmente acusatório, mas com resquícios inquisitoriais. Para uma visão crítica do assunto, ver: PRADO, cit.

[71] Por exemplo, TOURINHO FILHO, cit., p. 289.

penal seria, em outras palavras, o instrumento do exercício do *jus puniendi* estatal.

Embora esta seja a corrente majoritária, não se pode deixar de reconhecer que a doutrina do *direito público subjetivo* estatal relacionado ao *jus puniendi*, que tem suas origens na obra *Sistem der Subjektiven Öffentlichen Rechte*,[72] de Georg Jellinek (1892), revela alguma incompatibilidade com o nosso modelo constitucional, na medida em que a noção de *direito público* denota um certo grau de discricionariedade estatal quanto ao exercício do poder punitivo. Não se pode esquecer, como veremos adiante, que o princípio da obrigatoriedade da persecução penal (como regra geral, salvo em alguns crimes de ação penal privada e, excepcionalmente, mesmo em algumas ações públicas) é a antítese dessa discricionariedade, na medida em que não é dado, ao Estado, o poder de, fora dos casos constitucionalmente estabelecidos, renunciar ao *jus puniendi* e, conseqüentemente, não instaurar a ação penal. Em outras palavras: o princípio da obrigatoriedade da ação penal (regra geral), associado aos vínculos formais e materiais[73] à atividade estatal em matéria punitiva, é incompatível com a noção de *direito público subjetivo*.[74]

A ação penal exterioriza-se como uma relação jurídica de direito processual, *autônoma* e *independente*, não se confundindo com a relação jurídica de direito material. O Direito Penal seleciona, por meio do tipo penal, o ilícito que será objeto de sua tutela, transformando-o em injusto penal e, fazendo recair sobre ele o juízo de culpabilidade, individualizando o fato punível. A existência desse fato punível independe de uma ação penal instaurada, assim como uma ação penal instaurada não necessariamente depende da existência de um fato punível. Na primeira hipótese, pode-se pensar, por exemplo, na prática de um delito que, em razão do decurso do prazo prescricional, teve a punibilidade extinta em virtude da prescrição: aqui, poderíamos falar em fato punível sem que uma ação penal houvesse sido proposta. Na segunda hipótese, podemos lembrar da possibilidade de uma ação penal ser instaurada, sendo que o juiz, ao final, reconhece a inexistência do delito: teríamos ação penal sem fato punível. Isso demonstra, portanto, que a relação jurídica de direito processual *independe* da relação jurídica de direito material, e esta daquela, para que tenha existência.[75]

---

[72] Traduzida para a língua italiana: JELLINEK, Georg. *Sistema dei diritti pubblici subbiettivi*. Trad. por Gaetano Vitagliano. Milano: Società Editrice Libreria, 1912.

[73] Sobre o assunto, v. SCHMIDT, Andrei Zenkner. *O Princípio da Legalidade no Estado Democrático de Direito*, cit., caps. 3.1 e 4.1.

[74] Para uma visão mais detalhada dessa crítica: SCHMIDT, Andrei Zenkner. *O 'Direito de Punir'*, loc. cit., p. 84-101.

[75] ROMEIRO, Jorge Alberto. *Da Ação Penal*. Forense: Rio, 1978, p. 3 e segs.

No que tange à natureza do instituto *ação penal*, Frederico Marques caracteriza-a como "um instituto de processo, e não de direito material".[76] A premissa é correta, mas necessita de complementação. Enquanto instrumento de dinamização do *jus puniendi*, a ação penal tem, efetivamente, natureza processual. Contudo, não se pode esquecer que muitos institutos relacionados à ação penal, por produzirem efeitos indiretos na liberdade individual, não deixam de ter algum conteúdo material. Pode-se adotar, conseqüentemente, a classificação proposta por Taipa de Carvalho[77] no sentido de que as normas processuais (e, conseqüentemente, os institutos dela decorrentes) podem ser classificadas em *formais* (ou *técnicas*) e *materiais*: as primeiras regulam procedimento, sem qualquer reflexo na liberdade individual (*v.g.*: formalidades da denúncia, números de testemunhas etc.); as segundas, apesar de também regularem aspectos procedimentais, podem produzir reflexos diretos (*v.g.*: prisão preventiva, liberdade provisória etc.) ou indiretos (*v.g.*: representação, perdão do ofendido, transação penal etc.) na liberdade individual. Portanto, a ação penal pode ter ambos os aspectos, mas sempre que a sua normatividade tenha a natureza *processual material*, sujeita-se a vínculos jurídicos próprios dos institutos de Direito Penal, tais como irretroatividade da *lex gravior*, vedação da analogia *in mallam partem* etc.[78]

3.3. CLASSIFICAÇÃO DA AÇÃO PENAL QUANTO À LEGITIMIDADE ATIVA

Consoante destaca Boschi,[79] a ação penal, no modelo brasileiro, pode ser classificada – quanto à legitimidade ativa – da seguinte forma:

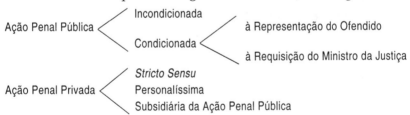

Prefacialmente, pode-se enfatizar a circunstância de a ação penal pública ter, por característica fundamental, o fato de sua iniciativa recair sobre o Ministério Público (Federal ou Estadual), por meio de

---

[76] MARQUES, José Frederico. *Elementos de Direito Processual Penal*. Bookseller: Campinas, 1997, vol. I, p. 284.

[77] TAIPA DE CARVALHO, Américo A. *Sucessão de Leis Penais*. Coimbra: Coimbra, 1990, p. 210-213.

[78] Sobre o assunto: SCHMIDT, Andrei Zenkner. *O Princípio da Legalidade*, cit., cap. 3.5.1.

[79] BOSCHI, José Antonio Paganella. *Ação Penal*. 2 ed. Rio de Janeiro: Aide, 1997, p. 162.

denúncia. Já a ação penal privada é aquela cuja iniciativa, nos casos expressamente previstos em lei, é do ofendido, por meio de *queixa*, peça processual que há de ser subscrita por advogado.

3.4. A DETERMINAÇÃO QUANTO À MODALIDADE DE AÇÃO PENAL

Em regra, o elemento determinante acerca da natureza da ação penal é a lei. O próprio Código Penal a define, fazendo-o da seguinte forma:

a) na ausência de disposição a respeito, a ação penal será *pública* (art. 100 do CP) *incondicionada* (art. 100, § 1º, do CP); é a regra geral;

b) nos casos de ação penal *pública condicionada*, o CP refere, normalmente, que: "somente se procede mediante *representação*" (*v.g*: art. 147, p. único, do CP; art. 153, § 1º, do CP);

c) em sendo hipótese de ação penal de iniciativa *privada*, utilizar-se-á o CP, em regra, das expressões: "somente se procede mediante *queixa*" (*v.g*: art. 145, 1ª parte, do CP; art. 179, p. único, do CP).

Nesse sentido, a definição em torno da modalidade da ação penal para determinado delito pode ser encontrada:

1) na Parte Especial do CP:

a) no próprio *artigo* que estabelece o tipo penal (art. 147 do CP);

b) no *capítulo* respectivo (art. 145 do CP);

c) no *título* respectivo (arts. 182 e 225 do CP).

2) em Leis Penais Especiais:

a) art. 15 da Lei nº 8.137/90 (disposição legal desnecessária, pois o silêncio da lei já atrairia a aplicação da regra geral do art. 100 do CP);

b) art. 26 da Lei nº 7.492/86;

c) art. 26 da Lei nº 9.605/98 etc.

Há, todavia, situações excepcionais, nas quais a modalidade de ação penal pode ser determinada:

3) em leis extra-penais (fora do CP):

a) art. 24, § 2º, do CPP;

b) art. 88 da Lei nº 9.099/95.

4) por interpretação jurisprudencial:

a) Súmula nº 608 do STF;

b) Súmula nº 714 do STF.

3.5. AÇÃO PENAL POPULAR

Como bem destaca Hélio Tornaghi,[80] "antes do aparecimento do Ministério Público a ação penal era promovida pelo ofendido (ação privada) ou por qualquer pessoa do povo (*quivis ex populo – ação*

---

[80] TORNAGHI, Hélio. *Curso de Processo Penal.* 7 ed. São Paulo: Saraiva, 1990, vol. 1, p. 37.

popular). Essa última era pública, mas não oficial. Pública porque o autor agia como cidadão (*ut civis*) e não como particular (*ut singuli*). Inoficial porque o autor não era órgão do Estado".

O instituto, embora vigorante à época da Constituição de 1946 (art. 141, § 37), deixou de ter previsão constitucional em nosso País, na medida em que a iniciativa da ação penal pública é, regra geral, do Ministério Público.

Há debate doutrinário acerca da persistência, ou não, da ação popular referida na Lei nº 1.079/50 (que define os crimes de responsabilidade do Presidente da República, dos Ministros de Estado, dos Ministros do STF, do Procurador-Geral da República, dos Governadores e Secretários de Estado) após a Constituição Federal de 1988, na medida em que os arts. 14, 41, 58 e 75 estabelecem a possibilidade de todo cidadão oferecer denúncia perante o órgão competente para julgar o crime de responsabilidade respectivo. Existem duas questões a serem dirimidas: a) a *denúncia* mencionada naqueles dispositivos legais tem a natureza de mera *delatio criminis* ou, ao contrário, possui a conotação técnica de peça processual que dá início ao procedimento? b) os crimes de responsabilidade arrolados na Lei nº 1.079/50 podem ser considerados *infrações penais* em sentido técnico?

Acerca desses problemas, Tourinho Filho[81] manifesta, ainda hoje, entendimento no sentido de que os *crimes de responsabilidade* definidos na Lei nº 1.079/50 têm natureza penal e, conseqüentemente, a denúncia referida nos dispositivos legais não é mera notícia de infração, mas sim verdadeira peça processual que dá início à ação penal popular. Nesse sentido, ainda haveria excepcionalmente, no Brasil, a ação penal popular, nos casos das infrações definidas na Lei nº 1.079/50.[82]

Cremos, contudo, equivocado tal entendimento. Com efeito, existem "crimes de responsabilidade" aos quais a lei atribui uma pena privativa de liberdade, assim como "crimes de responsabilidade" que, na verdade, possuem muito mais natureza de infração administrativa do que, propriamente, penal. Acerca dessa distinção, ressalta Damásio de Jesus[83] que "crime de responsabilidade, em sentido amplo, pode ser conceitualizado como um fato violador do dever do cargo ou função, apenado com uma sanção criminal ou de natureza política. Pode-se dizer que há crime de responsabilidade próprio, que constitui delito, e o impróprio, que corresponde à infração administrativa. Entre nós, são crimes de responsabilidade impróprios os definidos na Lei nº 1.079/50 (...)". Um delito de peculato, *v.g.*, é considerado um crime de responsabilidade próprio, na medida em que resta praticado com violação de

---

[81] TOURINHO FILHO, cit., p. 478-479.

[82] No mesmo sentido: TORNAGHI, cit., vol. 1, p. 38.

[83] JESUS, Damásio de. *Direito Penal*. 19 ed. São Paulo: Saraiva, 1995, p. 195.

INVESTIGAÇÃO CRIMINAL E AÇÃO PENAL

dever funcional e sancionado com pena privativa de liberdade (art. 312 do Código Penal), enquanto os supostos "crimes" previstos na Lei n° 1.079/50 são, a bem da verdade, infrações administrativas. Isso porque a Lei de Introdução ao Código Penal Brasileiro (Decreto-Lei n° 3.914/41) conceitualiza crime (sob o aspecto formal) da seguinte forma: *Considera-se crime a infração penal a que a lei comina pena de reclusão ou detenção, quer isoladamente, quer alternativa ou cumulativamente com pena de multa.* Trata-se, pois, de um conceito legal: só há crime quando, em tese, um fato é reprimido com uma sanção (ao menos alternativa) de restrição da liberdade (reclusão ou detenção).

Tal distinção foi inúmeras vezes destacada pelo STF em relação aos "crimes" de responsabilidade de Prefeitos: os crimes de responsabilidade previstos no art. 1° do Decreto-Lei n° 201/67 são infrações penais, enquanto os "crimes" de responsabilidade enunciados no art. 4° do mesmo diploma legal são infrações administrativas.[84] No julgamento do HC 70.671-PI, fora ressaltado que:

> (...) 1. Os crimes denominados de responsabilidade, tipificados no art. 1º do DL 201, de 1967, são crimes comuns, que deverão ser julgados pelo Poder Judiciário, independentemente do pronunciamento da Câmara de Vereadores (art. 1º); são de ação pública e punidos com pena de reclusão e de detenção (art. 1º, § 1º) e o processo é o comum, do CPP, com pequenas modificações (art. 2º). No art. 4º, o DL 201, de 1967, cuida das infrações politico-administrativas dos prefeitos, sujeitos ao julgamento pela Câmara dos Vereadores e sancionadas com a cassação do mandato. Essas infrações é que podem, na tradição do direito brasileiro, ser denominadas de crimes de responsabilidade. (...) [STF – HC 70.671-PI, Tribunal Pleno, rel. Min. Carlos Velloso, j. 13/04/94, DJU: 19/05/95].

Esclarecedora, nesse sentido, a síntese de Paulo Brossard,[85] para quem "a expressão 'crime comum', na linguagem constitucional, é usada em contraposição aos impropriamente chamados crimes de responsabilidade, cuja sanção é política, e abrange, por conseguinte, todo e qualquer delito". No caso em tela, ressaltam Luiz Flávio Gomes e Alice Bianchini[86] que "as sanções previstas aos agentes acima mencionados, por prática de quaisquer ilícitos tipificados no art. 10 da Lei n° 1.079/50, não possuem caráter penal, ainda que tenha o legislador se valido da locução 'crimes de responsabilidade', causando com isso

---

[84] "(...) Os crimes tipificados no art. 1° do Decreto-lei n. 201/67 *são comuns* e o processo a eles correspondentes pode ser instaurado perante o Judiciário durante ou após o exercício funcional. As infrações politico-administrativas dos prefeitos, *ou crime de responsabilidade*, previstas no art. 4° do mesmo Decreto-lei, são julgadas pela câmara dos vereadores durante o exercício do mandato, porque sancionadas com a cassação do mandato. Revisão da jurisprudência do Supremo Tribunal Federal na sessão plenária de 13.04.94, ao julgar o HC n. 70.671-1-PI. "Habeas-corpus" conhecido, mas indeferido. [STF – HC n° 71.390-RO, 2ª Turma, rel. Min. Maurício Correa, j. 21/02/95, DJU: 20/04/95, p. 9.947 – grifamos].

[85] BROSSARD, Paulo. *O Impeachment.* 3 ed. São Paulo: Saraiva, 1992, p. 71.

[86] GOMES, Luiz Flávio, BIANCHINI, Alice. *Crimes de Responsabilidade Fiscal.* São Paulo: RT, 2001, p. 22. No mesmo sentido: BITENCOURT, Cezar Roberto. *Crimes contra as finanças públicas e crimes de responsabilidade de Prefeitos.* São Paulo: Saraiva, 2002, p. XVII.

certa confusão acerca de seu verdadeiro significado. Vê-se, assim, que, apesar da existência do vocábulo 'crime', muitos são os casos em que a conduta não se encontra descrita em nenhuma norma penal, caracterizando, exclusivamente, um ilícito político-administrativo".

Assim, os ilícitos definidos na Lei n° 1.079/50 não podem ser considerados infrações penais em sentido estrito, ou seja, apesar de receberem o nome de *crimes de responsabilidade*, referem-se a infrações administrativas, não sendo por outra razão que, em alguns casos, são julgados por órgão do Poder Legislativo (*v.g.* Presidente da República, que é julgado pelo Senado Federal nos "crimes de responsabilidade"). A denúncia prevista nos citados dispositivos legais da Lei n° 1.079/50 tem muito mais conotação de mera *delatio* do que, propriamente, de peça processual, em termos semelhantes ao que ocorre no art. 100 da Lei n° 8.666/93. Conseqüentemente, se não podemos falar em *jus puniendi* em sentido técnico, impossível falar-se, também, em ação penal nos casos definidos na Lei n° 1.079/50. Daí que, em nosso modelo processual vigente, impossível falar-se em ação *penal* popular, no sentido de que qualquer pessoa do povo possa dar início à ação penal pública.[87] Na verdade, a questão é muito mais terminológica do que, propriamente, substancial.

3.6. AÇÃO PENAL NOS CRIMES COMPLEXOS

O crime é complexo, nas palavras de René Ariel Dotti, "quando o tipo se compõe de duas ou mais condutas que, por si mesmas, constituem infrações penais".[88] Seriam os casos do crime de roubo (art. 157 do CP), composto dos delitos de constrangimento ilegal (art. 146 do CP), ameaça (art. 147 do CP) ou lesões corporais leves (art. 129 do CP) associados ao delito de furto (art. 155 do CP).

Em decorrência disso, pode ocorrer de um dos crimes componentes do crime complexo ter uma ação penal prevista diversa daquela arrolada para o crime resultante. Assim, por exemplo, o crime de lesões corporais leves (art. 129 do CP) é de ação penal pública condicionada (art. 88 da Lei n° 9.099/95), sendo absorvido quando crime-meio de um delito de roubo, que é de ação penal pública incondicionada. Nesse caso, o art. 101 do CP estabelece que:

Art. 101. Quando a lei considera como elemento ou circunstância do tipo legal fatos que, por si mesmos, constituem crimes, cabe ação pública em relação àquele, desde que, em relação a qualquer destes, se deva proceder por iniciativa do Ministério Público.

---

[87] Nesse sentido: BOSCHI, cit., p. 174; MONTEIRO ROCHA, Francisco de Assis do Rêgo. *Curso de Direito Processual Penal*. Rio de Janeiro: Forense, 1999, p. 86.

[88] DOTTI, René Ariel. *Curso de Direito Penal – Parte Geral*. Rio de Janeiro: Forense, 2001, p. 367.

Assim, a ação penal será pública incondicionada sempre que o crime-fim tenha esta natureza, desprezando-se a ação penal do crime-meio. Noutro exemplo, o crime de denunciação caluniosa (art. 337 do CP) – embora não possa, tecnicamente, ser considerado um crime complexo[89] – traz em seu núcleo o crime de calúnia (art. 138 do CP), que é de ação penal privada (regra geral). Considerando-se a natureza do delito do art. 337 do CP, a ação penal pública sobrepõe-se à prevista para a do crime-meio.

No delito de estupro com violência real, o assunto ganha especial relevância. Com efeito, o CP, no art. 225, trouxe, como regra geral, a ação penal privada no caso de crimes contra os costumes. Ocorre que o delito de estupro pode ser praticado com violência real (constrangimento ilegal, ameaça ou lesões corporais leves) ou com violência ficta (art. 224 do CP). No primeiro caso, os crimes-meio são todos de ação penal pública, dando origem, com isso, ao debate acerca da natureza da ação penal nos casos em que o estupro ou o atentado violento ao pudor sejam praticados com violência real, face à redação do art. 101 do CP. Os tribunais, ainda hoje, orientam-se majoritariamente no sentido de que esse caso é de ação penal pública incondicionada, na medida em que o crime-meio possui essa natureza e, conseqüentemente, o crime-fim também passaria a tê-la. Foi editada, nesse sentido, a Súmula n° 608 do STF:

Súmula 608 – STF: No estupro, praticado mediante violência real, a ação penal é pública incondicionada (DJU: 29/10/1984, p. 8113).

O tema foi retomado a partir da edição da Lei n° 9.099/95, na medida em que o seu art. 88 estabeleceu, em relação ao crime de lesões corporais leves, que a ação penal passaria a ser pública condicionada à representação e, por essa razão, passou-se a cogitar a possibilidade de o crime de estupro, com lesões leves, também depender de representação. Mesmo com a alteração legislativa, a jurisprudência brasileira majoritária continuou entendendo que, nesse caso, a ação penal ainda é pública incondicionada.[90]

---

[89] Para maiores detalhes: SCHMIDT, Andrei Zenkner. Concurso Aparente de Normas Penais. *Revista Brasileira de Ciências Criminais*. São Paulo: RT, vol. 33, 2001, p. 67-100.

[90] "(...) O estupro absorve as lesões corporais leves decorrentes do constrangimento, ou da conjunção carnal, não havendo, pois, como separar estas, daquela, para se exigir a representação prevista no art. 88, da Lei n° 9.099/95" [STJ – HC 7.910 – PB, rel. Min. Anselmo Santiago, DJU: 23/11/1998]. – "A Súmula 608 do Supremo Tribunal Federal não perdeu vitalidade com a edição da Lei n° 9.099, de 1995. – Recurso especial conhecido e provido". [STJ – Resp 171426, 6ª Turma, rel. Min. Vicente Leal, j. 05/03/2002, DJU: 01/04/2002, p. 227]. "(...) O caso atrai a aplicação do art. 101 do CP, por meio do qual a legitimidade para intentar a ação penal, em se tratando de crime complexo, é exclusiva do ente ministerial. Afasta-se, com isso, a previsão do art. 225 do mesmo Estatuto, em face da posição sumular do Egrégio Supremo Tribunal Federal. Por essa razão, afigura-se inaceitável a manutenção da queixa-crime, mesmo que sobrestada, quando a sua existência não trará qualquer efeito introdutório de ação penal. Falta-lhe legitimidade e potencialidade para a ação respectiva, podendo ser objeto de futuras pendências jurídicas e

3.7. AÇÃO PENAL NOS CRIMES EM DETRIMENTO DE ENTES FEDERADOS

Pode ocorrer que um crime genuinamente de ação penal privada seja praticado em detrimento da União, dos Estados, do Distrito Federal ou dos Municípios. Com base nisso, seria uma contradição que a natureza da ação penal continuasse sendo a mesma em casos onde o interesse público é evidente. Por essa razão é que a Lei nº 8.699/93 introduziu o § 2º no art. 24 do CPP, estabelecendo que:

> Art. 24. (...) § 2º. Seja qual for o crime, quando praticado em detrimento do patrimônio ou interesse da União, Estado e Município, a ação penal será pública.

Exemplo: um crime de dano (art. 163 do CP) é, em sua forma simples, de ação penal privada (art. 167 do CP). Contudo, se o prejuízo patrimonial é em detrimento dos entes federados descritos no § 2º do art. 24 do CPP, então a ação penal passa a ser pública.

---

recursos infindáveis, cuja polêmica deve ser desde logo afastada. Ordem concedida". [STJ – HC 24643-RJ, 5ª Turma, rel. Min. José Arnaldo da Fonseca, j. 05/12/2002, DJU: 19/12/2002, p. 388]. "(...) O emprego de violência real para a consumação do delito de estupro, resultando em lesões corporais na vítima, configura crime complexo que atrai para si a aplicação do disposto no art. 101 do Código Penal e afasta a incidência do art. 225 do mesmo Código, porquanto as lesões corporais admitem ação penal publica incondicionada. 2. É irrelevante a discussão acerca da validade ou não da retratação da representante legal da vitima diante de crime de estupro com violência real, cuja iniciativa para promover a ação penal cabe ao Ministério Publico. 3. *Habeas Corpus* indeferido". [STF – HC 73411-MG, 2ª Turma, rel. Min. Maurício Correa, j. 13/02/1996, DJU: 03/05/1996, p. 13.902]. Em que pese esse entendimento seja majoritário, alguns pontos polêmicos ainda assim podem ser destacados: a) o crime de estupro não pode ser considerado, tecnicamente, um crime complexo, na medida em que não se trata de crime autônomo composto de dois outros já considerados delituosos. Por essa razão, o art. 101 do CP já se torna de duvidosa aplicabilidade ao caso; b) o art. 101 do CP não estabelece que o delito resultante deva ser de ação penal pública incondicionada, mas sim que a ação penal pública deverá ser de iniciativa do Ministério Público, circunstância esta também presente nos casos em que se exige representação do ofendido; c) parece evidente a contradição no entendimento de que um crime de ação privada, composto de um crime de ação pública condicionada, possa resultar num crime de ação pública incondicionada. Se nenhum dos delitos tem essa natureza, é óbvio que o resultado não poderá ser esse; d) a tutela jurídica dos crimes de estupro e atentado violento ao pudor, no CP brasileiro, confere especial primazia ao interesse da vítima em sopesar o desgaste que uma ação penal poderá acarretar em sua vida pessoal caso venha a ser instaurada. Por essa razão é que, como regra geral, a ação penal é privada (art. 225 do CP). Nesse caso, seria uma incongruência que o crime mais grave (estupro) sofresse uma alteração na natureza da persecução penal em razão do crime menos grave. Ademais, se este, hoje, depende de representação, o mínimo que se pode esperar é o reconhecimento do direito da vítima de realizar a opção pelo início, ou não, da persecução penal; e) por fim, outra contradição pode ser revelada em considerar o crime de estupro com violência presumida como de ação penal privada (salvo nas hipóteses dos §§ 1º e 2º do art. 225 do CP), ao passo que o mesmo delito, com violência real, de ação penal pública incondicionada: é sabido que, muitas vezes, o estupro com violência presumida assume gravidade jurídica igual ou até maior que o praticado com violência real. Por todas essas razões, pensamos que os crimes contra os costumes, mesmo com violência real, continuam sendo de ação penal privada, e, quando verificados por meio de lesões corporais leves ou ameaça, dependem de representação. No mesmo sentido do texto, em relação ao crime-meio lesões corporais leves: GRINOVER, Ada Pellegrini *et al*. *Comentários à Lei nº 9.099, de 26/09/95*. São Paulo: RT, 1995, p. 186; LIMA, Marcellus Polastri. *Curso de Processo Penal*. Rio de Janeiro: Lumen Juris, 2002, p. 235.

INVESTIGAÇÃO CRIMINAL E AÇÃO PENAL

O § 2º não menciona se esta ação pública será condicionada ou incondicionada. Não obstante a omissão, parece evidente que o interesse público manifesto nessa regra tornaria uma incongruência a exigência de representação, ou seja, trata-se de crime de ação penal pública incondicionada.

Outro erro em que incidiu o § 2º foi a omissão em relação ao Distrito Federal, até mesmo porque não há razão plausível para que este ente federado tenha sido excluído da regulação. Muito embora o tema não tenha sido enfrentado pela doutrina e pela jurisprudência pátrias, cremos que tal omissão não pode ser suprida, na medida em que tal regra tem a natureza de norma processual material e, por essa razão, a vedação de analogia *in mallam partem* é inteiramente aplicável.[91] Conseqüentemente, e por mais paradoxal que isso possa parecer (sempre lembrando que, em matéria penal, a *coerência* jurídica muitas vezes esbarra no princípio da legalidade), um crime de dano em prejuízo do Distrito Federal é de ação penal privada.

O mesmo não sucede, todavia, se o delito – em princípio, de ação penal privada – for praticado em detrimento de empresa pública ou sociedade de economia mista, hipótese em que afetado estará, mais ou menos remotamente, o interesse e/ou patrimônio da pessoa jurídica de direito público (União, Estado ou Município) a que essa entidade esteja vinculada. Nesse caso, um crime de dano ou de fraude à execução contra uma agência da Caixa Econômica Federal, por exemplo, seria de ação penal pública.

3.8. HIPÓTESE EXCEPCIONAL DE "LEGITIMIDADE CONCORRENTE"

O art. 145 do CP estabelece que os crimes contra a honra, quando praticados em detrimento de funcionário público, e relacionados às suas funções, passam a ser de ação penal pública condicionada. O mesmo ocorreu na Lei de Imprensa (art. 40, I, "b", da Lei nº 5.250/67).

Sobre o assunto, ressalta Boschi[92] que "quando o legislador conferiu ao Ministério Público o poder de se substituir ao funcionário público foi visando não sobrecarregar a este último com o ônus do processo". A razão para que a natureza da ação penal deste delito seja excepcionada é que "tal disposição se baseia no fato de que interessa à administração conhecer o conteúdo e o âmbito da acusação a fim de, eventualmente, vir a aplicar a devida punição. Há um interesse no resguardo da integridade da função pública".[93]

---

[91] Sobre o assunto, v.: SCHMIDT, Andrei Zenkner. *O Princípio da Legalidade*, cit., cap. 3.3.2.

[92] *Ação Penal*, cit., p. 175.

[93] TRF/4ª Região, HC 200104010862930/PR, 7ª Turma, j. 26/02/2002, DJU: 20/03/2003, p. 1411.

Apesar da previsão legal, entretanto, a jurisprudência brasileira vem entendendo que, nos crimes contra a honra de funcionário público *propter officium*, a legitimidade para o início da persecução é tanto do ofendido, em ação penal privada, quanto do Ministério Público, em ação penal pública condicionada, a teor do disposto no parágrafo único do artigo 145 do CP. Privada porque, segundo assentou o STF no *leading case* acerca da matéria,[94] é inadmissível que "só por ser funcionário e ter sido moralmente agredido em função do exercício do cargo público – o que não ilide o dano a sua honorabilidade pessoal – o ofendido não a possa defender pessoalmente em juízo – como seria próprio a qualquer outro cidadão – mas tenha de submeter previamente a sua pretensão de demandar a punição do ofensor ao juízo do Ministério Público". Assim, caberia ao funcionário público oferecer queixa-crime contra seu ofensor ou representar ao Ministério Público para que este procedesse ao oferecimento da denúncia, ou seja, haveria legitimidade concorrente no pólo ativo da demanda.

Essa solução, tranqüila na jurisprudência,[95] foi, inclusive, objeto da Súmula 714 do STF.[96] Cabe esclarecer, entretanto, que, eleita pelo ofendido uma ou outra via (ação pública condicionada ou ação privada), não se transmudam os princípios de uma para outra modalidade de ação. Assim, por exemplo, se a ação penal iniciar-se por meio de denúncia, acompanhada da devida representação, não pode o funcionário público, no curso da demanda, perdoar o réu. Caso opte pela via da ação penal pública condicionada, o ofendido tem, ainda, a possibilidade de habilitar-se como assistente da acusação, circunstância em que poderá intervir no processo, inclusive mediante a interposição de recurso contra a decisão concessiva de *habeas corpus*, conforme recentemente decidiu o STF.[97]

---

[94] Inq. Agr. 726-RJ, Tribunal Pleno, rel. Min. Celso de Mello, rel. para o acórdão Min. Sepúlveda Pertence, j. 10/11/93, DJU: 24/04/04.

[95] STJ – HC 33544, 6ª Turma, rel. Min. Paulo Gallotti, j. 16/03/2004, DJU: 19/04/2004, p. 243. No mesmo sentido: STF – HC 71845-RS, 2ª Turma, rel. Min. Francisco Rezek, j. 21/03/1995, DJU 03/05/1996, p. 13889; STJ – HC 24149-MG, 5ª Turma, rel. Min. José Arnaldo da Fonseca, j. 21/10/2003, DJU: 24/11/2003, p. 333; TRF/1ª Região, 4ª Turma, RCCr 200239000018488/PA, rel. Juiz I'Talo Fioravanti Sabo Mendes, j. 07/10/2003, DJU: 17/10/2003, p. 29; TRF/3ª Região – HC 200303000426257-SP, 5ª Turma, rel. Juíza Ramza Tartuce, j. 12/04/2004, DJU: 27/04/2004, p. 556.

[96] Súmula 714 – STF: "É concorrente a legitimidade do ofendido, mediante queixa, e do Ministério Público, condicionada à representação do ofendido, para a ação penal por crime contra a honra de servidor público em razão do exercício de suas funções".

[97] *"Assistente da acusação e intervenção em HC.* O servidor público ofendido *propter officium* e regularmente admitido como assistente da acusação em ação penal pública condicionada tem legitimidade para recorrer da decisão que defere *habeas corpus*. Com base nesse entendimento, a Turma, rejeitando embargos de declaração opostos de decisão que deferira *habeas corpus* impetrado por denunciado pela suposta prática de crime de difamação, reconheceu a legitimidade da embargante, magistrada supostamente ofendida, que atuara como assistente da acusação nos autos da ação penal pública condicionada. Atentou-se para uma peculiaridade do caso, qual seja, a de que a juíza, sentindo-se difamada em razão do exercício do cargo, preferira representar ao

3.9. É POSSÍVEL UMA AÇÃO SER PÚBLICA E PRIVADA AO MESMO TEMPO?

Há uma possibilidade legal de uma ação penal ser, ao mesmo tempo, pública e privada, pelo menos sob uma determinada perspectiva. Imagine-se a hipótese de um brasileiro ser vítima, no estrangeiro (art. 7º, § 3º, do CP), de crime de ação penal privada, isso de acordo com nossa legislação. Pense-se, por exemplo, num crime de estupro – que poder ser de ação penal privada, a teor do disposto no art. 225 do CP – praticado por estrangeiro contra brasileiro, no exterior. Segundo nosso CP, a ação penal inicia-se por meio de queixa-crime; parece-nos, todavia, que esta queixa, no Brasil, só poderia ser oferecida caso acompanhada de requisição do Ministro da Justiça (art. 7º, § 3º, "b", do CP). Assim, quanto à iniciativa, a ação é privada; quanto à condição de procedibilidade, condicionada à requisição.

3.10. CONEXÃO ENTRE CRIME DE AÇÃO PÚBLICA E DE AÇÃO PRIVADA: HIPÓTESE DE LITISCONSÓRCIO ATIVO NO PROCESSO PENAL

Havendo conexão ou continência entre um crime de ação pública com outro de ação privada, deverá ser oferecida uma denúncia em relação àquele e – se assim o desejar o ofendido – uma queixa-crime em relação a este. Trata-se de nítida hipótese de litisconsórcio ativo no âmbito do processo penal brasileiro.

Nada impede, entretanto, que a separação das ações seja efetivada, se conveniente, nos termos do art. 80 do CPP.

3.11. AÇÃO PENAL: CASOS ESPECIAIS

3.11.1. Ação penal nos crimes contra os costumes

Como afirmado antes, vem predominando o entendimento jurisprudencial no sentido de que a ação penal, nos crimes contra os costumes, depende da verificação de violência real: caso existente, em qualquer hipótese, a ação seria pública incondicionada. Nos casos de violência presumida (art. 224 do CP), a ação penal seria privada, salvo

Ministério Público, tendo-se, assim, deflagrado a ação penal pública condicionada. No entanto, se tivesse optado pela ação penal privada, e esta tivesse sido trancada por via do HC, não se poderia obstar a intervenção da suposta ofendida no *writ* impetrado pelo querelado, já que avultaria, na hipótese, o interesse daquela pelo prosseguimento da ação penal. Concluiu-se, dessa forma, que a opção feita pela suposta ofendida não poderia prejudicá-la. Precedente citado: RE 387974/DF" [STF – HC-ED 85.669-RS, 2ª Turma, rel. Min. Ellen Gracie, j. 14/02/06, DJU: 10/03/06, informativo STF/416, de fevereiro de 2006].

na hipótese de miserabilidade da vítima ou de seus pais – em que a ação penal é pública condicionada à representação[98] – ou de abuso de pátrio poder, ou da qualidade de tutor ou curador – em que a ação é pública incondicionada.

Esta solução jurisprudencial, na verdade, transformou a regra (ação penal privada) em exceção.

3.11.2. Ação penal nas contravenções penais

As contravenções penais (em sua maioria, arroladas no Decreto-Lei nº 3.688/41), ante a ausência de previsão legal em sentido contrário, são de ação penal pública incondicionada.

Este entendimento, contudo, há de ser temperado nos casos em que a contravenção penal faça parte de uma progressão criminosa para um delito de ação penal pública condicionada ou privada. Conseqüentemente, seria uma contradição jurídica que a contravenção de vias de fato (art. 21 do DL 3.688/41) fosse de ação pública incondicionada, mas as lesões leves (art. 129 do CP) dela decorrentes dependessem de representação. Parece possível reconhecer-se que, em ambos os casos, a denúncia se sujeita à condição de procedibilidade. Assim, em que pese entendimento contrário do STJ,[99] se a ação penal tem por objeto o delito de lesões corporais leves ou culposas, eventual transação ou mesmo renúncia ao direito de ação impede que a persecução penal tenha início em relação à contravenção penal de vias de fato.

3.11.3. Ação penal no abuso de autoridade

A redação dos arts. 1º e 2º da Lei nº 4.898/65 ensejou dúvidas acerca da natureza da ação penal nos crimes de abuso de autoridade,

---

[98] "Concluído julgamento de habeas corpus em que se pretendia a nulidade de processo penal pelo qual o paciente fora condenado por atentado violento ao pudor (CP, art. 214) e por resistência (CP, art. 329), sob a alegação de ofensa, na espécie, ao art. 225, *caput*, do CP, dado que o Ministério Público não possuiria legitimidade para propor ação penal, em face da ausência das hipóteses previstas no § 1º, I e II, do mesmo dispositivo — v. Informativo 404. Entendendo incidente, na espécie, o inciso I do § 1º do art 225 do CP (miserabilidade), a Turma indeferiu o writ. Asseverou-se não haver nada documentado no processo a comprovar que a vítima e sua representante tivessem condições financeiras para não se enquadrarem naquela situação, mas, que dos autos, infere-se que a última é trabalhadora doméstica, circunstância já reconhecida por este Tribunal como suficiente para presumir a hipossuficiência, além do que é divorciada, sendo falecido o pai do menor. Quanto à representação para ação penal pública, considerou-se ser suficiente a demonstração inequívoca do interesse na persecução criminal, e que, por tratar-se de notícia-crime coercitiva, qual a prisão em flagrante, bastaria a ausência de oposição expressa ou implícita da vítima ou de seus representantes, de tal modo que, pelo contexto dos fatos e da condução do processo, se verificasse a intenção de se prosseguir no processo, como no caso". [HC 86058/RJ, rel. Min. Sepúlveda Pertence, Informativo STF/407, de outubro de 2005].

[99] "(...) O paciente foi denunciado por lesão corporal culposa e também pela pratica das contravenções de vias de fato e direção perigosa, as quais não dependem de representação, pois sujeitam-se a ação penal publica incondicionada (art. 17 LCP). 2. Recurso conhecido e improvido". [STJ – RHC 6843-SP, 6ª Turma, rel. Min. Fernando Gonçalves, j. 04/11/1997, DJU: 24/11/1997, p. 61.286].

na medida em que o dispositivo legal fazia menção à representação do ofendido. Firmou-se o entendimento, contudo, no sentido de que a representação referida na Lei n° 4.898/65 tem a natureza de mera *notitia criminis*, e não de condição de procedibilidade ao oferecimento da denúncia. Assim, o crime de abuso de autoridade é de ação penal pública incondicionada.[100]

3.11.4. Ação penal nos crimes de sonegação fiscal

Discute-se cerca da natureza da ação penal no que tange aos delitos de sonegação fiscal, notadamente aqueles definidos na Lei n° 8.137/90. Conquanto o art. 15 da Lei n° 8.137/90 seja expresso em defini-los como crimes de ação penal pública incondicionada, origi-nou-se o debate a partir da edição da Lei n° 9.430/96, que, em seu art. 83, estabelece que:

> Art. 83. A representação fiscal para fins penais relativa aos crimes contra a ordem tributária definidos nos arts. 1º e 2º da Lei nº 8.137/90, será encaminhada ao Ministério Público após proferida a decisão final, na esfera administrativa, sobre a exigência fiscal do crédito tributário correspondente.

A partir dessa regra, parte da doutrina brasileira passou a enten-der que os crimes de sonegação fiscal seriam de ação penal pública condicionada à representação da Receita Federal.[101] Prevaleceu o en-

---

[100] "(...) Em se tratando de crime de abuso de autoridade – Lei n° 4.898/65 – eventual falha na representação, ou sua falta, não obsta a instauração da ação penal. Isso nos exatos termos do art. 1° da Lei n° 5.249/67, que prevê, expressamente, não existir, quanto aos delitos de que trata, qualquer condição de procedibilidade. Habeas corpus denegado". [STJ – HC 19124-RJ, rel. Min. Felix Fischer, j. 02/04/2004, DJU: 22/04/2002, p. 226].

[101] "Considerar que a representação aludida no dispositivo significa tão-só mera comunicação ao Ministério Público da existência do ilícito tributário () é votar o dispositivo à ociosidade, tornando absolutamente supérflua a norma" (AZEVEDO, David Teixeira de. 'A Representação Penal e os Crimes Tributários: Reflexão sobre o art. 83 da Lei n° 9.430/96'. *Revista Brasileira de Ciências Criminais*. São Paulo: RT, jul/set-1997, vol. 05, n. 19, p. 113). No mesmo sentido: CAPRARO, Osvaldo; ABUSSAMRA, Michel Calfat. 'Algumas Considerações sobre os Crimes de Ordem Tributária'. *Revista Dialética de Direito Tributário*, n. 65, fev/2001, p. 89; PENIDO, Flavia Valeria Regina. 'O Artigo 83 da Lei 9.430/96 – Interpretação'. In *Cadernos de Direito Tributário e Finanças Públicas*, São Paulo, ano 5, n. 20, jul/set-1997, p. 157-161; PIZOLIO JÚNIOR, Reinaldo. 'Os Crimes Contra a Ordem Tributária e a Questão da Condição de Procedibilidade'. *Revista Dialética de Direito Tributário*, n. 25, out-1997, p. 97; TUCCI, Rogério Lauria. 'Breve Estudo sobre a Ação Penal Relativa a Crimes contra a Ordem Tributária'. *Revista do Advogado*, n. 53, out-1998, p. 14; VIDIGAL, Edson Carvalho. 'Fluxos de Cadeia ou de Caixa: o Exaurimento da Instância Administrativo-fiscal como Condição de Punibilidade'. In *Lex – Jurisprudência do Superior Tribunal de Justiça e Tribunais Regionais Federais*, ano 11, n. 120, ago-1999, p. 15. MACHADO, Hugo de Brito. 'A Ação Penal nos Crimes Contra a Ordem Tributária'. *Revista Trimestral de Jurisprudência dos Estados*, ano 23, n. 173, nov/dez-1999, p. 18; MACHADO, Hugo de Brito. 'Algumas Questões Relativas aos Crimes contra a Ordem Tributária'. *Revista dos Tribunais*, São Paulo, ano 87, n. 751, mai-1998, p. 460), embora este autor faça evidente confusão entre condição de procedibilidade e questão prejudicial, na medida em que refere ambas: "Resulta evidente, portanto, que em relação aos crimes previstos nos arts. 1° e 2° da Lei n° 8.137, a ação pena é pública condicionada à representação da autoridade administrativa. (...) Razoável, outrossim, é considerar-se que a decisão final da Administração não constitui propriamente uma condição de procedibilidade, mas uma questão prejudicial" (MACHADO, Hugo de Brito. *Estudos de Direito Penal Tributário*. São Paulo: Atlas, 2002, p. 122-129).

tendimento, entretanto, no sentido de que a *representação* a que faz menção o dispositivo é mero procedimento administrativo da Receita Federal, não podendo ser considerada condição necessária à propositura da ação penal.[102]

No âmbito jurisprudencial, decidiu o STF no sentido de que a ação penal, cujo objeto seja o delito de sonegação fiscal, poderia ser proposta independentemente da *representação fiscal* para fins penais a que faz menção o art. 83 da Lei n° 9.430/96. Em ADIn proposta contra tal dispositivo legal, o STF assim manifestou-se:

> Ação direta de inconstitucionalidade. 2. Art. 83 da Lei no 9.430, de 27.12.1996. 3. Argüição de violação ao art. 129, I da Constituição. Notitia criminis condicionada "à decisão final, na esfera administrativa, sobre a exigência fiscal do crédito tributário". 4. A norma impugnada tem como destinatários os agentes fiscais, em nada afetando a atuação do Ministério Público. É obrigatória, para a autoridade fiscal, a remessa da notitia criminis ao Ministério Público. 5. Decisão que não afeta orientação fixada no HC 81.611. Crime de resultado. Antes de constituído definitivamente o crédito tributário não há justa causa para a ação penal. O Ministério Público pode, entretanto, oferecer denúncia independentemente da comunicação, dita "representação tributária", se, por outros meios, tem conhecimento do lançamento definitivo. 6. Não configurada qualquer limitação à atuação do Ministério Público para propositura da ação penal pública pela prática de crimes contra a ordem tributária. 7. Improcedência da ação. [STF – ADI 1571-DF, rel. Min. Gilmar Mendes, DJU: 30/04/04].

Este último entendimento parece ser, efetivamente, o mais correto. Com efeito, o fundamento do direito de representação vai de encontro à sua exigência nos crimes fiscais, na medida em que os casos de ação penal pública condicionada têm sua gênese na opção, conferida pelo legislador, à vítima do delito a fim de que pondere a conveniência do início da ação penal pública. Em outras palavras: a exigência de

---

102 FELDENS, Luciano. *Tutela Penal de Interesses Difusos e Crimes do Colarinho Branco*, cit., p. 203-208. No mesmo sentido: "O art. 83 da Lei n° 9.430/96 define um momento para o encaminhamento da representação fiscal, mas não limita ao encerramento do processo administrativo a iniciativa da denúncia (...). Desta forma, entendo que o Ministério Público tem o dever de ofício de denunciar, pois o art. 129, inc. I, suporta está condição" (CAMPOS NETO, Alcides Silva de. 'Os Crimes contra a Ordem Tributária e a Denúncia do Ministério Público'. In *Cadernos de Direito Tributário e Finanças Públicas*, ano 6, n. 22, jan/mar-1998, p. 197). "A representação a que alude o citado artigo não passa de uma 'notitia criminis', na qual a autoridade fazendária, já tendo a certeza da materialidade delitiva, a comunica ao Ministério Público para que este, titular da ação penal, a promova" (FIGUEIREDO, Alex Nunes de. 'Os Crimes Materiais Contra a Ordem Tributária e a Ação Penal Respectiva'. *Revista dos Tribunais*, São Paulo, ano 88, vol. 767, p. 482); FONTELES, Cláudio Lemos. 'A Constituição do Crédito Tributário não é Condição Objetiva de Punibilidade aos Delitos contra a Ordem Tributária'. *Revista dos Tribunais*, São Paulo, ano 91, vol. 796, fev-2002, p. 496; JESUS, Damásio E. de. 'A Questão da Representação na Ação Penal por Delito Tributário (Lei n. 9.430/96, Artigo 83)'. In *Cadernos de Direito Tributário e Finanças Públicas*, ano 5, n. 20, jul/dez-1997, p. 150; PIRAÍNO, Adriana. 'A Ação Penal nos Crimes contra a Ordem Tributaria e o Art. 83 da Lei 9.430/96'. In *Cadernos de Direito Tributário e Finanças Públicas*, São Paulo, ano 5, n. 21, out/dez-1997, p. 111-115; SILVA, Aloísio Firmo Guimarães da. 'Considerações sobre a Natureza Jurídica da Norma Prevista no Art. 83 da Lei 9.430/96'. *Revista Brasileira de Ciências Criminais*, São Paulo, ano 6, n. 23, jul/set-1998, p. 147-154; RIBAS, Lídia Maria Lopes Rodrigues. *Questões Relevantes do Direito Penal Tributário*. São Paulo: Malheiros, 1997, p. 76; FERREIRA, Roberto dos Santos. *Crimes contra a Ordem Tributária*. 2 ed. São Paulo: Malheiros, 2002, p. 137; PALHARES, Cinthia Rodrgiues Menescal. *Crimes Tributários: uma visão prospectiva de sua despenalização*. Rio de Janeiro: Lumen Juris, 2004, p. 33.

representação decorre da relevância do interesse da parte no início da persecução penal. Ora, tal característica é evidentemente incompatível com os crimes de sonegação fiscal, cujo bem jurídico tutelado é de ordem difusa (assim entendidos o erário e a fé pública, como elementos essenciais à higidez da ordem tributária), sem vítimas determinadas e preponderantemente público. Por outro lado, seria incabível pensar-se em discricionariedade, de parte da autoridade fazendária, em efetuar, ou não, a representação fiscal para fins penais, até mesmo porque, a teor do art. 142 do CTN, estamos diante de atividade vinculada.

Portanto, pelo menos legalmente, os crimes de sonegação fiscal são considerados de ação penal pública incondicionada. Esta conclusão, contudo, há de ser cotejada com a atual posição do STF, no que condiciona a existência de justa causa para a ação penal à necessidade de prévio esgotamento da esfera administrativa:

> EMENTA: I. Crime material contra a ordem tributária (L. 8137/90, art. 1º): lançamento do tributo pendente de decisão definitiva do processo administrativo: falta de justa causa para a ação penal, suspenso, porém, o curso da prescrição enquanto obstada a sua propositura pela falta do lançamento definitivo. 1. Embora não condicionada a denúncia à representação da autoridade fiscal (ADInMC 1571), falta justa causa para a ação penal pela prática do crime tipificado no art. 1º da L. 8137/90 – que é material ou de resultado –, enquanto não haja decisão definitiva do processo administrativo de lançamento, quer se considere o lançamento definitivo uma condição objetiva de punibilidade ou um elemento normativo de tipo. 2. Por outro lado, admitida por lei a extinção da punibilidade do crime pela satisfação do tributo devido, antes do recebimento da denúncia (L. 9249/95, art. 34), princípios e garantias constitucionais eminentes não permitem que, pela antecipada propositura da ação penal, se subtraia do cidadão os meios que a lei mesma lhe propicia para questionar, perante o Fisco, a exatidão do lançamento provisório, ao qual se devesse submeter para fugir ao estigma e às agruras de toda sorte do processo criminal. 3. No entanto, enquanto dure, por iniciativa do contribuinte, o processo administrativo suspende o curso da prescrição da ação penal por crime contra a ordem tributária que dependa do lançamento definitivo. [STF – HC 81611-DF, Tribunal Pleno, rel. Min. Sepúlveda Pertence, j.10/12/2003, DJU: 13/05/05]

Com essa decisão, o STF estabeleceu, pragmaticamente, que os crimes de sonegação fiscal têm sua consumação diferida no tempo, uma vez que sua indubitável verificação estaria condicionada ao advento de uma decisão definitiva na seara administrativa, ausente a qual não se poderia afirmar evidenciada a elementar "tributo", presente no art. 1º da Lei nº 8.137/90.[103] Se assim o é, também a prescrição da pretensão punitiva não estaria a fluir antes de esgotada a esfera administrativa, porquanto inexistiria, até então, a própria pretensão punitiva. Outrossim, rompe-se com a hipótese (desde antes duvidosa, pela natureza do tipo penal) de prisão em flagrante pelo delito do art. 1º da Lei nº 8.137/90.

---

[103] Sobre tanto, ver, particularmente, o voto proferido pelo Min. Cezar Peluso no julgamento referido (HC 81.611). Conquanto existam sólidas razões a justificarem o *decisum* sob comento, uma visão crítica sobre tal posicionamento pode ser encontrada em FELDENS, Luciano, *Tutela Penal*, cit., p. 203-208. Para uma visão mais detalhada, ver: SCHMIDT, Andrei Zenkner. *Exclusão da Punibilidade em Crimes de Sonegação Fiscal*. Rio de Janeiro: Lumen Juris, 2003.

3.12. EXIGÊNCIAS COMUNS ÀS DIVERSAS MODALIDADES DE AÇÃO PENAL

3.12.1. Condições da ação

A doutrina brasileira costuma reconhecer, em termos semelhantes ao que ocorre no processo civil,[104] as seguintes condições da ação penal: possibilidade jurídica do pedido, interesse de agir e legitimidade de partes. Há quem reconheça, contudo, uma quarta condição da ação: a justa causa.

3.12.1.1. Possibilidade jurídica do pedido

Trata-se, na dicção de Liebman, da *dallammissibilitá in astratto del provvedimento domandato*;[105] é dizer: no âmbito criminal, o exercício da ação pressupõe a prévia existência de norma de direito penal amparando o pedido; ou seja: tipicidade penal. A possibilidade jurídica do pedido verifica-se, pois, ante a adequação do fato narrado na denúncia à definição legal do delito.

A rejeição da denúncia, tendo como fundamento a insuficiência de suporte fático a enquadrar resguardo típico (art. 43, I, do CP), faz coisa julgada material, assim como a decisão de arquivamento do inquérito, se assim tiver requerido o Ministério Público pelas mesmas razões.

3.12.1.2. Interesse de agir

A pretensão persecutória do Estado (*jus puniendi*) só deve ser iniciada nos casos concretos em que o interesse público estatal na solução da lide esteja presente. É importante lembrar que o *interesse de agir* não é subjetivo, mas jurídico: não se trata de avaliar a "vantagem" da propositura da ação penal para o seu autor, mas sim a *viabilidade jurídica* da pretensão descrita na exordial acusatória, ou seja, a necessidade da tutela penal. Cuida-se, nas palavras de Tourinho Filho,[106] de um interesse de natureza processual, que não se confunde com o interesse material das partes envolvidas.

Quanto à legitimidade ativa, faltaria interesse de agir, por exemplo, nos casos em que uma ação é proposta diante de uma excludente da tipicidade, da ilicitude ou da culpabilidade, cuja verificação, já no

---

[104] É importante frisar, contudo, que é um equivoco pensar-se num perfeito paralelo travado entre processo penal e processo civil. Com efeito, a natureza do processo penal, por envolver primordialmente a liberdade individual, não pode ficar sujeita a institutos que se orientam, ainda que em certa medida, ao direito privado. Sobre o tema, v.: LOPES JR., Aury. *Introdução...* cit.

[105] LIEBMAN, Enrico Tullio, *Lezione de Diritto Processuale Civile, v. I, Nozione Introduttive, Parte Generale*, 1951, Dott A. Giufrrè Editore, p. 42. *Apud* Boschi, cit., p. 77.

[106] TOURINHO FILHO, cit., p. vol. 1, p. 509.

INVESTIGAÇÃO CRIMINAL E AÇÃO PENAL

início da demanda, esteja cabalmente demonstrada. Se as provas acostadas à exordial evidenciam, com satisfatória plausibilidade, que a sentença, ao final, será absolutória, impossível falar-se em proposição justificada da ação penal, ante a sua evidente desnecessidade.

Para os que admitem a prescrição retroativa antecipada (prescrição em perspectiva), faltaria interesse de agir na propositura de uma ação que, evidentemente, estaria fadada à extinção da punibilidade.[107]

Por outro lado, para aqueles que entendem que o encerramento da instância fiscal-administrativa é condição necessária à propositura da ação penal nos delitos de sonegação fiscal, também haveria ausência de interesse processual no oferecimento da denúncia antes da constituição do crédito tributário.

Por fim, reconheceu-se a ausência da mesma condição da ação no caso de oferecimento da denúncia em relação a crime de apropriação indébita de contribuição previdenciária quando o agente, antes do recebimento da denúncia, aderiu ao REFIS (art. 15 da Lei n° 9964/00).[108]

Quanto à legitimidade (material) passiva, faltaria interesse de agir, por exemplo, nos seguintes casos:

a) recurso de apelação interposto objetivando alterar o fundamento de uma sentença absolutória;[109]

b) impetração de *habeas corpus* objetivando trancamento de ação penal nos casos de aceitação de suspensão condicional do processo;[110]

---

[107] "(...) 1. Examinados os autos e verificando que a única pena viável ensejará fatalmente a prescrição retroativa, impõe-se decretar antecipadamente a extinção da punibilidade. 2. Sendo indiscutível a causa extintiva da punibilidade, por economia processual e política criminal, em razão de o processo representar um intenso ônus para o réu, deve-se reconhecer a prescrição pela pena supostamente aplicável. 3. Constata-se, na espécie, que se torna a parte autora carecedora de ação pela superveniente falta de interesse de agir, uma vez que restará inútil a prestação jurisdicional, sendo, portanto, caso de extinção do processo" [TRF/4ª Região – Acr 9504393012-RS, 1ª Turma, rel. Juiz Gilson Dipp, j. 05/05/1998, DJU: 24/06/1998, p. 493]

[108] "(...) O ato inequívoco do agente: adesão ao Programa de Recuperação Fiscal – REFIS, antes do recebimento da denúncia, e ainda, o regular adimplemento das parcelas, denota a ausência do dolo exigido pelo tipo penal em comento, consistente na intenção de locupletamento em detrimento do INSS. Logo, a denúncia há de ser rejeitada por falta de interesse de agir, condição essencial para o regular exercício do direito de ação pelo Órgão Ministerial". [TRF/2ª Região, RCCr 200102010331827, 6ª Turma, rel. Juiz Sérgio Schwaitzer, j. 25/06/2003, DJU: 14/07/2003, p. 78]

[109] "(...) A absolvição com fundamento no art. 386, inc. II e inc. III, do CPP/41, não impede o exercício de reparação de dano conforme previsão do art. 66 do diploma processual penal e do art. 1525 do CC/16. Hipótese em que o apelante foi absolvido com fundamento no inc. VI do art. 386 do CPP/41, inexistindo, no caso, interesse na alteração do fundamento, sem modificação do resultado. Aplicação do art. 577 do CPP/41. Recurso não conhecido". [TRF/4ª Região, Acr 9404539325/PR, 1ª Turma, rel. Juíza Maria de Fátima Labarrère, j. 21/05/1996, DJU: 05/06/1996, p. 38381].

[110] "(...) A aceitação do benefício da suspensão condicional do processo (artigo 89 da Lei n° 9.099/95) retira do acusado o interesse de agir quanto ao trancamento da ação penal pela inépcia da denúncia e falta de justa causa para a ação penal" [STJ – RHC 15963-MS, 6ª Turma, rel. Min. Paulo Medina, j. 26/05/2004, DJU: 28/06/2004, p. 418]. No mesmo sentido: RHC 13366-RS, 5ª Turma, rel. Min. Laurita Vaz, j. 02/03/2003, DJU: 05/04/2004, p. 276. Tal entendimento, contudo, parece-nos equivocado: se a suspensão condicional do processo só pode ocorrer com o

c) impetração de *habeas corpus* contra mandado de prisão não-expedido e sem elementos indicando que será expedido;[111]

d) reiteração de *habeas corpus* com o mesmo pedido e a mesma causa de pedir;[112]

e) formulação de pedido de explicações em relação a fato que, mesmo que caracterize crime contra a honra, já se encontra extinta a punibilidade pela decadência.[113]

O fundamento legal para a rejeição da denúncia, neste caso, é o art. 43, III, *in fine*, do CPP.

3.12.1.3. Legitimidade processual

O art. 43, III, primeira parte, estabelece que a denúncia ou queixa serão rejeitadas sempre que *for manifesta a ilegitimidade da parte*.

Cada modalidade de ação penal, quanto ao pólo ativo, possui uma parte competente para a sua interposição. Neste caso, sendo a ação penal pública, somente o Ministério Público (art. 24 do CPP) é que poderá oferecer a denúncia (salvo a hipótese de queixa-subsidiária);[114] sendo privada, incumbe ao ofendido, ou a seu representante legal, o oferecimento da queixa-crime (art. 30 do CPP).

Quanto ao pólo passivo, a ação penal deverá ser proposta contra o autor, em tese, do delito narrado na denúncia. Por outro lado, este suposto autor há de possuir aptidão para a responsabilização criminal, inocorrente, por exemplo, nos casos de a denúncia ou queixa ser oferecida contra menor de idade ou contra pessoa acobertada por imunidade material.[115] Por outro lado, em matéria penal, temos notícia

---

recebimento da denúncia, e se o recebimento da denúncia pressupõe a satisfação de todas as condições da ação, haveria evidente interesse processual em relação ao trancamento da ação penal, pois, neste caso, o réu seria dispensado do cumprimento das condições impostas nos termos do art. 89 da Lei nº 9.099/95.

111 "(...) Se o juiz sentenciante não determinou a expedição de mandado de prisão em desfavor do réu, tampouco lhe denegou o direito de apelar em liberdade, carece de interesse de agir o habeas corpus cujo escopo é assegurar ao condenado o direito de permanecer solto durante o julgamento da apelação. *Writ* não conhecido". [STJ – HC 20841/CE, 5ª Turma, rel. Min. Felix Fischer, j. 01/04/2003, DJU: 05/05/2003, p. 315]

112 "(...) A reiteração da mesma ação (repetindo a mesma causa de pedir e o pedido) contraria os princípios de acesso ao Poder Judiciário. Falta interesse em agir". [STJ – RHC 8322/ES, 6ª Turma, rel. Min. Luiz Vicente Cernicchiaro, j. 23/02/1999, DJU: 22/03/1999, p. 259]

113 "(...) 1. Falta interesse de agir ao autor de pedido de explicações (art. 144, CP) quando já expirado o prazo decadencial para oferecimento da queixa-crime respectiva. 2. O prazo para propositura de ação penal privada, ante seu caráter decadencial, não se suspende ou interrompe pela formulação de pedido de explicações, nos moldes do art. 144 do Código Penal, em face de ausência de previsão legal a respeito. 3. Apelação improvida". [TRF/4ª Região, Acr 200271000059070, 7ª Turma, rel. Juiz Fábio Rosa, j. 29/10/2002, DJU: 12/02/2003]

114 "(...) Ilegitimidade do querelante quanto ao delito do art. 325 do Código Penal, visto tratar-se de crime de ação pública incondicionada (...)" [STJ – APN 216-SP, Corte Especial, rel. Min. Barros Monteiro, j. 05/11/2003, DJU: 19/12/2003, p. 300]

115 Nesse sentido: BOSCHI, cit., p. 118.

de algumas poucas ações penais propostas contra pessoas jurídicas em se tratando de crimes ambientais, nos termos do art. 3º da Lei nº 9.605/98.[116]

Em relação à ação penal privada, dispõe o art. 37 do CPP que:

> Art. 37. As fundações, associações ou sociedades legalmente constituídas poderão exercer a ação penal, devendo ser representadas por quem os respectivos contratos ou estatutos designarem ou, no silêncio destes, pelos seus diretores ou sócios-gerentes.

No STJ, vem-se decidindo que o Ministério Público não tem legitimidade para a interposição de mandado de segurança objetivando agregar efeito suspensivo a agravo em execução penal.[117] O mesmo tribunal, noutra hipótese, reconheceu a ilegitimidade passiva em caso de evidente estrito cumprimento de dever legal,[118] apesar de tal decisão, a bem da verdade, ter muito mais relação com a ausência de interesse processual.

3.12.1.4. Justa causa

Alguns processualistas brasileiros não chegam ao ponto de isolar a *justa causa* como uma condição autônoma ao exercício da ação penal, entendendo-a como inerente ao próprio interesse de agir.[119] Foi Afrânio Jardim[120] quem, de maneira original, vislumbrou a justa causa como uma quarta condição da ação penal, afirmando que se trata da exigência "do lastro mínimo de prova que fornece arrimo à acusação, tendo em vista que a simples instauração do processo penal já atinge o chamado *status dignitatis* do imputado". Tudo isso porque o art. 648, I, do CPP considerou, como hipótese de constrangimento ilegal, a propositura de ação penal sem *justa causa*. A *justa causa* exige prova da *materialidade* do delito e *indícios suficientes da autoria* para a propositura da ação penal. Conforme já decidiu o STF, tais elementos devem encontrar esteio em uma necessária *base empírica*:

---

[116] Admitindo a responsabilidade penal da pessoa jurídica: TRF/4ª Região, MS 200204010138430/PR, 7ª Turma, rel. Juiz José Luiz Borges Germano da Silva, j. 10/12/2002, DJU: 26/02/2003, p. 914. Uma crítica em sentido contrário é encontrada em FELDENS, Luciano. *Pessoa Jurídica e Direito Penal*. São Paulo: Revista Jurídica Eletrônica Última Instância, acessível em *www.ultimainstancia.com.br* (16/10/2004).

[117] "(...) A teor da reiterada orientação jurisprudencial desta Corte, o Ministério Público não possui legitimidade para impetrar mandado de segurança com vistas a conferir efeito suspensivo a recurso de agravo em execução, recurso esse previsto no art. 197, da Lei de Execução Penal. – Recurso desprovido". [STJ – ROMS 15675-SP, 5ª Turma, rel. Min. Jorge Scartezzini, j. 25/05/2004, DJU: 01/07/2004, p. 218]

[118] "(...) É patente a falta de justa causa para o prosseguimento da ação penal quando o réu é parte ilegítima para figurar no feito, vez que estava apenas cumprindo o seu dever legal, possibilitando, assim, o trancamento da ação. Ordem concedida". [STJ – HC 28216-SP, 5ª Turma, rel. Min. José Arnaldo da Fonseca, j. 16/03/2003, DJU: 12/04/2004, p. 223].

[119] Nesse sentido: BOSCHI, cit., p. 94;

[120] JARDIM, Afrânio Silva. *Direito Processual Penal*. Rio de Janeiro: Forense, 2003, p. 97. No mesmo sentido: MIRABETE, Julio Fabbrini. *Processo Penal*, cit., p. 108.

(...) Persecução Penal – Ministério Público – Aptidão da Denúncia (...) O Ministério Público, para validamente formular a denúncia penal, deve ter suporte em uma necessária base empírica, a fim de que o exercício desse grave dever-poder não se transforme em instrumento de injusta persecução estatal. *O ajuizamento da ação penal condenatória supõe a existência de justa causa, que se tem por inocorrente quando o comportamento atribuído ao réu "nem mesmo em tese constitui crime, ou quando, configurando uma infração penal, resulta de pura criação mental da acusação"* (RF 150/393, Rel. Min. Orozimbo Nonato). [STF – HC 73.271-SP, 1ª Turma, rel. Min. Celso de Mello, RTJ 168/896].

A exigência de indícios suficientes da autoria delitiva não se confunde com prévio indiciamento em inquérito policial, procedimento administrativo dispensável, como é cediço, quando o Ministério Público ou o querelante disponham de outros elementos que os habilitem à propositura da ação penal. Nesse sentido, a jurisprudência do STJ:

> *Denúncia. Relatório policial. Nome.* A Turma entendeu, dentre outros, que é irrelevante o fato de o nome do paciente não constar do relatório da autoridade policial se há elementos suficientes para embasar a acusação, tal como interceptações telefônicas. Ademais, o Ministério Público não está vinculado àquele relatório. [STJ – HC 52.178-RJ, 5ª Turma, rel. Min. Gilson Dipp, j. 28/3/2006, DJU: 10/02/06, Informativo STJ/279, de março de 2006]

A decisão que não recebe a denúncia ou queixa por ausência de justa causa não faz exame de mérito, mas sim das condições formais à propositura da ação penal. Se a exordial imputa um fato ao réu/querelado, devem existir provas mínimas de que este fato tem plausibilidade quanto à sua veracidade. Por outro lado, estas provas devem ser suficientes para o início da ação penal. Daí que o reconhecimento da ausência de justa causa não obsta nova propositura da ação penal, desde que corrigida a deficiência probatória.[121]

Em situações que tais, o Ministério Público estaria autorizado a deixar de promover a ação penal, habilitando-se a requerer judicialmente o arquivamento do inquérito ou das peças de informação, sendo invocável, como fundamento de sua manifestação, a ausência dos requisitos do art. 41 do CPP, porquanto inexistente, pelas circunstâncias do momento, mínimos elementos destinados à exposição e comprovação do *fato criminoso.*

De ver-se, outrossim, que a jurisprudência brasileira vem ampliando o conceito de justa causa para o fim de reconhecer a sua ausência não só nos casos em que inexiste suporte probatório mínimo à propositura da ação penal, mas, também, para as hipóteses de evidente atipicidade ou de extinção da punibilidade.[122] A peculiaridade é que,

---

[121] LIMA, cit., p. 207.

[122] "(...) A cessação da investigação criminal e o trancamento de inquérito policial, por ausência de justa causa, somente é possível, conforme entendimento desta Corte e do Pretório Excelso, quando prontamente desponta a atipicidade da conduta, a extinção da punibilidade ou a inexistência de indícios de autoria ou materialidade, circunstâncias que não são evidenciadas *in casu.* (...)" [STJ – RHC 14718/ES, 5ª Turma, rel. Min. Jorge Scartezzini, j. 03/06/2004, DJU: 02/08/2004, p. 421]

nestas hipóteses, a decisão é de mérito, impedindo a propositura de nova ação penal. Cremos, todavia, que tais hipóteses dizem respeito muito mais à impossibilidade jurídica do pedido ou à ausência de interesse processual do que, propriamente, à ausência de justa causa.

Vem-se reconhecendo, também, que "a falta de justa causa para a ação penal só pode ser reconhecida quando, de pronto, sem a necessidade de exame valorativo dos elementos dos autos, evidenciar-se a atipicidade do fato, a ausência de indícios a fundamentarem a acusação ou, ainda, a extinção da punibilidade".[123] Este seria um dos poucos casos em que, na análise do *habeas corpus*, seria possível o exame – ainda que superficial – das provas.

Exemplos de ausência de justa causa em razão da ausência de suporte probatório mínimo, segundo a jurisprudência:

a) denúncia que imputa autoria de delito fazendo menção a documento que não possui conexão fática com o denunciado;[124]

b) para os tribunais que entendem nesse sentido, reconhece-se a ausência de justa causa na propositura de ação penal por sonegação fiscal antes do término do processo administrativo (STF – HC 81.611);

c) ausência de descrição, na denúncia, do contexto fático em que teria sido praticada a conduta típica;[125]

d) imputação de crime societário a sócio que não mais integrava a sociedade na época dos fatos.[126]

Exemplos de ausência de justa causa em razão da evidente atipicidade da conduta, segundo a jurisprudência:

a) atipicidade da conduta de estelionato mediante a emissão de cheque sem fundos sem a verificação da obtenção da vantagem ilícita concomitante à emissão da cártula;[127]

---

[123] STJ – HC 29211-RJ, 5ª Turma, rel. Min. Gilson Dipp, j. 19/02/2004, DJU: 05/04/2004, p. 288.

[124] "(...) Lastreando a denúncia em parecer técnico exarado pelo Paciente sobre proposta de financiamento formulada por terceiro, na condição de funcionário do Banco do Brasil, equivocou-se o Ministério Público Federal ao afirmar que o mesmo era responsável pelo contrato fraudulento, à vista do documento ao qual se refere. 3. Configurada, na espécie a falta de justa causa para o ajuizamento da ação penal. 4. Ordem concedida". [TRF/1ª Região, HC 200201000054090/DF, 4ª Turma, rel. Juiz Mário Cesar Ribeiro, j. 03/04/2002, DJU: 16/07/2002, p. 18].

[125] "(...) Presidente do Automóvel Clube do Brasil S/A. Ausência de descrição na denúncia da forma como teria se apropriado de valores devidos à previdência. Imprescindível a presença de indícios veementes de que as importâncias relativas à contribuição dos empregados tenham sido apropriadas indevidamente ou desviadas para fins outros. II – Ordem de habeas corpus concedida para trancar a ação penal". [TRF/2ª Região – HC 9702055318-RJ, 2ª Turma, rel. Juiz Fernando Marques, j. 21/05/1997, DJU: 03/07/1997, p. 51].

[126] "(...) Nos crimes de sonegação fiscal, há falta de justa causa para a ação penal contra aquele que não mais integra a sociedade na época dos fatos narrados na denúncia. II – Sem que haja qualquer elemento de prova de participação na conduta delitiva, não há justa causa para o início da ação penal contra sócio não gerente que sequer residia na comarca sede da empresa. (...)" [TRF/3ª Região – HC 200103000199086-SP, 2ª Turma, rel. Juiz Maurício Kato, j. 24/09/2002, DJU: 07/11/2002, p. 467]

[127] "(...) Hipótese em que a paciente, na condição de tabeliã substituta de serventia notarial, lavrou escrituras públicas sem o prévio recolhimento do Imposto de Transmissão de Bens

b) atipicidade da denunciação caluniosa em razão dos limites do exercício da advocacia;[128]

c) atipicidade de crime contra a relação de consumo em razão de suposta indução em erro de consumidores com base na notícia de uma decisão judicial ainda pendente de recurso;[129]

d) atipicidade do delito de desacato quando ausente a conexão entre a ofensa e a posição funcional da vítima do delito;[130]

Imóveis, e, posteriormente, emitiu cheque para o pagamento da referida exação, o qual foi devolvido por falta de provisão de fundos. Oferecimento de denúncia pelo Ministério Público imputando à paciente a suposta prática do crime de estelionato, na modalidade de fraude no pagamento por meio de cheque. Por se tratar, o delito previsto no art. 171, § 2º, inciso VI, do Código Penal, de crime material, exige-se, para a sua configuração, a produção de um resultado, qual seja, a obtenção de vantagem ilícita pelo agente que emite o cheque e, por outro lado, a caracterização de prejuízo patrimonial à vítima. Precedentes. O prejuízo aos cofres públicos restou configurado desde o momento da lavratura das escrituras públicas de compra e venda sem o prévio recolhimento do tributo devido, sendo preexistente à emissão do cheque pela ré. Conduta da paciente que não configura crime de estelionato. Precedente do STF. Deve ser trancada a ação penal instaurada em desfavor da paciente pela suposta prática do crime de fraude no pagamento por meio de cheque. Ordem concedida, nos termos do voto do Relator". [STJ – HC 31046-RJ, 5ª Turma, rel. Min. Gilson Dipp, j. 17/06/2004, DJU: 09/08/2004, p. 279]

[128] "(...) O paciente, na condição de advogado da Coligação Partidária 'Todos por Pedra Petra', regularmente inscrito na Ordem dos Advogados, ao ajuizar a Reclamação perante o e. Tribunal Eleitoral, o fez nos limites do seu encargo profissional, cujo instrumento procuratório lhe havia sido outorgado pela Coligação. Patente, a meu sentir, a ausência de justa causa. – De outro vértice, ainda, sobressai-se o fato da referida reclamação não ter sido sequer conhecida. Verificou-se, na oportunidade, a ausência de legitimidade do patrono da Coligação Partidária porquanto os Delegados que o contrataram estavam irregularmente investidos nas funções de representante da Coligação Partidária. – Assim sendo, as afirmações feitas na Reclamação não ultrapassaram o juízo preliminar, tendo a referida medida sido obstada por questão processual. Não houve, portanto, juízo cognitivo acerca das imputações feitas na reclamação.- Ordem concedida para trancar a ação penal". [STJ – HC 25593-MT, 5ª Turma, rel. Min. Jorge Scartezzini, j. 18/12/2003, DJU: 03/05/2004, p. 188]

[129] "(...) Hipótese em que o paciente foi denunciado pela suposta prática de crimes contra as relações de consumo, pois, na condição de advogado do Condomínio Solar de Brasília, teria veiculado notícia enganosa no informativo da associação dos condôminos, induzindo os consumidores a erro quanto à possibilidade de realização de edificações nos lotes, com base em medida liminar deferida nos autos de ação de manutenção de posse, não obstante ter alertado sobre a necessidade de apresentação dos projetos pertinentes perante os órgãos competentes. Diferentemente do que narra a denúncia, as informações veiculadas pelo paciente foram baseadas na sentença definitiva que julgou procedente a ação de manutenção de posse em favor do Condomínio Solar de Brasília. Não se vislumbra a configuração do tipo penal imputado ao paciente, se este se limitou a transmitir aos condôminos o teor da decisão judicial que lhes foi favorável, conforme cláusula do contrato de prestação de serviços, com o cuidado, inclusive, de ressaltar, com grifos, que a sentença seria submetida a confirmação pelo Tribunal de Justiça, além de que as edificações deveriam ser efetivadas nos termos recomendados pelo decisum, ou seja, com a prévia apresentação dos projetos aos órgãos públicos competentes. Ressalva de que o Tribunal a quo, à unanimidade, deu provimento ao Agravo de Instrumento interposto em favor do paciente, visando à sua exclusão do pólo passivo na Ação Civil Pública ajuizada em seu desfavor pelo Ministério Público do Distrito Federal e Territórios. O habeas corpus se presta para o trancamento de ação penal por falta de justa causa sempre que, para a análise da pretensão, não for necessário aprofundado exame acerca de fatos, indícios e provas, hipótese dos autos, restando evidenciado que a denúncia descreve conduta atípica. Deve ser determinado o trancamento da ação penal instaurada em desfavor do paciente. Ordem concedida, nos termos do voto do Relator. [STJ – HC 34911-DF, 5ª Turma, rel. Min. Gilson Dipp, j. 22/06/2004, DJU: 02/08/2004, p. 467].

[130] "(...) 1. No crime de desacato, para a perfeita subsunção da conduta ao tipo, o que se perquire é se a agressão, ofensiva à honra e/ou dignidade do agente público, foi a ele dirigida em razão

e) impossibilidade de oferecimento de denúncia imputando delito descrito em norma penal em branco ainda pendente de regulamentação;[131]

f) atipicidade do delito de desobediência quando praticado por funcionário público no exercício das funções;[132]

g) denúncia que omite a ocorrência de arrependimento eficaz e voluntário do agente.[133]

---

da função pública exercida, ou seja, busca-se a motivação, a causa da conduta reprovável, estabelecendo-se o nexo causal. 2. Na hipótese dos autos, não houve desacato ao Magistrado em razão da função jurisdicional, tendo sido as ofensas a ele dirigidas em caráter pessoal, decorrentes de sua atitude como passageiro de companhia aérea, inexistindo, portanto, a subsunção da conduta descrita ao tipo insculpido no art. 331 do Código Penal, o que, evidentemente, não autoriza a persecução criminal. 4. Ordem concedida para trancar a ação penal ante a atipicidade da conduta". [STJ – HC 21228-PI, 5ª Turma, rel. Min. Laurita Vaz, j. 20/02/2003, DJU 24/03/2003, p. 247]

[131] "(...) – Paciente denunciado por crime capitulado em norma penal em branco. Art. 7º, III, da Lei nº 7492/86. – Não havendo norma complementar para integração do tipo penal, não há tipicidade e, portanto, o fato imputado não constitui infração penal. – Não havendo tipicidade, não há condição para a ação penal, devendo a denúncia, neste caso, ser rejeitada, como preceitua o art. 43, CP. – Sem fato típico não há justa causa para o prosseguimento da ação penal, o que constitui constrangimento ilegal, sanável via habeas corpus para trancar a ação penal. – Ordem concedida para determinar o trancamento da ação penal". [TRF/2ª Região – HC 9802506680-RJ, 3ª Turma, rel. Juiz Francisco Pizzolante, j. 24/04/2001, DJU: 28/06/2001]

[132] "(...) 2. A conduta atribuída ao paciente é atípica. Não se trata de desobediência (art. 330 do CP – crime praticado por particular contra a administração em geral) pois não pode ser sujeito ativo do ilícito funcionário público no exercício de suas funções. Tampouco é hipótese do delito previsto no art. 319 do CP (prevaricação), uma vez que a peça acusatória não fez qualquer referência ao interesse ou sentimento pessoal do paciente. 3. Falta, assim, justa causa para o prosseguimento da ação penal. 4. Ordem concedida". [TRF/4ª Região, HC 200204010056655-RS, 8ª Turma, rel. Juiz Élcio Pinheiro de Castro, j. 29/04/2002, DJU: 29/05/2002, p. 639]. Ressalte-se, quanto ao tema, o entendimento diverso do STJ: "PENAL E PROCESSUAL PENAL. *HABEAS CORPUS* PREVENTIVO. CRIME DE DESOBEDIÊNCIA. FUNCIONÁRIA PÚBLICA NO EXERCÍCIO DE SUAS FUNÇÕES. POSSIBILIDADE. PRECEDENTES. PRISÃO EM FLAGRANTE. ILEGALIDADE. CRIME DE MENOR POTENCIAL OFENSIVO. O Eg. Superior Tribunal de Justiça, notadamente a Col. Quinta Turma, contrariando parte da doutrina, assentou entendimento segundo o qual é possível a prática do crime de desobediência por funcionário público, no exercício de suas funções. Precedente. (...) ". [STJ – HC 30390-AL, 5ª Turma, rel. Min. José Arnaldo da Fonseca, j. 03/02/04, DJU: 25/02/04, p. 200]; "PENAL. *HABEAS CORPUS*. DESOBEDIÊNCIA. ART. 330 DO CÓDIGO PENAL. FUNCIONÁRIO PÚBLICO. CONFIGURAÇÃO. Para a configuração do delito de desobediência, imprescindível se faz a cumulação de três requisitos, quais sejam, desatendimento de uma ordem, que essa ordem seja legal e que emane de funcionário público. Não há norma jurídica que determine que a conduta mencionada no art. 330 do CP somente possa ser praticada por particular. Recurso provido". [STJ – RESP 49121-RS, 5ª Turma, rel. Min. José Arnaldo da Fonseca, j. 07/10/2003, DJU: 10/11/2003, p. 205].

[133] "Ementa. (...) II. Denúncia: tentativa de homicídio duplamente qualificado: ausência de descrição de circunstância posterior do fato – o arrependimento do agente –, que implica a sua desclassificação jurídica para um dos tipos de lesão corporal: caso de rejeição. 1. Se se tem, na denúncia, simples erro de direito na tipificação da imputação de fato idoneamente formulada é possível ao juiz, sem antecipar formalmente a desclassificação, afastar logo as conseqüências processuais ou procedimentais decorrentes do equívoco e prejudiciais ao acusado. 2. Na mesma hipótese de erro de direito na classificação do fato descrito na denúncia, é possível, de logo, proceder-se a desclassificação e receber a denúncia com a tipificação adequada à imputação fática veiculada, se, por exemplo, da qualificação jurídica do fato imputado depender a fixação da competência ou a eleição do procedimento a seguir. 3. A mesma alternativa de solução, entretanto, não parece adequar-se aos princípios, quando a imputação de fato não é idônea: seja

3.12.2. Pressupostos processuais

A maioria da doutrina processual penal brasileira costuma abordar os pressupostos processuais da ação penal da mesma forma que no processo civil. Nas palavras de Mirabete, "enquanto as condições da ação referem-se ao exercício da ação penal (direito de exigir o pronunciamento jurisdicional no campo penal), e que, inexistentes, levam à carência do direito de ação, existem outras condições, denominadas de pressupostos processuais, que dizem respeito à *existência* e à *validade da relação processual*".[134] Destaca Afrânio Jardim[135] que, sem os pressupostos de *existência*, a ação penal sequer existe no mundo jurídico, ao passo que sem um pressuposto de *validade* teríamos uma ação instaurada, mas nula quanto à relação jurídica desenvolvida.

Quanto à existência da relação processual, os pressupostos são a verificação de uma demanda, de um órgão jurisdicional e de partes dotadas de personalidade jurídica. Já em relação à validade, os pressupostos processuais dizem respeito à regularidade dos atos praticados, sem vícios. São eles: *legitimatio ad processum*, juiz não suspeito e competente para julgar o feito, ausência de litispendência,[136] de coisa julga-

---

(1) porque divorciada – no tocante à classificação jurídica que propõe – dos elementos de informação disponíveis; seja (2) porque a descrição que nela se contenha sequer corresponda à acertada qualificação jurídica do episódio real, segundo os mesmos dados empíricos de convicção recolhidos. 4. De um lado, não pode o órgão jurisdicional, liminarmente, substituir-se ao Ministério Público – titular exclusivo da ação penal – e, a fim de retificar-lhe a classificação jurídica proposta, aditar à denúncia circunstância nela não contida, ainda que resultante dos elementos informativos que a instruam. 5. Por outro lado, carece de justa causa a denúncia, tanto quando veicula circunstância essencial desamparada por elementos mínimos de suspeita plausível da sua realidade, quanto se omite circunstância do fato, igualmente essencial à sua qualificação jurídica, cuja realidade os mesmos elementos de informação evidenciem. 6. Verificada essa última hipótese, não podia ser recebida a denúncia, nem sob a capitulação que formula – fruto da omissão de circunstância do fato, que a inviabiliza –, nem mediante desclassificação que a ajustasse aos dados unívocos do inquérito, solução que implicaria inadmissível aditamento, pelo juízo, de fato não constante da imputação formulada pelo Ministério Público. 7. HC deferido para rejeitar a denúncia, sem prejuízo de que outra seja adequadamente oferecida" [STF – HC 84653/SP, 1ª Turma, rel. Min. Sepúlveda Pertence, j. 02/08/2005, DJU: 14/10/2005].

134 MIRABETE, cit., p. 110.

135 JARDIM, cit., p. 76.

136 "(...) Só há litispendência quando se instaura processo em desfavor de uma mesma pessoa pela prática de idêntico fato, o que não acontece na presente hipótese, porquanto as denúncias descrevem eventos diversos, ocorridos em datas distintas, nem todos capitulados nos mesmos tipos penais". [TRF/4ª Região – HC 200404010185592/PR, 8ª Turma, rel. Juiz Élcio Pinheiro de Castro, j. 09/06/2004, DJU: 16/06/2004, p. 1243]. "(...) No caso vertente, malgrado tenham os contratos referentes às cédulas rurais pignoratícias e de crédito industriais sido firmados com vencimentos distintos, o fato é que a garantia das mesmas referiam-se ao mesmo empréstimo, sendo, portanto, uma só a fraude, *i.e.*, em um só contexto fático o recorrente praticou dois crimes, sendo pouco relevante, no caso em tela, que o *Parquet* tenha se olvidado (talvez por erro material) a fazer menção, na exordial acusatória, da cédula rural pignoratícia nº 94/16788-5. Ademais, no outro processo, que deu margem à litispendência, foi reconhecido o concurso formal e não a continuidade delitiva, sendo que desta decisão não houve recurso por parte do Ministério Público. Recurso parcialmente conhecido e, nessa parte, provido, a fim de determinar o trancamento da ação penal referente à cédula rural pignoratícia nº 94/16788-5". [STJ – Resp

da[137] e de perempção,[138] além de outros vícios capazes de levarem à nulidade da ação penal.[139]

3.13. CONDIÇÕES DE PROCEDIBILIDADE, CONDIÇÕES OBJETIVAS DE PUNIBILIDADE, ESCUSAS ABSOLUTÓRIAS E CAUSAS DE EXTINÇÃO DA PUNIBILIDADE

Há muita polêmica, não só no Brasil como também no estrangeiro, acerca da exata distinção teórica entre condições de procedibilidade, condições objetivas de punibilidade, escusas absolutórias e causas de extinção da punibilidade.

Na Alemanha, Wessels[140] parte da diferenciação entre causas que impedem a pena em relação a determinadas pessoas: se tais causas

---

613797, 5ª Turma, rel. Min. Felix Fischer, j. 08/06/2004, DJU: 02/08/2004, p. 547]. "(...) Em se constatando a existência de duas ações penais em trâmite onde ambos os libelos denunciam o acusado como incurso, pelo mesmo fato, em um determinado delito, faz-se mister proceder ao reconhecimento de litispendência, em que pese a denúncia posteriormente oferecida narre mais detalhadamente os acontecimentos". [TRF/4ª Região – HC 200271120065126-RS, rel. Juíza Maria de Fátima Labarrère, j. 16/12/2003, DJU: 11/02/2004].

[137]"(...) I – A sentença homologatória da transação penal, prevista no art. 76 da Lei nº 9.099/95, tem natureza condenatória e gera eficácia de coisa julgada material e formal, obstando a instauração de ação penal contra o autor do fato, se descumprido o acordo homologado. II – No caso de descumprimento da pena de multa, conjuga-se o art. 85 da Lei nº 9.099/95 e o 51 do CP, com a nova redação dada pela Lei nº 9.286/96, com a inscrição da pena não paga em dívida ativa da União para ser executada. III – Ordem concedida para determinar o trancamento da ação penal." [STJ – HC 33487-SP, 5ª Turma, rel. Min. Gilson Dipp, j. 25/05/2004, DJU: 01/07/2004, p. 237]. "*Habeas corpus*. Arquivamento. Inquérito policial. Notícias crimes já arquivadas nesta Corte. Atipicidade. Coisa julgada. 1. "Na determinação da competência por conexão e continência, havendo concurso de jurisdições de diversas categorias, predominará a de maior graduação (art. 78, III, do CPP), estendendo-se tal competência aos demais co-réus, que não gozem do foro especial por prerrogativa de função. Precedentes desta Corte e do colendo Supremo Tribunal Federal" [(HC nº 22.066-MG, 5ª Turma, Relator o Ministro Felix Fischer, DJU: 09/12/02]. 2. Deve ser arquivado o inquérito policial em trâmite no Estado do Rio de Janeiro, no qual são investigados fatos já objeto de notícias crimes neste Superior Tribunal de Justiça, arquivadas mediante requerimento do Ministério Público Federal, reconhecida a ausência de fato típico. Orientação do Supremo Tribunal Federal. 3. *Habeas corpus* concedido." [STJ – HC 27574-RJ, Corte Especial, rel. Min. Carlos Alberto Menezes, j. 05/11/2003, DJU: 09/12/2003, p. 201].

[138] "(...) I. Não há ilegalidade na decisão monocrática que extinguiu a punibilidade dos querelados em função da perempção da ação, caracterizada pela não-movimentação do processo, pela querelante, por mais de 60 (sessenta) dias. II. Intimada judicialmente a querelante para que se manifestasse sobre a reparação dos danos, tal informação seria indispensável para a caracterização do cumprimento das condições estabelecidas por ocasião da suspensão do processo, a fim de possibilitar a extinção da punibilidade dos querelados. III. Tem-se como correta a declaração de perempção, se evidenciado que a querelante, intimada a se manifestar sobre ato do processo, mantém-se inerte. IV. Irresignação que merece ser provida para que, cassando-se o acórdão recorrido, restaure-se a decisão de primeiro grau de jurisdição. V. Recurso conhecido e provido, nos termos do voto do relator". [STJ – Resp 440237-SP, 5ª Turma, rel. Min. Gilson Dipp, j. 20/05/2003, DJU: 23/06/2003, p. 411]

[139] LIMA, *Curso de Processo Penal*, cit., p. 211.

[140] WESSELS, Johannes. *Direito penal. Parte Geral*. Trad. por Juarez Tavares. Porto Alegre: Sergio Fabris, 1976, p. 109-114.

verificam-se concomitantemente à prática do delito, denominam-se causas pessoais de exclusão da punibilidade; se posteriores à sua verificação, causas de extinção da punibilidade (a razão da diferença seria que, no primeiro caso, a punibilidade sequer existiu; no segundo, chegou a ocorrer, mas foi suprimida). Por outro lado, os casos em que a não-punibilidade relegar-se-ia a um ato discricionário dos tribunais ou do Poder Executivo, denominar-se-iam causas de limitação da pena. Todas estas situações teriam natureza material, enquanto os impedimentos à ação penal, denominados pressupostos da persecução penal e impedimentos à persecução penal, teriam a mera natureza processual. Claus Roxin,[141] embora sem contrariar este entendimento, supera-o ao afirmar que as condições objetivas de punibilidade e as causas de exclusão da punibilidade têm o caráter de limitações funcionais extrapenais à imposição da pena (a ausência de necessidade penal exclui, para Roxin, a culpabilidade), que podem ocorrer concomitantemente com o fato ou após ele, mas, em qualquer caso, conexas a este fato, e este seria o fundamento para a determinação da sua natureza material. Já os pressupostos processuais, para ele, seriam todos os impedimentos que, por não possuírem conexão alguma com o fato, apenas referem-se ao início da persecução penal.

A doutrina brasileira pouco inovou em relação aos conceitos dados pelos penalistas estrangeiros. Ao contrário, tem-se limitado a oferecer uma conceituação acrítica e, muitas vezes, contraditória. Em inúmeras situações, contamos com explicações de ordem estritamente dogmática, limitada aos termos empregados pelo legislador. Assim é que se costuma afirmar que as causas extintivas da punibilidade são aquelas arroladas na enumeração não-taxativa do art. 107, sem uma pesquisa maior a respeito dos fundamentos deste tratamento legal.[142]

Foi Frederico Marques quem dispensou um tratamento mais pormenorizado ao tema. Seguindo a mesma linha da doutrina italiana, referiu que "a punibilidade é conseqüência do crime, situando-se fora de seus elementos integrantes".[143] Também é esse o entendimento de Nélson Hungria, ao afirmar que "a ilicitude penal de um fato não deriva da *sanctio*, mas do *preceptum* da norma penal. No preceito é que se encerra o juízo de reprovação que inspira o legislador na incriminação de tal ou qual fato. O preceito é um *prius* em relação à sanção; de sorte que, quando por uma questão de necessidade ou oportunidade (e não pelo fato em si mesmo), é suprimida, no caso concreto, a sanção,

---

[141] ROXIN, Claus. *Derecho Penal*. Trad. Por Miguel Díaz y García Conlledo e Javier de Vicente Remesal. 2 ed. Madrid: Civitas, 1997, p. 970-971

[142] É o caso, *v.g,,* de FARIA, Bento de. *Código Penal Brasileiro*. Rio de Janeiro: Jacinto Editora, 1942, vol. II, p. 251.

[143] MARQUES, José Frederico. *Tratado de Direito Penal*. Campinas: Millennium, 1999, vol. III, p. 389.

não desaparece a ilicitude penal do fato".[144] Justificam a adoção desta característica pelo nosso Código Penal no fato de o capítulo da Extinção da Punibilidade (Título VIII) estar situado fora do capítulo inerente ao Crime (Título II); ou seja, partem de uma visão dogmática do assunto.

Para Frederico Marques, as condições de punibilidade estão entre o preceito primário e a sanção, de forma que o direito concreto de punir somente tem existência quando a condição se realiza.[145] Assim é que são circunstâncias externas ao fato delituoso, mas cuja presença é necessária à aplicabilidade da sanção. Seriam os casos, v.g, das condições exigidas nas letras "b" e "c" do § 2º do art. 7º do CP. Além disso, considera que algumas das causas arroladas no art. 107 do CP seriam "condições resolutivas do direito de punir", como seria o caso da decadência da queixa-crime e da representação.

Já as "condições de perseguibilidade são aquelas a que está subordinado o *jus persequendi*, ou em sua fase investigatória, ou em sua fase acusatória. De um modo geral, as restrições que oferecem ao procedimento preliminar de investigação são mínimas, em conseqüência da amplitude dos poderes investigatórios do Estado, através da polícia de segurança".[146] Estariam elas arroladas, genericamente, no art. 43 do CPP. Alguns exemplos de "condição exigida pela lei para o exercício da ação penal" seriam a entrada do agente em território nacional, no caso de crime praticado no estrangeiro (art. 7º, § 2º, "a", do CP), a representação do ofendido, a requisição do Ministério da Justiça (art. 7º, § 3º, do CP) e a sentença anulatória de casamento (art. 236, parágrafo único, do CP).

No entanto, reconhece Frederico Marques as dificuldades de diferenciação entre as condições de punibilidade e de perseguibilidade, ressaltando, outrossim, a ausência de interesse prático na discussão, "uma vez que o nosso legislador teve o cuidado prático de caracterizá-las muito bem, sempre que teve de focalizar quaisquer dessas condições".[147]

3.14. AÇÃO PENAL PÚBLICA INCONDICIONADA

3.14.1. Conceituação e hipóteses

A ação penal pública incondicionada é aquela promovida por iniciativa do Ministério Público, por meio de denúncia, inde-

---

[144] HUNGRIA, Nélson. *Novas questões jurídico-penais*. Rio de Janeiro: Nacional de Direito, 1945, p. 104.

[145] MARQUES, cit., p. 396. No mesmo sentido: JESUS, Damásio, cit., vol. 1, p. 589.

[146] Idem, p. 397.

[147] Idem, p. 399. Para uma visão mais detalhada do tema, v.: SCHMIDT, Andrei Zenkner. *Exclusão da Punibilidade em Crimes de Sonegação Fiscal*, cit.; BITTAR, Walter Barbosa. *As Condições Objetivas de Punibilidade e as Causas Pessoais de Exclusão da Pena*. Rio de Janeiro: Lumen Juris, 2004.

pendentemente do advento de qualquer causa ou condição. Segundo o modelo brasileiro, sempre que a legislação penal não esclareça, diferentemente, sobre a natureza da ação penal para um determinado delito, entender-se-á que se trata de um crime de ação penal pública incondicionada. É o que dispõe o art. 100 do CP:

> Art. 100. A ação penal é pública, salvo quando a lei expressamente a declara privada do ofendido.
>
> § 1º. A ação pública é promovida pelo Ministério Público, dependendo, quando a lei o exige, de representação do ofendido ou de requisição do Ministro da Justiça(...)

Em suma, e como antes referido: no silêncio da lei (é dizer, se a lei não diz que o crime depende de queixa-crime, representação ou de requisição do Ministro da Justiça), entende-se incondicionado o oferecimento da denúncia.

3.14.2. Princípios da ação penal pública

3.14.2.1. Princípio da oficialidade

Consoante este princípio (art. 129, I, da CF/88), o órgão oficial para a propositura da ação penal pública é o Ministério Público, por meio de *denúncia*.

Este princípio não é absoluto, comportando exceção constitucionalmente prevista, qual seja, a hipótese de o ofendido, por meio de *queixa subsidiária*, propor ação penal nos casos de inércia do Ministério Público (art. 5º, LIX, da CF/88).

Por outro lado, o tratamento constitucional relacionado ao tema leva-nos a concluir no sentido da inconstitucionalidade de toda norma que estabeleça outra iniciativa para a ação penal que não estas duas hipóteses. Assim, consoante entendimento remansoso na doutrina processual brasileira, devem ser reputados inconstitucionais os arts. 26 e 531 do CPP (que permitiam o início da ação penal, em relação às contravenções penais, com o auto de prisão em flagrante ou mediante portaria do juiz ou da autoridade policial).[148]

O princípio da oficialidade também tem incidência na ação penal pública condicionada, haja vista que, uma vez implementada a condição (representação do ofendido ou requisição do Ministro da Justiça), agirá o Ministério Público nas mesmas condições em que o faria se diante de ação penal pública incondicionada estivesse.

3.14.2.2. Princípio da obrigatoriedade ou da legalidade

O art. 24 do CPP é cogente ao precisar que "a ação penal *será* interposta" pelo representante do Ministério Público sempre que presentes as condições legalmente estabelecidas para a sua propositura.

---

[148] BOSCHI, cit., p. 174.

Disso resulta a inexistência, como regra geral, de discricionariedade na propositura da ação penal.

Em relação à ação penal pública *condicionada*, tal princípio também tem incidência, mas com uma ressalva: antes de oferecida a representação ou a requisição, nos casos legalmente estabelecidos, é vedado o oferecimento da ação penal pelo Ministério Público. Contudo, após satisfeitas tais formalidades, e desde que presentes todas as condições ao oferecimento da denúncia, deverá a ação penal ser interposta. Em relação à vítima do delito, o oferecimento da representação segue o critério da oportunidade ou conveniência.

Eventual composição civil de danos entre as partes – fora dos casos em que a ação penal seja obstada por essa razão (art. 72 da Lei nº 9.099/95) – não obsta o oferecimento da denúncia (RT 567/360).

O princípio da obrigatoriedade encontra exceções (mitigações):

a) nos crimes de competência dos Juizados Especiais Criminais (Leis nºs 9.099/95 e 10.259/01), a ação penal pode deixar de ser proposta nos casos em que seja possível a transação penal, hipótese em que vigora, neste aspecto, o princípio da discricionariedade *regrada*;[149]

b) nos crimes contra a ordem econômica, definidos na Lei nº 8.137/90, a celebração do *acordo de leniência* (de duvidosa constitucionalidade, em face dos artigos 5º, XXXV e 129, I, da CF/88), impede que o sujeito ativo do delito econômico, responsável por informações que levem à identificação de co-autores da infração, seja processado criminalmente enquanto apurada a veracidade de suas informações (art. 35-C da Lei nº 8.884/94);

c) nos delitos de entorpecentes, o concorrente que, espontaneamente, venha a revelar a existência de organização criminosa, permitindo a prisão de um ou mais dos seus integrantes ou a apreensão do produto ou da substância entorpecente, poderá firmar acordo perante o Ministério Público (o qual, para que surta efeitos, haverá, segundo cremos, de submeter-se ao crivo jurisdicional, sob pena de violação ao princípio da indisponibilidade da ação penal, levantando dúvidas, portanto, acerca de sua constitucionalidade, forte no art. 5º, XXXV, da CF/88, como acima referido em outro exemplo), sendo sobrestado o processo em razão da *delação* (art. 32, § 2º, da Lei nº 10.409/02). Conseqüentemente, se tal acordo anteceder a propositura da ação, poderá o delator não ser processado (art. 37, IV, da Lei nº 10.409/02).

No STF[150] e no STJ,[151] vem predominando o entendimento no sentido de que o princípio da obrigatoriedade da ação penal impede o reconhecimento antecipado da prescrição retroativa.

---

[149] Nesse sentido: BITENCOURT, Cezar Roberto. *Juizados Especiais Criminais*. Porto Alegre: Livraria do Advogado, 1995, p. 72; BOSCHI, cit., p. 39.

[150] STF – HC 83.458/BA, 1ª Turma, rel. Min. Joaquim Barbosa, j. 18/11/2003, DJU: 06/02/2004, p. 38.

[151] STJ – HC 33375-SP, 5ª Turma, rel. Min. Felix Fischer, j. 23/06/2004, DJU: 16/08/2004, p. 273.

3.14.2.3. Princípio da indivisibilidade

Embora o CPP apenas faça menção ao princípio da indivisibilidade em relação à ação penal privada (art. 48), sua incidência também é evidente em relação à ação penal pública, haja vista consistir em uma decorrência da indisponibilidade, como regra, do *jus puniendi* estatal (é dizer: a ação penal pública é indivisível pela sua própria natureza). Enquanto o princípio anterior dizia respeito à obrigatoriedade da persecução penal em relação ao delito apurado, o princípio da indivisibilidade relaciona-se à *autoria* (*lato sensu*) da infração penal a ser apreciada. Conseqüentemente, satisfeitas as exigências processuais, o *dominus litis* da ação penal deverá propô-la em face de todos os autores do delito, desde que probatoriamente conhecidos.

O princípio da indivisibilidade sofre algumas exceções legalmente estabelecidas (casos em que o Ministério Público estaria autorizado a oferecer denúncia somente contra alguns dos autores do delito, excluindo outros, apesar de conhecidos), senão vejamos:

a) a discutível hipótese, já aventada no item anterior, decorrente do *acordo de leniência* (art. 35-C da Lei nº 8.884/95);

b) na hipótese da *ação controlada* (art. 2º, II, da Lei nº 9.034/95),[152] ao permitir-se que a persecução penal seja retardada para o fim de serem obtidas, de maneira eficaz, provas dos delitos praticados por organizações criminosas;

c) outrossim, na hipótese de verificar-se a prescrição pela pena em abstrato somente em relação a um dos co-autores do delito (porque beneficiado, por exemplo, pelo art. 115 do CP), a denúncia só poderá ser oferecida em relação aos demais, porquanto extinta, quanto a este, a punibilidade (art. 107, IV, do CP).

Não ofende o princípio da indivisibilidade o oferecimento da denúncia somente contra os autores *conhecidos* do delito, havendo a ressalva da possibilidade de aditamento (ou, excepcionalmente, de outra denúncia) no caso de a autoria inicialmente desconhecida vir a ser elucidada.

Conseqüentemente, parece equivocado o entendimento do STF e do STJ, bem como da grande maioria dos tribunais brasileiros, no sentido de que o princípio da indivisibilidade não se aplica à ação penal pública.[153] Ao nosso sentir, trata-se, aqui, de uma má compreen-

---

[152] Tal dispositivo, novidade em nosso sistema legal, confere um poder *discricionário* à Polícia que, em linha de princípio, vai de encontro aos postulados norteadores da ação penal, de sorte que sua validade estaria a exigir uma análise mais detida, a qual extrapola os limites deste ensaio. Neste caso, se a investigação pode ser retardada em relação a algum dos autores do delito, nada impede que a ação penal seja proposta, inicialmente, contra outros agentes para, posteriormente, ser aditada objetivando a inclusão daqueles sobre os quais recaiu o referido retardamento.

[153] "(...) Não cabe invocar o princípio da indivisibilidade da ação penal, em se cuidando de ação penal pública (...)" [STF – HC 77723-RS, 2ª Turma, rel. Min. Néri da Silveira, j. 15/09/1998, DJU: 15/12/2000, p. 63]. "(...) O princípio da indivisibilidade – peculiar à ação penal de iniciativa privada – não se aplica às hipóteses de perseguibilidade mediante ação penal pública. (...)" [STF

são do princípio. O fato de o Ministério Público ter a possibilidade de ingressar com aditamento para a inclusão de co-réus, ou propor, eventualmente, outra ação penal contra co-réus até então desconhecidos, não elimina a incidência do princípio. A questão a ser posta é: poderia o Ministério Público, de maneira legítima, escolher qual dos réus irá ser processado, sendo possível a denúncia contra todos? Parece que a resposta negativa se impõe,[154] na medida em que a visão do *jus puniendi* como direito público subjetivo há de ser superada para o fim de reconhecer-se como um dever da instituição oferecer a denúncia contra todos os autores juridicamente imputáveis pelo delito.

Assim, é importante enfatizar que, embora um dos requisitos do concurso de agentes seja de delimitação pouco precisa (a *relevância causal da conduta*), a ação penal deve ser proposta contra todos os agentes que contribuíram causalmente para o delito, não sendo possível a barganha pré-processual com algum dos envolvidos. Aliás, este é um traço característico do nosso modelo processual, onde impera o caráter cogente da persecução penal. Conseqüentemente, não há ofensa ao princípio da indivisibilidade no pedido de arquivamento, realizado pelo órgão acusador, em relação a alguns investigados, desde que inexistentes elementos suficientes para o início da ação penal.[155]

Questão importante a ser dirimida é: caso reste cabalmente evidenciado o desrespeito ao princípio da indivisibilidade (no caso de a ação penal não ser proposta contra todos os autores conhecidos do delito, por exemplo), qual a solução a ser adotada? Parece-nos que, na fase do recebimento da denúncia, a solução é a aplicação do art. 28 do CPP, por analogia (remessa dos autos ao Procurador-Geral). Já no caso de a ação penal ter início, a solução deveria ser a nulidade do processo, desde o recebimento da denúncia.[156]

– HC 74661-RS, 1ªTurma, rel. Min. Celso de Mello, j. 19/12/1996, DJU: 25/04/1997, p. 15.202]. "() O princípio da indivisibilidade não se aplica à ação penal pública, eis que o oferecimento de denúncia contra um acusado não impossibilita posterior acusação de outro envolvido.()" [STJ – RHC 14507-SP, 5ª Turma, rel. Min. Gilson Dipp, j. 07/10/2003, DJU: 31/11/2003, p. 327]. No mesmo sentido: TRF/3ª Região – HC 15.247-SP, 2ª Turma, rel. Juiz Carlos Loverra, j. 30/09/2003, DJU: 17/10/2003, p. 226.

[154] No mesmo sentido: BOSCHI, cit., p. 59-60.

[155] "(...) O princípio da indivisibilidade da ação penal não pode retirar independência do titular da ação penal. Faculdade do órgão defensor da sociedade de requerer arquivamento em relação a alguns dos indiciados, se achar que inexistem elementos suficientes para a denuncia, que será submetido ao crivo do Judiciário.(...)" [TRF/2ª Região, Acr 8902021157, rel. Juiz Valmir Peçanha, j. 06/08/1990, DJU: 12/03/1991].

[156] Nesse sentido: "(...) Não alcançando a denúncia todos os envolvidos na prática do crime imputado aos Réus, restou violado o princípio da indivisibilidade da ação penal, merecendo ser confirmada a decisão que decretou a nulidade do processo. 2. Recurso improvido". [TRF/1ª Região, RCCR 01000748355, 3ª Turma, rel. Juiz Osmar Tognolo, j. 28/04/1999, DJU: 28/05/1999, p. 538]. No mesmo sentido, v.: RT, 525/411, 370/286, 293/593.

Para fins de extinção da punibilidade pela prescrição da pretensão punitiva, a denúncia recebida contra um dos autores do delito interrompe o prazo prescricional em relação aos demais agentes, mas tão-só em relação ao crime narrado na denúncia.

No STF, entendeu-se que eventual aditamento para a inclusão de co-réu, ainda que acarrete a alteração da competência, não fere o princípio da indivisibilidade da ação penal.[157] Da mesma forma, a cisão processual, desde que juridicamente válida, não implica ofensa ao princípio da indivisibilidade.[158] Assim, por exemplo, são legítimos os casos de separação obrigatória e facultativa de processos e/ou de julgamentos nos casos descritos nos arts. 79 e 80 do CPP, assim como eventual cisão processual na hipótese do art. 366 do CPP.

Na ação penal pública condicionada, este princípio também tem incidência, caso em que eventual representação contra um dos autores do delito não impede a propositura da ação penal contra todos.[159]

3.14.2.4. Princípio da indisponibilidade

Enquanto o princípio da obrigatoriedade revela a cogência do *jus puniendi* quanto ao início da ação penal, o princípio da indisponibilidade é uma conseqüência desta mesma cogência, mas em relação ao andamento (prosseguimento) da ação penal. Em outras palavras: o princípio da indisponibilidade estabelece que o órgão acusador não poderá desistir da ação penal já instaurada (art. 42 do CPP), assim como não poderá desistir do recurso que já tenha sido interposto (art. 576 do CPP). É acertada, assim, a conclusão de Afrânio Jardim[160] no sentido de que a indisponibilidade é um consectário lógico do princípio da obrigatoriedade.

Como todo princípio, comporta exceções: assim como a *transação penal* nos crimes de competência dos Juizados Especiais Criminais revela-se como uma relativização do princípio da *obrigatoriedade*, a *suspensão condicional do processo*, tendo em vista que pressupõe oferecimento e recebimento da denúncia (art. 89, *caput* e § 1°, da Lei n°

---

[157] "(...) O órgão acusador pode excluir da denuncia, depois de melhor exame, quem era objeto de suspeita inicial; pode aditá-la para ampliar os limites da imputação e o rol de acusados, ocasião em que poderá ocorrer alteração da competência, sem que restem feridos os princípios da legalidade, obrigatoriedade, indisponibilidade e indivisibilidade, este só aplicável à ação penal privada (art. 48 do CPP); (...)" [STF – HC 71889-RJ, 2ª Turma, rel. Min. Maurício Correa, j. 04/04/1995, DJU: 02/06/1995, p. 16.230].

[158] Nesse sentido, v.: STF – HC 64776-SP, rel. Min. Moreira Alves, 1ª Turma, j. 21/04/1987, DJU: 15/05/1987, p. 8.881; TRF/1ª Região, Acr 01212803/BA, rel. Juiz Fernando Gonçalves, j. 23/05/1990, DJU:06/08/1990, p. 16.625; TRF/4ª Região – Acr 9.549, Processo n° 200204010163198-RS, rel. Juiz José Luiz B. Germano da Silva, j. 16/12/2003, DJU: 14/01/2004, p. 470.

[159] Nesse sentido: TOURINHO FILHO, cit., p. 355.

[160] JARDIM, Afrânio Silva. *Da Ação Penal Pública*. Rio de Janeiro: Forense, 1988, p. 100.

9.099/95), exterioriza-se como uma relativização do princípio da *indisponibilidade*.[161]

O princípio da indisponibilidade não impede que, após a propositura da ação penal, venha, o Ministério Público a pedir a absolvição do réu. A jurisprudência e a doutrina penal majoritárias reconhecem que tal pedido absolutório não vincularia o juiz, que poderia, ainda assim, proferir sentença condenatória.[162]

Por outro lado, cremos possível, em hipóteses excepcionais, o trancamento da ação penal em andamento, mediante decisão fundamentada da própria autoridade judicial processante, em hipóteses de manifesto desfazimento da *justa causa* inicial à propositura da demanda.

O princípio da indisponibilidade da ação penal também vem sendo utilizado, pela jurisprudência majoritária, como argumento para a não-aceitabilidade da prescrição retroativa antecipada (prescrição em perspectiva).[163]

3.14.2.5. *Princípio da intranscendência ou da incontagiabilidade da sanção penal*

Vimos que a ação penal é o instrumento estatal de dinamização da pretensão persecutória (*jus puniendi*, para a maioria). Conseqüentemente, embora haja autonomia e independência entre a ação penal e o delito, a verdade é que, se a pena não pode passar da pessoa do condenado (art. 5º, XLV, da CF/88), também a ação penal não poderá ser proposta contra outras pessoas que não o(s) autor(es) do(s) delito(s). Conseqüentemente, o falecimento do réu acarreta o trancamento

---

[161] Súmula 696 – STF: Reunidos os pressupostos legais permissivos da suspensão condicional do processo, mas se recusando o Promotor de Justiça a propô-la, o Juiz , dissentindo, remeterá a questão ao Procurador-Geral, aplicando-se por analogia o art. 28 do Código de Processo Penal.
Súmula 723 – STF: Não se admite a suspensão condicional do processo por crime continuado , se a soma da pena mínima da infração mais grave com o aumento mínimo de um sexto for superior a um ano.

[162] Nesse sentido: "() Eventual incoerência ou mudança de opinião do *parquet*, não abate nem baliza a acusação. Indisponível e obrigatória a ação penal de iniciativa pública, não tem o Promotor de Justiça, nas alegações finais, o poder de retirar ou limitar a imputação" (TAPR, RT 709/365). No mesmo sentido: JUTACRIM-SP, 60/185, 37/34, *in* SILVA FRANCO, Alberto *et al. Código de Processo Penal e sua Interpretação Jurisprudencial*. São Paulo: RT, 1999, vol. 2, p. 2168. Para uma visão crítica do assunto, no sentido da impossibilidade de condenação no caso de pedido de absolvição do Ministério Público, v. SCHMIDT, Andrei Zenkner. O 'Direito de Punir': Revisão Crítica, loc. cit., p. 84-101; LOPES JR. Aury. (Re)Discutindo o Objeto do Processo Penal com Jaime Guasp e James Golschmidt. *Revista de Estudos Criminais*. Porto Alegre: Notadez, vol. 06, 2002.

[163] "(...) A tese da prescrição em perspectiva, antecipada ou projetada, não encontra acolhida na jurisprudência dos tribunais, pois o princípio da economia processual não pode se sobrepor ao da indisponibilidade da ação penal. É exercício de futurologia declarar extinta a punibilidade por eventual prescrição em concreto em face de possível condenação". [TRF/3ª Região – HC 15874-SP, Processo nº 200303000639356-SP, 5ª Turma, rel. Juiz André Nabarrete, j. 26/04/2004, DU:J 01/06/2004, p. 292]

da ação penal em razão da extinção da punibilidade (art. 107, I, do CP) – salvo, por óbvio, a hipótese de outros réus ainda figurarem no pólo passivo da demanda.

É importante frisar que o referido princípio limita não só o processo de conhecimento, senão também o processo de execução penal. Assim, se os sucessores do réu não respondem pelo delito, a morte do condenado também impede que a pena objeto da condenação seja, contra seus sucessores, executada (sanção penal não se transmite por herança). Tal conclusão é de ser observada em relação às penas privativas de liberdade e, também, no que tange às sanções (penais) de caráter pecuniário (por exemplo, a pena de multa ou a prestação pecuniária): eventual falecimento do réu impede que se cobre, ainda que nos limites do patrimônio transmitido, a pena pecuniária de seus sucessores, na medida em que estamos falando de sanção de natureza penal. É correta a conclusão, pois, de Bitencourt[164] ao ressaltar que o art. 107, I, do CP aplica-se às sanções de natureza penal, pecuniárias ou não. Conseqüentemente, ainda que o art. 51 do CP considere a multa a ser executada como dívida de valor, sua natureza persiste sendo penal. Do contrário, uma ação penal cujo objeto seja um delito com pena pecuniária prevista teria de continuar tramitando mesmo após o falecimento do réu, já que o seu patrimônio poderia continuar respondendo pela sanção patrimonial. Ninguém, contudo, jamais ousou chegar a esta conclusão. Em suma: a pena pecuniária, com o falecimento do réu/condenado, não pode ser cobrada de seus sucessores, mesmo nos limites do patrimônio transmitido.[165]

No que tange às penas restritivas de direitos, também já decidiu o STF que a prestação de serviços comunitários não pode, evidentemente, ser delegada a cumprimento por terceiro, hipótese que, se verifica-da, vulneraria o princípio da incontagiabilidade da pena.[166]

---

[164] BITENCOURT, *Tratado de Direito Penal*. 8 ed. São Paulo: Saraiva, 2003, vol. 1, p. 706.

[165] "(...) Fosse a multa considerada apenas um crédito fazendário, a sua cobrança poderia ser efetuada contra os sucessores do condenado, a teor do artigo 4 da Lei n 6.830/80, fato que violaria o princípio constitucional concebido pelo artigo 5, inciso XLV, o qual estabelece que: "nenhuma pena passará da pessoa do condenado". Ademais, o artigo 114 do Código Penal, na redação dada pela Lei n 9.268/96, ao estabelecer o prazo prescricional da pena pecuniária, dela não retira o caráter sancionatório, mas, ao contrário, o revela.(...)" [TRF/3ª Região – CC 98030419986-SP, 1ª Seção, rel. Juiz André Nabarrete, j. 15/09/1999, DJU: 19/10/1999, p. 320]

[166] "(...) A prestação de serviços à comunidade constitui sanção jurídica revestida de caráter penal. Trata-se de medida alternativa ou substitutiva da pena privativa de liberdade. Submete-se, em conseqüência, ao regime jurídico-constitucional das penas e sofre todas as limitações impostas pelos princípios tutelares da liberdade individual. – A exigência judicial de doação de sangue não se ajusta aos parâmetros conceituais, fixados pelo ordenamento positivo, pertinentes à própria inteligência da expressão legal "prestação de serviços à comunidade", cujo sentido, claro e inequívoco, veicula a idéia de realização, pelo próprio condenado, de encargos de caráter exclusivamente laboral. Tratando-se de exigência conflitante com o modelo jurídico-legal peculiar ao sistema de penas alternativas ou substitutivas, não há como prestigiá-la e nem mantê-la. – A intransmissibilidade da pena traduz postulado de ordem constitucional. A sanção penal não

3.14.3. Denúncia: requisitos e formalidades

3.14.3.1. O conteúdo (empírico) da denúncia

A denúncia, tecnicamente considerada, é uma peça imputativa. Não se presta, portanto, ao lanço de argumentações diversas, as quais – bem como o debate da causa – têm seu momento reservado para o ato das alegações finais (art. 500 do CPP). Daí por que não se lhe requer – e nem se lhe recomenda – seja peça extensa; exige-se-lhe, entretanto, que ofereça a descrição do fato delituoso e suas circunstâncias (art. 41 do CPP), assim entendidas aquelas referentes ao tempo, local e modo de realização do delito, bem como aponte, em relação ao autor do fato delituoso, indícios de autoria.

Como anota Espínola Filho,[167] em referência a João Mendes, a denúncia é uma exposição narrativa e demonstrativa: "Narrativa, porque deve revelar o fato com todas as suas circunstâncias, isto é, não só a ação transitiva, como a pessoa que a praticou (*quis*), os meios que empregou (*quibus auxiliis*), o malefício que produziu (*quid*), os motivos que determinaram a isso (*cur*), a maneira por que a praticou (*quomodo*), o lugar onde o praticou (*ubi*), o tempo (*quando*). Demonstrativa, porque deve descrever o corpo de delito, dar as razões de convicção ou presunção e nomear as testemunhas e informantes". "Mas", salienta, em complementação, "como narração, a peça inicial deve ser sucinta, limitando-se a apontar as circunstâncias necessárias à configuração do delito, com a referência apenas a fatos acessórios que possam influir nessa caracterização. E não é na denúncia, nem na queixa, que se devem fazer as demonstrações da responsabilidade do réu; deve reservar-se isso para a apreciação final da prova, quando se concretiza (ou não) o pedido de condenação".[168]

Poderíamos sintetizar dizendo, com Fernando de Almeida Pedroso, que o imperioso é que "descreva a denúncia o comportamento humano concretizado no mundo exterior, em correspondência com a imagem criminosa abstrata traçada pela lei penal. Esta (a figura típica) é o seu modelo, que deve ser preenchido com os elementos do caso concreto".[169]

---

passará da pessoa do delinqüente. Vulnera o princípio da incontagiabilidade da pena a decisão judicial que permite ao condenado fazer-se substituir, por terceiro absolutamente estranho ao ilícito penal, na prestação de serviços à comunidade" [STF – HC 68309/DF, 1ª Turma, rel. Min. Celso de Mello, j. 27/11/1990, DJU: 08/03/1991, p. 2202].

[167] ESPÍNOLA FILHO, cit., p. 417-418.

[168] Idem, p. 418. Segue na mesma senda a orientação da doutrina nacional atual, que se extrai da lição de Tourinho Filho: "(...) A exposição deve limitar-se ao necessário à configuração do crime e às demais circunstâncias que circunvolveram o fato e que possam influir na sua caracterização (...)". *Processo Penal*, cit., vol. 1, p. 338.

[169] PEDROSO, Fernando de Almeida. *Processo Penal – O Direito de Defesa: Repercussão, Amplitude e Limites*. 3ª ed. São Paulo: Revista dos Tribunais, 2001, p. 125.

3.14.3.2. Requisitos formais da denúncia (art. 41 do CPP)

O art. 41 do CPP dispõe que:

Art. 41. A denúncia ou queixa conterá a exposição do fato criminoso, com todas as suas circunstâncias, a qualificação do acusado ou esclarecimentos pelos quais se possa identificá-lo, a classificação do crime e, quando necessário, o rol das testemunhas.

Como anota o Ministro do STF Celso de Mello, a regra inscrita no art. 41 do CPP traduz, em realidade, "um poderoso fator de limitação e de contenção do poder persecutório outorgado pelo ordenamento positivo ao Ministério Público".[170]

O objetivo fundamental é que a descrição da imputação – a qual exige clareza – possibilite ao acusado exercer sua defesa – contrastando álibi e confrontando provas –, no sentido de infirmar faticamente (*v.g.*, temporal e espacialmente) a acusação que lhe é feita. Daí o motivo pelo qual se costuma afirmar – corretamente – que "a denúncia é apta quando descreve fato típico, ensejando o exercício do contraditório e da defesa plena".[171]

Conseqüentemente, padece de vício formal a denúncia que se limita a transcrever o dispositivo de lei imputado ao réu, sem cotejar tal descrição com qualquer fato concreto capaz de gerar a tipicidade, ou quando descreve fato que não se adapta à tipicidade da conduta. Quanto a esta última hipótese, reconheceu-se a inépcia da denúncia em caso de estelionato:

para a configuração do estelionato, a fraude empregada pelo agente há de ser antecedente e causal do erro ou persistência no erro do lesado e da conseqüente disposição patrimonial em favor do sujeito ativo ou de terceiro: logo, não cabe inferir o emprego de meio fraudulento e o erro do lesado da circunstância posterior de não lhe haver o agente prestado os serviços profissionais de advocacia contratados, nem do seu prejuízo, decorrente de transação com terceiro cessionário da cambial que emitira em pagamento do advogado. Deferimento do *habeas corpus*, dada a atipicidade do fato, não obstante os indícios da infração ético-profissional de captação de clientela, para apuração da qual se remete cópia dos autos à OAB [STF – RHC 80411/ES, 1ª Turma, rel. Min. Sepúlveda Pertence, j. 21/11/2000, DJU: 02/03/2001, p. 18].

Noutro caso, quanto ao crime de prevaricação (art. 319 do CP), afirmou-se:

Não indicação do interesse ou sentimento pessoal que moveu o agente. Interesse pecuniário que, na imputação, compõe o delito de concussão. Possibilidade, em tese, de o interesse pecuniário compor o crime de prevaricação se, por exemplo, sem solicitação nem oferta, um servidor espera receber uma recompensa se praticar ou deixar de praticar ato de ofício; não, porém, se essa vantagem pecuniária é objeto de um pacto, implícito ou explícito, entre os *intraneus* e o *extraneus*. Habeas corpus deferido em parte, para excluir do recebimento da denúncia o crime de prevaricação por inépcia da inicial, vencida, nesta parte, a relatora. [STF – HC 80.814-0-AM, 1ª Turma, Rel. Min. Ellen Gracie, j. 07/08/01, DJU: 22/02/2002]

Vem-se afirmando que a inépcia da denúncia, por vício formal, deve ser alegada antes de proferida a sentença condenatória, o que

---

[170] STF – HC 77.271-SP, RTJ 168/900.

[171] STJ – RHC 1.248-8-SP, rel. Min. Luiz Vicente Cernichiaro, DJU: 26/4/93.

INVESTIGAÇÃO CRIMINAL E AÇÃO PENAL

enseja o reconhecimento de uma nulidade relativa, sanável e sujeita à preclusão.[172] O STF, noutra decisão, reconhecera que:

> Não se aplica a orientação jurisprudencial que reputa preclusa, com a superveniência da sentença condenatória, a nulidade resultante da inépcia da denúncia, se, desde a defesa prévia, o réu a vem repetidamente argüindo: o que gera preclusão é a falta da argüição oportuna da nulidade, não, a demora de sua declaração judicial, nem as sucessivas rejeições nas instâncias ordinárias, com as quais não se conformou a parte [STF – HC 222340-SC, 1ª Turma, rel. Min. Sepúlveda Pertence, j. 30/10/2001, DJU: 14/12/2001, p. 85]".

Embora o entendimento da nulidade relativa seja o majoritário, parece-nos que nos casos em que a inépcia da denúncia possa chegar ao ponto de tolher o exercício da ampla defesa e do contraditório, estaremos diante de nulidade absoluta, insanável e, como tal, reconhecível em qualquer grau de jurisdição. Noutra decisão do mesmo Tribunal, reconheceu-se que:

> (...) Eventuais defeitos da denúncia devem ser argüidos pelo réu antes da prolação da sentença penal, eis que a ausência dessa impugnação, em tempo oportuno, claramente evidencia que o acusado foi capaz de defender-se da acusação contra ele promovida. Doutrina e precedentes. (...)" [STF – HC 73.271-SP, 1ª Turma, Rel. Min. Celso de Mello, RTJ, 168/896].

Pensamos, entretanto, que na hipótese de o vício da denúncia implicar evidente ofensa à ampla defesa, a nulidade é absoluta e, como tal, não sujeita à preclusão.

3.14.3.3. Circunstâncias do crime

Além das circunstâncias naturais que envolvem o fato principal, deverão ser apontadas, já na denúncia, as causas de aumento de pena e as agravantes porventura incidentes? Segundo Boschi, haveria, de fato, essa necessidade, porquanto a denúncia "precisa refletir, desde logo, a profundidade, a latitude e a longitude da acusação pública".[173]

Cremos necessária, contudo, a distinção entre qualificadoras, agravantes e majorantes. Todas elas têm em comum o fato de acarretarem uma exasperação da pena de um determinado delito. Nas qualificadoras, este aumento da pena dá-se sob a forma de uma pena com novos limites, mínimo e máximo, superiores ao do tipo básico (v.g., art. 121, § 2º, do CP; art. 155, § 4º, do CP); nas agravantes, a lei penal não estabelece nenhum *quantum* de aumento, atribuindo tal concreção ao juiz na sentença condenatória (artigos 61 e 62 do CP); nas majorantes, por fim, o aumento verifica-se normalmente sob a forma de fração (v.g., art. 157, § 2º, do CP; art. 171, § 3º, do CP). De outro lado, é importante ressaltar que as qualificadoras, por originarem uma pena integral nova

---

[172] Nesse sentido: STF – HC 81790-RS, 2ª Turma, rel. Min. Carlos Velloso, j. 30/04/2002, DJU: 21/06/2002, p. 130. Idem: STF – RHC 80919-SP, 2ª Turma, rel. Min. Nelson Jobim, j. 12/06/2001, DJU: 14/09/2001, p. 64.

[173] BOSCHI, cit., p. 185.

para o delito, são consideradas *elementares* do crime, ao passo que as *majorantes* e as *agravantes*, circunstâncias.

Esta última distinção é necessária para a análise da exigência dos requisitos formais da denúncia. Quanto às qualificadoras, por se tratarem de elementares do delito, exigem descrição fática, não podendo ser reconhecidas pelo juiz sem imputação expressa na exordial. Sobre o assunto, decidiu o STF, em acórdão da lavra do Min. Sepúlveda Pertence:

> Procedência do fundamento de cerceamento da defesa em face da falta de correlação entre a denúncia e a sentença, uma vez que nesta se levou em consideração qualificadora que não foi descrita naquela, sem que fosse observado, se ocorrente a hipótese prevista no art. 384 do CPP, o disposto nesse preceito legal [RT 732/551].

No mesmo sentido, afirmou-se que:

> sem aditamento da denúncia (CPP, art. 384), o réu que foi denunciado por roubo mediante violência com emprego de arma (CP, art. 157, § 2º, I) não pode ser condenado por roubo qualificado pela ocorrência de lesões corporais de natureza grave (art. 157, § 3º), se tal circunstância não estiver explícita ou implicitamente contida naquela peça acusatória [TAPR – AP 103.787-6, 1ª Câmara, j. 15/05/97, RT 745/650).

Quanto às agravantes e majorantes, a jurisprudência majoritária vem entendendo no sentido de que o juiz pode reconhecê-las na sentença independentemente de estarem tipificadas na denúncia.[174] Quanto às agravantes, há norma expressa a respeito quanto à possibilidade (art. 385 do CPP, *in fine*). Fazemos a ressalva, contudo, de que tais circunstâncias da pena devem estar faticamente descritas na denúncia, explícita ou implicitamente, sob pena de ofensa ao contraditório e à ampla defesa.[175]

Assim já decidiu o STF, por exemplo, no que se refere à majorante prevista no inciso III do art. 18 da Lei nº 6.368/76:

> Implica decisão *extra petita* a inclusão na condenação de circunstância qualificadora e exacerbadora da pena, não articulada na denúncia, de maneira a surpreender a defesa.[176]

Em hipótese semelhante, decidiu o STJ no sentido de que:

> "É inviável a aplicação de agravante genérica pelo Tribunal de Apelação, sem a exposição de fatos feita pelo órgão acusador, no mínimo, de maneira implícita, em sua peça inicial ou em suas razões de apelação, sob pena de ferir-se os princípios da ampla defesa e do contraditório, corolários do devido processo legal".[177] Quanto ao crime continuado, desde que a denúncia

---

[174] "(...) Havendo a desclassificação, pelo E. Conselho de Sentença, de tentativa de homicídio para lesões corporais, torna o juiz singular liberado da capitulação oposta na denuncia, para reconhecer agravantes e atenuantes, mesmo porque, tem aquela caráter provisório. Entendimento do art. 385 do CP. – Dissídio jurisprudencial que não atende às exigências do art. 255 do RI-STJ. – Recurso especial não conhecido". [STJ – Resp 4275/ES, 5ª Turma, rel. Min. Flaquer Scartezzini, j. 15/10/1990, DJU: 05/11/1990, p. 12437, RSTJ, 20/325]. No mesmo sentido, v. RT 668/357, 721/516.

[175] No mesmo sentido: LIMA, *Curso de Processo Penal*, cit., p. 251-252.

[176] STF – RHC 60987-RJ, 1ª Turma, rel. Min. Rafael Mayer, j. 03/06/1983, DJU: 05/08/1983, p. 11.245, RTJ 107/166).

[177] STJ – EREsp 435187, 3ª Seção, rel. Min. Paulo Medina, j. 10/03/2004, DJU: 07/06/2004, p. 158.

descreva faticamente os inúmeros delitos, nada impede o reconhecimento do aumento de pena previsto no art. 71 do CP, ainda que não arrolado na denúncia.[178]

Em relação à majorante descrita no art. 12, I, da lei n° 8.137/90, o TJRGS decidiu que:

> (...) O grave dano à coletividade não pode ser presumido, ante a ausência de responsabilidade objetiva em matéria penal. Não descrito na denuncia, deve ser expungido da pena o correspondente acréscimo.(...)".[179] Assim, "(...) Não referindo a peça exordial em que consistiu o grave dano a coletividade, impõe-se excluir a incidência da causa de majoração prevista no artigo 12, inciso I, da lei n° 8.137/90. (...).[180]

O TRF/4ª Região, a seu turno, reconheceu-a evidenciada ante as próprias circunstâncias (implícitas, por certo) da denúncia, que descrevia um dano elevado ao erário público. Veja-se:

> (...) merece provimento o recurso do MPF para a aplicação da agravação do art. 12, I, Lei 8.137/90, pois, com efeito, o prejuízo ao erário alcançou o valor respeitável de R$ 1.123.372,89, o que recomenda a majoração da pena em 1/3, tanto quanto a majoração da pena de multa (...).[181]

Em suma: as agravantes e majorantes podem ser reconhecidas na sentença, mesmo quando não capituladas na denúncia ou queixa, desde que a exordial as descreva, no mínimo, quanto ao contexto fático.

3.14.3.4. Capitulação do delito

Há muito que a doutrina e a jurisprudência pátrias vêm reconhecendo que o réu se defende dos fatos articulados na denúncia, e não da capitulação oferecida. Dessa forma, eventual omissão, ou mesmo equívoco à capitulação, não induz nulidade processual. Nesse sentido:

> (...) Não é inepta a denúncia que, mesmo configurando-se errônea quanto à capitulação jurídica do fato, descreve o comportamento dos agentes de modo claro e objetivo, e imputa-lhes a prática de ilícito definido, em tese, pelas leis penais, como ato delituoso. Os réus defendem-se da infração penal objetivamente descrita na peça acusatória, e não da qualificação jurídica por esta atribuída ao fato delituoso.[182]

---

[178] "(...) 2. O réu não se defende da capitulação dada ao crime na denúncia, mas sim da sua descrição fática, ou seja, dos fatos narrados naquela exordial. Por isso, 'não há violação ao art. 384 do CPP quando a sentença analisa corretamente a prova produzida, em perfeita consonância com a conduta descrita na denúncia, dando-lhe a correta definição jurídico-penal' – RSTJ 73/108, configurando o crime continuado – art. 71 do CP – a reiterada omissão no recolhimento de contribuições previdenciárias, podendo o magistrado 'dar ao fato definição jurídica diversa da que constar da queixa ou da denúncia, ainda que, em conseqüência, tenha de aplicar pena mais grave' – art. 383 do CPP [TRF4 – AC 1998.04.01.027352-1-SC, 1ª Turma, Juiz Fábio Rosa, j. 04//0599, DJU: 02/06/99, p.547].

[179] TJRGS – ACr n° 70002914604, Câmara Especial Criminal, rel. Desa. Maria da Graça Carvalho Mottin, j. 21/06/2002.

[180] TJRGS – ACr n° 699430989, 2ª Câmara Criminal, rel. Des. Antônio Carlos Netto de Mangabeira, j. 16/05/2002.

[181] Carta de Sentença autuada na Justiça de origem (Caxias do Sul-RS) sob o n° 98.1501953-8.

[182] STF – HC 68.720-2/DF, 1ª Turma, rel. Min. Celso de Mello, j. 10/12/91, DJU: 04/09/92. No mesmo sentido: *"O réu se defende dos fatos descritos na denúncia. O eventual equívoco na capitulação não acarreta a inépcia da mesma. A suspensão condicional do processo não é alcançável após o oferecimento da denúncia"* [STF – HC 79.856-0-RJ, 2ª Turma, rel. Min. Nelson Jobim, j. 02/05/00, DJU: 06/04/01].

Embora tal conclusão seja tomada em termos absolutos pela jurisprudência brasileira, entendemos necessária a sua ponderação diante das peculiaridades do caso concreto.

Com efeito, o Direito Penal não mais se limita, apenas, ao contexto fático para a adequação típica da conduta, hipótese esta que, afora a verificação de elementares normativas, é comum na criminalidade clássica.

O crime moderno vem sendo marcado muito mais pelos efeitos jurídicos oriundos de um determinado fato do que, propriamente, pelo substrato material que o origina. Um exemplo bastante significativo: imagine-se alguém que, durante todo o processo, respondeu pela prática de um delito de estelionato, tendo em vista que, mediante fraude, teria induzido em erro diversas pessoas, causando prejuízo patrimonial. Na sentença, contudo, o juiz desclassifica a infração, capitulando-a no art. 6º da Lei nº 7.492/86. À primeira vista, poderia parecer que o réu, por defender-se dos fatos, não teria qualquer prejuízo em sua defesa em razão da definição jurídica diversa. Contudo, a natureza do delito previsto no art. 6º da Lei nº 7.492/86 é tão diversa do crime descrito no art. 171 do CP que muitas teses defensivas que teriam pertinência neste deixam de ter naquele: o crime da Lei nº 7.492/86, *v.g.*, é um crime de perigo, em que a demonstração da ausência de dano patrimonial individual não afasta a tipicidade da conduta; já o estelionato torna-se atípico sempre que acolhida tal tese. Conseqüentemente, parece que os rumos que uma defesa há de tomar quando o réu se defende de um crime contra o Sistema Financeiro são bem diferentes daqueles a serem estabelecidos para o crime contra o patrimônio, até mesmo porque os bens jurídicos protegidos nos dois delitos são bastante diversos.

A melhor solução, portanto, é verificar-se no caso concreto se a definição jurídica diversa não desvirtua a natureza do delito ao ponto de a ampla defesa ser prejudicada.

Caso a mudança da tipificação do delito altere substancialmente a natureza do crime, é evidentemente nula a sentença que reconhece a modificação sem estar precedida de aditamento, ainda que o fato seja o mesmo. Em outras palavras: em alguns casos, o réu defende-se não só dos fatos, senão também das conseqüências jurídicas dos fatos.

3.14.3.5. Qualificação do acusado e individualização de condutas. A denúncia pode ser genérica?

O art. 41 do CPP estabelece, ainda, como requisitos formais da denúncia, a qualificação do acusado, ou seja, a individualização do sujeito passivo da ação penal. Essa individualização deve conter os traços identificadores do réu da melhor forma possível, sendo necessário, embora não imprescindível, o seu nome completo.

A qualificação do acusado acarreta, ainda, a necessidade de a sua conduta ser individualizada no plano fático. No caso do concurso de pessoas, sempre que possível a descrição pormenorizada da participação de cada concorrente, a exigência há de ser feita. Nesse sentido, decidiu recentemente o STF:

> EMENTA: (...) 1 – A técnica da denúncia (art. 41 do Código de Processo Penal) tem merecido reflexão no plano da dogmática constitucional, associada especialmente ao direito de defesa. Precedentes. 2 – Denúncias genéricas, que não descrevem os fatos na sua devida conformação, não se coadunam com os postulados básicos do Estado de Direito. Violação também do princípio da dignidade da pessoa humana. 3 – A denúncia sob exame utiliza-se de um silogismo de feição fortemente artificial para indicar o paciente como autor intelectual do roubo. (...) 4 – Deferimento da ordem para anular a denúncia quanto à atribuição ao paciente da conduta prevista no art. 157 do Código Penal, ressalvados os votos vencidos da Min. Ellen Gracie e do Min. Joaquim Barbosa [STF – HC 84768/PE, 2ª Turma, rel. Min. Ellen Gracie; relator p/ acórdão: Min. Gilmar Mendes, j. 08/03/2005, DJU: 27/05/2005).

Questão bastante controvertida e relacionada ao tema é a verificação da possibilidade de, nos crimes societários (normalmente, crimes contra a ordem tributária ou contra o sistema financeiro), só a condição de sócio ser suficiente para o início da ação penal. O posicionamento mais recente dos tribunais superiores aponta no sentido de que a mera condição de sócio/cotista/acionista não basta, por si só, para a propositura da ação penal:

> (...) O entendimento jurisprudencial, segundo o qual a peça acusatória, nos crimes societários, pode ser oferecida sem que haja descrição pormenorizada da conduta de cada sócio, não autoriza o oferecimento de denúncia genérica. 2. Denúncia que, ao narrar os fatos, deixa de demonstrar qualquer liame entre o acusado e a conduta a ele imputada, torna impossível o exercício do direito à ampla defesa. Imprescindível a descrição da ação ou omissão delituosa praticada pelo acusado, sobretudo por não ocupar qualquer cargo administrativo na associação e ostentar posição de um, dentre muitos, de seus integrantes. 3. O sistema jurídico penal brasileiro não admite imputação por responsabilidade penal objetiva. 4. Denúncia rejeitada. [STF – Inq 1578-SP, Tribunal Pleno, rel. Min. Ellen Gracie, DJU: 23/04/2004].
>
> *Ação Penal. Denúncia. Rejeição.* O MP imputou ao paciente a conduta descrita no art. 95, d, e § 1º da Lei n. 8.212/1991 c/c o art. 29 do CP, alegando ser ele um dos gerentes da empresa, sem, contudo, estabelecer qualquer liame objetivo entre tal aspecto e a omissão delituosa. Embora não se exija, nas hipóteses de crimes societários, a descrição pormenorizada da conduta de cada agente, isso não significa que o órgão acusatório possa deixar de estabelecer qualquer vínculo entre o denunciado e a empreitada criminosa a ele imputada. O simples fato de ser sócio ou administrador de empresa não autoriza a instauração de processo criminal por crimes praticados no âmbito da sociedade, se não restar comprovado no decorrer da ação penal a mínima relação de causa e efeito entre as imputações e a condição de dirigente da empresa, sob pena de se reconhecer a responsabilidade penal objetiva. A inexistência absoluta de elementos hábeis a descrever a relação entre os fatos delituosos e a autoria ofende o princípio constitucional da ampla defesa, tornando inepta a denúncia. Com esse entendimento, a Corte Especial rejeitou a denúncia. [STJ – Apn 404/AC, Corte Especial, rel. Min. Gilson Dipp, j. 05/10/05, DJU: 24/10/05, informativo STJ/263, de outubro de 2005]

Importa notar, para efeitos de constatação acerca da evolução da jurisprudência, que decisões mais antigas retratavam entendimento contrário.[183]

O tema parece estar se assentando em torno das seguintes duas proposições, as quais, adverte-se, têm sofrido temperamentos para ambos os lados, é dizer, ora exigindo uma maior, ora uma menor rigidez em seu entorno:

a) desnecessidade de pormenorizar a conduta de cada um dos agentes;

b) necessidade, contudo, de vincular o fato imputado à pessoa do denunciado.

Atualmente, no STF, a ausência de descrição individualizada das condutas imputadas aos diversos co-autores e/ou partícipes vem sendo reconhecida, por ambas as Turmas, como causa de inépcia da denúncia, consoante resta claro no precedente abaixo que bem resume a mudança do entendimento naquela Corte:

> EMENTA: 1. *Habeas Corpus*. Crimes contra o Sistema Financeiro Nacional (Lei no 7.492, de 1986). Crime societário. 2. Alegada inépcia da denúncia, por ausência de indicação da conduta individualizada dos acusados. 3. Mudança de orientação jurisprudencial, que, no caso de crimes societários, entendia ser apta a denúncia que não individualizasse as condutas de cada indiciado, bastando a indicação de que os acusados fossem de algum modo responsáveis pela condução da sociedade comercial sob a qual foram supostamente praticados os delitos. Precedentes: HC no 86.294-SP, 2ª Turma, por maioria, de minha relatoria, DJ de 03.02.2006; HC no 85.579-MA, 2ª Turma, unânime, de minha relatoria, DJ de 24.05.2005; HC no 80.812-PA, 2a Turma, por maioria, de minha relatoria p/ o acórdão, DJ de 05.03.2004; HC no 73.903-CE, 2a Turma, unânime, Rel. Min. Francisco Rezek, DJ de 25.04.1997; e HC no 74.791-RJ, 1a Turma, unânime, Rel. Min. Ilmar Galvão, DJ de 09.05.1997. 4. Necessidade de individualização das respectivas condutas dos indiciados. 5. Observância dos princípios do devido processo legal (CF, art. 5º, LIV), da ampla defesa, contraditório (CF, art. 5º, LV) e da dignidade da pessoa humana (CF, art. 1º, III). Precedentes: HC no 73.590-SP, 1a Turma, unânime, Rel. Min. Celso de Mello, DJ de 13.12.1996; e HC no 70.763-DF, 1a Turma, unânime, Rel. Min. Celso de Mello, DJ de 23.09.1994. 6. No caso concreto, a denúncia é inepta porque não pormenorizou, de modo adequado e suficiente, a conduta do paciente. 7. Habeas corpus deferido [STF – HC 86879/SP, 2ª Turma, rel. Min. Joaquim Barbosa, rel. p/ acórdão, Min. Gilmar Mendes, j. 21/02/2006, DJU: 16/06/2006, p. 28].

---

[183] "(...) 1. Não é inepta a denúncia, só por não descrever a conduta individual de cada um dos sócios denunciados, se a todos, indistintamente, atribui a prática do delito societário, afirmando-lhes a condição de administradores que respondiam pelos atos a eles imputados, e estes, na impetração do *writ*, não o negam, podendo, em tal circunstância, apresentar ampla defesa no processo criminal. 2. Precedentes. 3. H.C. indeferido". [STF – HC 74813-RJ, 1ª Turma, rel. Min. Sidney Sanchez, j. 09/09/1997, DJU: 29/08/1997, p. 40217]. "(...) tratando-se de crimes societários, de difícil individualização da conduta de cada participante, admite-se a denúncia de forma mais ou menos genérica, por interpretação pretoriana do art. 41 do CPP" [STJ – HC 28378-SP, 5ª Turma, rel. Min. Gilson Dipp, j. 05/08/2003, DJU: 22/09/2003, p. 351]. "Nos crimes societários é dispensável a descrição minuciosa e individualizada da conduta de cada acusado", exigindo-se, no mínimo, que a denúncia "narre a conduta delituosa de forma a possibilitar o exercício da ampla defesa" [STJ – RHC 14476-SP, 5ª Turma, rel. Min. Laurita Vaz, j. 03/02/2004, DJU: 08/03/2004, p. 275].

Já a jurisprudência do STJ ainda não se encontra assentada em premissas de dedução possível, ora exigindo-se descrição mínima da conduta imputável,[184] ora prescindindo-se dessa exigência para o regular início da ação penal.[185]

Cremos que a solução mais adequada consiste em ponderar as circunstâncias do caso concreto: sempre que haja a possibilidade, mediante a realização de alguma diligência, do esclarecimento a respeito da possível participação de cada réu, a denúncia deve respeitar tal formalidade, como forma de dinamização do princípio da ampla defesa. Tal hipótese é muito comum em crimes fiscais, em que a

---

[184] Nesse sentido: (...) Hipótese na qual o paciente, ex-Prefeito do Município de Gurinhém/PB, processado pela suposta prática de crimes de responsabilidade, alega, em especial, a inépcia da exordial, a qual teria atribuído ao réu meras irregularidades, que não configurariam tipos penais, além de ter descrito genericamente as condutas a ele imputadas, prejudicando a ampla defesa. Evidenciado que nada foi esclarecido na denúncia, estando os fatos genericamente enumerados, de modo a criar óbices à ciência do acusado acerca dos atos concretos que ocasionaram a imputação a ele dos crimes de responsabilidade, resta configurado o constrangimento ilegal. III. Não se constata o atendimento dos requisitos do art. 41 do CPP, pois os fatos delituosos não se encontram devidamente expostos, com suas circunstâncias, de modo a permitir o exercício da ampla defesa. IV. A despeito de não se exigir a descrição pormenorizada da conduta do agente, isso não significa que o órgão acusatório possa deixar de estabelecer qualquer vínculo entre o denunciado e a empreitada criminosa a ele atribuída. V. O simples fato de o réu ser ex-Prefeito do Município não autoriza a instauração de processo criminal por crimes praticados durante seu mandato, se não restar comprovado, ainda que com elementos a serem aprofundados no decorrer da ação penal, a mínima relação de causa e efeito entre as imputações e a sua condição de gestor da municipalidade, sob pena de se reconhecer a responsabilidade penal objetiva. VI. A inexistência absoluta de elementos hábeis a descrever a relação entre os fatos delituosos e a autoria ofende o princípio constitucional da ampla defesa, tornando inepta a denúncia. Precedentes. VII. Deve ser anulada a ação penal instaurada contra o paciente, por ser inepta a denúncia. VIII. Ordem concedida, nos termos do voto do Relator. [STJ – HC 53466/PB, 5ª Turma, rel. Min. Gilson Dipp, j. 25/04/2006, DJU: 22/05/2006, p. 234]. (...) 1. Afirmar na denúncia que "a vítima foi jogada dentro da piscina por seus colegas, assim como tantos outros que estavam presentes, ocasionando seu óbito" não atende satisfatoriamente aos requisitos do art. 41 do Código de Processo Penal, uma vez que, segundo o referido dispositivo legal, "A denúncia ou queixa conterá a exposição do fato criminoso, com todas as suas circunstâncias, a qualificação do acusado ou esclarecimentos pelos quais se possa identificá-lo, a classificação do crime e, quando necessário, o rol das testemunhas". 2. Mesmo que se admita certo abrandamento no tocante ao rigor da individualização das condutas, quando se trata de delito de autoria coletiva, não existe respaldo jurisprudencial para uma acusação genérica, que impeça o exercício da ampla defesa, por não demonstrar qual a conduta tida por delituosa, considerando que nenhum dos membros da referida comissão foi apontado na peça acusatória como sendo pessoa que jogou a vítima na piscina.(...) [STJ, HC 46525/MT, 5ª Turma, rel. Min. Arnaldo Esteves, j. em 21/03/2006, DJU de 10/04/2006, p. 245].

[185] Nesse sentido: (...) 1. Nos crimes de co-autoria é dispensável a descrição minuciosa e individualizada da conduta de cada acusado, bastando, que a denúncia narre os fatos configuradores do crime em tese, de forma a possibilitar o exercício da ampla defesa. Precedentes do STJ. (...) [STJ – HC 46441/SC, rel. Min. Laurita Vaz, 5ª Turma, j. 18/04/2006, DJU: 15/05/2006, p. 246]. (...) Em faltando à Acusação Pública, no ensejo do oferecimento da denúncia, elementos bastantes ao rigoroso atendimento do seu estatuto formal (Código de Processo Penal, artigo 41), é válida a imputação genérica do fato-crime, sem a particularização das condutas dos agentes, co-autores e partícipes, dês que não obstada a garantia constitucional da ampla defesa, até porque admite a lei processual penal que as omissões da acusatória inicial possam ser supridas a todo tempo, antes da sentença final (Código de Processo Penal, artigo 569).(...) [STJ – HC 27352, 6ª Turma, rel. Min. Hamilton Carvalhido, j. 16/12/2004, DJU: 06/02/2006, p. 325]

representação fiscal para fins penais oriunda da Receita Federal/Estadual/Municipal normalmente preocupa-se, apenas, em identificar formalmente a responsabilidade civil (fiscal/tributária) dos sujeitos passivos da obrigação tributária. Sucede o mesmo, *mutatis mutandis*, com as representações oriundas do Banco Central do Brasil, nos crimes financeiros. Conseqüentemente, pode-se tornar conveniente – ou até mesmo necessário, dependendo das circunstâncias – a realização de alguma diligência preliminar tendente à verificação acerca da efetiva autoria delitiva, quando dos elementos fornecidos pelo órgão noticiante não se possa percebê-la com a segurança necessária à propositura da ação penal.

3.14.3.6. (Im)possibilidade de correção, pelo juiz, no ato de recebimento da denúncia, da capitulação oferecida ao delito. É possível recebimento parcial da denúncia?

Um dos efeitos dessa constatação é o de que, consoante a jurisprudência brasileira, não é dado ao Juiz, quando do recebimento da denúncia, "corrigir" a capitulação legal (qualificação jurídica) do delito oferecida pelo Ministério Público, hipótese que, conquanto existente, está reservada para momento ulterior (art. 383 do CPP). Isso porque:

> (...) A denúncia é uma mera proposta de condenação e condensa uma definição jurídica do fato delituoso de natureza provisória, susceptível de retificação pelo Juiz no momento de edição da sentença (CP, art. 383), sendo imprópria e inoportuna a sua correção no despacho judicial de recebimento (...).[186]

Nesse sentido também já decidiu o STF:

> Não tem poderes o juiz para, no despacho de recebimento da denúncia, considerar inconstitucional o decreto-lei em que se fundou e dar nova definição jurídica do fato. Só o *dominus litis* tem poderes para alterar a classificação do delito ao oferecer a denúncia.[187]

Tal entendimento vem prevalecendo, inclusive, no que diz respeito à ação penal privada.[188]

---

[186] STJ – RHC 8.960-RJ, Rel. Min. Vicente Leal, j. 23/11/99, DJU: 13/12/99.

[187] STF – HC 64.966-1-SP, 2ª Turma, Rel. Min. Carlos Madeira, j. 22/5/87, DJU: 12/6/87, RT 620/384. No mesmo sentido: "(...) 1. A jurisprudência da Corte se firmou no sentido de que o réu se defende dos fatos a ele imputados, e não do tipo penal indicado, ainda que incorretamente, na denúncia. Pedido de desclassificação que se mostra inviável no momento em que se instaura a ação penal, tendo em vista a possibilidade de *emendatio* ou *mutatio libelli* em momento processual oportuno. 2. Alegação de atipicidade da conduta que envolve o exame de matéria fática, sendo, assim, incompatível com a própria natureza do habeas corpus. 3. Ordem indeferida". [STF – HC 83335/GO, 2ª Turma, rel. Min. Ellen Gracie, j. 25/11/2003, DJU: 19/12/2003, p. 100]. "Descabe ao magistrado, na oportunidade do recebimento da denúncia, discutir a capitulação do delito. Esta é uma atribuição do Ministério Público, titular da ação penal pública. O momento processual adequado para que o Juiz possa dar ao fato definição jurídica diversa da que consta na denúncia, ou reconhecer a possibilidade de nova definição jurídica do fato é o da sentença" [TJSP – CJ 10.200-0, Rel. Des. Marino Falcão, j. 24/8/89, RT 647/269].

[188] "Queixa-crime – Recebimento – Alteração da qualificação legal do crime – Impossibilidade: O Juiz não pode alterar a qualificação legal do crime, no ato de recebimento da queixa, por ser isso privativo do *dominus litis*, cabendo, ao Magistrado, verificar da presença das condições da ação,

Essa questão, todavia, deve hoje ser analisada com flexibilizações, haja vista a possibilidade de, a depender da capitulação oferecida na denúncia, estar-se negando ao denunciado a possibilidade de usufruir os institutos da suspensão condicional do processo (art. 89 da Lei nº 9.099/95) ou do Juizado Especial Criminal (art. 61 da Lei 9.099/95).

Conseqüentemente, se no exame do mérito, após encerrada a instrução criminal, há a possibilidade de o juiz, com base nos arts. 383 e 384 do CPP, dar *definição jurídica diversa* ou dar *nova definição jurídica* à imputação, não vemos óbice para que, desde que liminarmente evidenciado, tal exame seja realizado já no juízo de admissibilidade da denúncia. Imagine-se uma ação penal instaurada contra alguém que praticou estelionato por meio de uso de documento falso, sendo que a denúncia imputou, ao réu, os delitos descritos nos arts. 171 e 304 do CP, apesar de haver unanimidade quanto à verificação, *in casu*, do concurso aparente de normas quando o falso se esgota no estelionato (Súmula nº 17 do STJ). Ora, se é evidente que um tipo penal será absorvido pelo outro, há manifesto abuso no poder de denunciar quando o Ministério Público, para evitar a suspensão condicional do processo, imputa ambos os delitos ao réu. A saída para o caso, parece-nos, seria o recebimento parcial da denúncia, somente em relação a um dos delitos e, sucessivamente, a notificação do Ministério Público para que se manifeste acerca do disposto no art. 89 da Lei nº 9.099/95. Em caso semelhante, assim decidiu o TRF/1ª Região, embora minoritária tal jurisprudência:

> (...) Após a edição da Lei n. 9.099/95, que, em seu art. 89, admitiu a suspensão condicional do processo nos crimes apenados com pena mínima não superior a um ano, o que poderá levar à extinção da punibilidade, o juiz, ao receber a denúncia, deve realizar um juízo de prelibação a respeito da qualificação jurídica do fato, a fim de não impossibilitar a aplicação da referida medida despenalizadora. Ordem de *habeas corpus* deferida, em parte, para que o paciente responda apenas pelo crime de estelionato, tendo em vista que, no caso, o falso ficou por este absorvido, enquanto o uso do documento constituiu mero exaurimento. [TRF/1ª Região – HC 199701000130891/DF, 2ª Seção, rel. Juiz Eustáquio Silveira, j. 25/06/1997, DJU: 25/08/1997, p. 66736]

3.14.3.7. Aditamento de Denúncia. *"Emendatio e mutatio libelli"*.

A conjugação dos princípios da obrigatoriedade e da indivisibilidade da ação penal, associada aos requisitos mínimos exigidos para o recebimento da denúncia, podem acarretar que uma ação penal venha a ser proposta e, após o seu início, surja algum aspecto que indique a necessidade de ampliação dos limites objetivos e/ou subjetivos da imputação. Seria o caso, por exemplo, de no curso da ação penal vir a tornar-se conhecido co-autor do delito que, até então, se mantivera oculto.

---

recorrendo, se for o caso aos dispositivos dos arts. 383 e 384 do CPP, no curso do processo". [TACRIMSP – HC 230.908, Rel. Juiz Nicolino del Sasso, p. RDJTACRIMSP, 19/192].

O art. 569 do CPP estabeleceu que:

Art. 569. As omissões da denúncia ou da queixa, da representação, ou, nos processos das contravenções penais, da portaria ou do auto de prisão em flagrante, poderão ser supridas a todo o tempo, antes da sentença final..

Nesse sentido, decidiu-se que:

(...) O aditamento da denúncia, antes de proferida a sentença, em virtude de fatos novos surgidos na instrução criminal, é previsto no comando do art. 569 do CPP, não ensejando, destarte, a concessão de *habeas corpus*, pois nenhum é o constrangimento ilegal, máxime quando renovados todos os atos instrutórios [STJ – RHC 2.120-6/CE, 6ª Turma, rel. Min. Anselmo Santiago, j. 26/04/93, RSTJ 47/474-5].

Podem-se ressaltar as seguintes possibilidades de aditamento da denúncia:

a) inclusão de co-autor ou partícipe não descrito na denúncia (aditamento pessoal): neste caso, faz-se necessário o interrogatório do co-réu incluído, além da abertura de oportunidade para arrolar testemunhas e produzir as provas que entender cabíveis. Cremos necessária, também, a nova oitiva das testemunhas de acusação, cujos depoimentos tenham relação com o concurso de pessoas. Quanto à prescrição da pretensão punitiva, o aditamento da denúncia, nesse caso, não interrompe o prazo, pois o recebimento prévio da exordial produz efeitos mesmo em relação aos agentes não conhecidos (art. 117, § 1º, 1ª parte, do CP);[189]

b) inclusão de delito conexo não narrado na denúncia (aditamento real): pode ocorrer de, no curso da ação penal, vir à tona fatos que originam, em tese, crime conexo ou continente ao descrito na denúncia. O aditamento torna-se necessário, bem como a realização de nova instrução criminal no que tange ao novo fato imputado. No que respeita à prescrição, o recebimento do aditamento interrompe o prazo, mas tão-só em relação ao novo delito;

c) inclusão de nova elementar não contida na denúncia: é o caso de a instrução criminal elucidar a verificação de nova elementar que, uma vez descrita na denúncia, poderia alterar o fato e sua definição jurídica, ou alterando o crime, ou incluindo qualificadora. Seria a

---

[189] Nesse sentido: "(...) Se em relação a co-réu veio a incidir a prescrição pela pena 'in concreto', ante o lapso de tempo decorrido entre o recebimento da denúncia e a prolação da sentença, é de se ter que o aditamento da denuncia para inclusão de outro co-réu, que é o ora paciente, não interrompeu o lapso prescricional, também em relação a este último, o recebimento do aditamento referente a tal inclusão, se a situação deste é absolutamente igual à do primeiro, tendo sido ambos condenados à mesma pena, e nada havendo que leve a que se tenha como atribuível a este segundo co-réu (ora paciente) a maior demora pela sua inclusão na ação penal". [STF – HC 67888-SP, 2ª turma, rel. Min. Aldir Passarinho, j. 17/04/1990, DJU: 18/05/1990, p. 4344]. "(...)O aditamento da denúncia para inclusão de co-autor ou de partícipe de crime não interrompe o prazo de prescrição, se não se está a tratar de fato novo estranho à exordial acusatória, devendo ser estendido ao novo integrante da relação processual penal o efeito interruptivo do recebimento da denúncia contra o primeiro co-réu, nos termos do art. 117, § 1º, 1ª parte, do Caderno Penal.(...)"[TRF/4ª Região – EINACR 200104010717552-SC, 4ª Seção, rel. Juiz Luiz Fernando Wowk Penteado, j. 18/12/2002, DJU: 14/01/2004, p. 133]

INVESTIGAÇÃO CRIMINAL E AÇÃO PENAL

hipótese, *v.g.*, de o réu estar sendo processado pelo delito de calúnia e, no curso da ação penal, sobrevir notícia de que a atribuição falsa de fato definido como crime teria acarretado a instauração de ação penal: a imputação do crime de denunciação caluniosa pressupõe aditamento e nova instrução criminal. O mesmo pode ser dito, v.g., no caso de aditamento para a inclusão de uma qualificadora no crime de homicídio. Para fins prescricionais, tendo em vista a alteração produzida nos fatos, cremos que o recebimento do aditamento produz efeito interruptivo,[190] desaparecendo tal peculiaridade em relação à denúncia anteriormente recebida. Por outro lado, o prazo prescricional passa a estar regulado pela pena resultante do novo delito;

d) inclusão de nova circunstância não contida na denúncia: se a circunstância (agravante ou majorante) implica matéria fática, o aditamento é necessário (v.g, para a inclusão da majorante do art. 12, I, da Lei nº 8.137/90, quando a magnitude do dano não esteja, explícita ou implicitamente, descrita na denúncia). Ao contrário, quando tais circunstâncias encontrarem-se, ao menos, implicitamente descritas (v.g, quando foram narrados diversos fatos que, ao final, são considerados uma continuidade delitiva), o aditamento é desnecessário. Em sendo oferecido e recebido, tal decisão não importa em nova interrupção da prescrição, mas a nova pena resultante, conforme o caso, poderá alterar o prazo prescricional.

De ver-se, ao final, que a doutrina e a jurisprudência pátrias vêm reconhecendo, de forma relativamente tranqüila, duas soluções para o caso: poderá ser oferecida uma nova denúncia para a ampliação dos limites objetivos e/ou subjetivos da demanda (resultando na separação facultativa dos processos – art. 80 do CPP[191]) ou, conforme o caso, poderá ser oferecido aditamento de denúncia.

---

[190] Nesse sentido: "(...) Não há que se falar em prescrição da pretensão punitiva se não decorreu o lapso de tempo necessário entre a data de proferimento da sentença e a data do aditamento da denúncia, que trouxe fatos novos resultando em modificação na capitulação do delito imputado, inclusive com mudança no rito procedimental, e determinou a inclusão de co-réus.(...)" [STJ – Resp 276841-SP, 5ª Turma, rel. Min. Arnaldo da Fonseca, j. 06/06/2002, DJU: 01/07/2002, p. 371].

[191] "Conexão: admissibilidade de instauração de novo processo por fato conexo ao objeto de processo em curso. Se a conveniência de não prolongar a prisão processual do réu é motivo bastante à separação de processos antes reunidos ou ao desmembramento de processo cumulativo, com mais razão o será para a instauração de outro processo, quando já avançado o curso do primeiro, ainda quando sejam conexos os fatos objeto de um e de outro.(...)" [STF – RHC 83009-RJ, 1ª Turma, rel. Min. Sepúlveda Pertence, j. 05/08/2003, DJU: 05/09/2003, p. 40]. "(...) A despeito da pluralidade de agentes, que resulta de procedimento investigativo preliminar, a separação dos processos consoante o lugar da infração, por conveniência da instrução criminal e da administração da justiça, é faculdade inserta no art. 80 do CPP.(...)" [STJ – RHC 13616-RS, 6ª Turma, rel. Min. Paulo Medina, j. 23/09/2003, DJU: 13/10/2003, p. 448]. "(...) Se diversas são as infrações, praticadas em diferentes circunstâncias de tempo e de lugar, é conveniente a separação dos processos na forma preconizada no art. 80, do Código de Processo Penal, fixando-se a

Apesar disso, é sempre preferencial o oferecimento do aditamento porque as regras processuais de conexão e continência (arts. 77 e 78 do CPP) estão a apontar para a unidade de processo e julgamento, hipótese essa que apenas não se verificaria nas circunstâncias do art. 80 do CPP, a indicar uma separação facultativa dos processos nas situações por ele elencadas.

Todas estas hipóteses dizem respeito a aditamento (facultativo ou obrigatório, conforme o caso) no curso da instrução criminal, podendo ser oferecido espontaneamente pelo Ministério Público. No entanto, pode ocorrer de o juiz, no momento da sentença, perceber a necessidade de correção nos limites objetivos e/ou subjetivos da denúncia. Tais hipóteses estão previstas nos arts. 383 e 384 do CPP, e ganham o nome de emendatio libelli e mutatio libelli, respectivamente.

3.14.3.7.1. "Emendatio libelli"

Dispõe o art. 383 do CPP:

> Art. 383. O juiz poderá dar ao fato definição jurídica diversa da que constar da queixa ou da denúncia, ainda que, em conseqüência, tenha de aplicar pena mais grave.

O caso diz respeito à hipótese de os fatos estarem corretamente descritos na denúncia, sendo que o juiz, na sentença, entende que o tipo penal imputado é diverso do definido na exordial. Exemplo: o réu fora processado porque, mediante grave ameaça, teria obrigado uma determinada pessoa a sacar dinheiro de caixa eletrônico: denunciado por roubo (art. 157 do CP), acabou sendo condenado por extorsão (art. 158 do CP). Noutro caso, entendeu o STJ que:

> (...) Não ocorre *mutatio libelli*, mas apenas *emendatio libelli* na hipótese em que o réu, denunciado por contrabando pela introdução no mercado interno de cloreto de etila (lança-perfume), tem o fato criminoso desclassificado para o delito de tráfico de entorpecente.(...) [STJ – HC 15685-SP, 6ª Turma, rel. Min. Vicente Leal, j. 21/08/2001, DJU: 17/09/2001, p. 197].

Nessa hipótese, predomina o entendimento de que o juiz poderia operar *ex officio* a correção, apesar de a pena resultante ser mais grave.[192] O argumento normalmente utilizado para justificar tal postura é o de que o réu se defende dos fatos, e não da capitulação jurídica destes fatos.[193]

---

competência em razão do lugar da infração.(...)"[STJ – CC 31604-MG, 3ª Seção, rel. Min. Vicente Leal, j. 11/09/2002, DJU: 30/09/2002, p. 153]. No mesmo sentido: TRF/1ª Região, HC 200001000628547/GO, 4ª Turma, rel. Juiz I'Talo Mendes, j. 19/09/2000, DJU: 27/09/2000, p. 2; TRF/2ª Região, HC 200102010395210-RJ, 4ª Turma, rel. Juiz Benedito Gonçalves, j. 19/02/2002, DJU: 09/04/2002, p. 753.

[192] MONTEIRO ROCHA, cit., p. 526.

[193] "(...)Se a r. sentença condenatória, limita-se a dar aos fatos definição diversa daquela consignada na denúncia, ocorre, *in casu*, simples emendatio libelli, em observância ao art. 383 do CPP, não havendo que se falar em nulidade por inobservância ao art. 384 do CP. (Precedentes). II – O paciente, em princípio, se defende do fato imputado e não da sua classificação, que pode ser

INVESTIGAÇÃO CRIMINAL E AÇÃO PENAL

Alega-se, ainda, que a *emendatio* não pressupõe aditamento da denúncia[194] e, muito menos, vista à defesa.[195]

Embora tal entendimento, em termos absolutos, seja majoritário, entendemos necessária a ponderação das conseqüências diante de cada caso concreto. Como afirmado antes, há muito que o Direito Penal evoluiu a ponto de ser equivocada a afirmação de que o réu defende-se dos fatos, e não da capitulação jurídica desses fatos. Vimos o exemplo anterior de alguém que é processado por estelionato (art. 171 do CP) e, ao final, acaba sendo condenado pelo art. 6º da Lei nº 7.492/86. Embora os fatos sejam os mesmos, as naturezas e características essenciais de cada delito são tão diversas que os rumos da defesa não são os mesmos em ambos os casos. Lembre-se, *v.g.*, de que, no último delito, o bem jurídico protegido é o Sistema Financeiro Nacional (de característica difusa), ao passo que, no primeiro, o patrimônio (primordialmente individual). O definido na Lei nº 7.492/86 é um crime de perigo; o estelionato, de dano. A prova da inexistência de lesão patrimonial à vítima é pertinente neste, mas não possui qualquer relevância naquele delito. Nessas hipóteses em que a *definição jurídica diversa* altera a própria substância do delito (principalmente nos casos em que os bens jurídicos protegidos pelo delito descrito na denúncia e o reconhecido na sentença são distintos), a melhor saída é a necessidade de aditamento da denúncia para, assim, ser respeitado o direito ao contraditório. Assim, entendemos equivocada a seguinte decisão do TRF/4ª Região, por lesão à ampla defesa:

> (...) Estando os fatos descritos na denúncia, pode o juiz dar-lhe na sentença definição jurídica diversa, sem necessidade de abrir-se prazo para nova defesa do réu, porquanto este se

---

alterada nos limites do art. 383 do CPP.(...)" [STJ – HC 30346-SC, 5ª Turma, rel. Min. Felix Fischer, j. 18/11/2003, DJU: 15/12/2003, p. 339]

[194] "(...) I. Hipótese em que não houve alteração dos fatos dos quais o réu deveria se defender, pois, ao alterar a classificação jurídica dos delitos de roubo simples e atentado violento ao pudor mediante fraude para roubo qualificado e atentado violento ao pudor, o d. Julgador monocrático, cuidou, apenas, de adequar a descrição da conduta do paciente em relação às informações, depoimentos e demais provas colacionadas aos autos. II. Circunstâncias consideradas pelo Magistrado para alterar a classificação dos crimes que foram postas de forma explícita na denúncia, podendo-se citar o concurso de pessoas e a ausência de fraude por parte do paciente para obrigar a vítima a praticar felação. III. A adequação da conduta do réu, promovida pelo Juiz monocrático ao prolatar a sentença condenatória, sem a efetiva mudança dos fatos pela acusação, não constitui hipótese de *mutatio libelli*. IV. Situação que caracteriza, na verdade, *emendatio libelli*, significando apenas uma adequação dos fatos ao tipo, o que não pode ser considerado elemento surpresa, que dificulta ou impossibilita a defesa. V. Torna-se despiciendo baixar os autos para aditamento da denúncia ou manifestação da defesa, pois a Lei Processual Penal exige tal providência tão-somente nos casos em que a nova definição jurídica do fato advém de circunstância elementar não contida, explícita ou implicitamente, na peça acusatória, o que não é o caso dos autos. VI. Ordem denegada". [STJ – HC 26562-MS, 5ª Turma, rel. Min. Gilson Dipp, j. 03/04/2003, DJU: 12/05/2003, p. 319]

[195] "(...) O réu, em princípio, se defende do fato imputado e não da sua classificação, que pode ser alterada nos limites do art. 383 do CP. Sendo, o caso, hipótese de emendatio libelli, não há nulidade no processo pela não abertura de vista à defesa(...)" [STJ – Resp 216696-SP, 5ª Turma, rel. Min. Félix Fischer, j. 18/12/2000, DJU: 12/02/2001, p. 129]

defendeu dos fatos e não de sua capitulação inicial. Na espécie, foi bem delimitada, na peça acusatória, a conduta que afetou o bem jurídico, ou seja, na denúncia os fatos foram detalhados com precisão, e deles se defendeu o acusado. Desde aquela peça acusatória está bem claro que o sujeito passivo da relação penal é instituição financeira – Caixa Econômica Federal, tanto que o enquadramento inicial foi no par-3 do art. 171, que prevê o agravamento da pena quando o crime for contra entidade de direito público ou instituto de economia popular. Houve tão somente reclassificação da conduta, pois a figura do titular do direito protegido é a Caixa Econômica Federal, sendo assim, pelo princípio da especialidade, tipificada no art. 19 da Lei 7492/86, e não no art. 171, par-3, do Código Penal (CP-40). (...) [TRF/4ª Região – HC 199804010510051/PR, 2ª Turma, rel. Juiz Vilson Darós, j. 01/10/1998, DJU: 09/12/1998, p. 704].

Caso típico de *emendatio* é o de operar-se a "(...) Desclassificação do crime de extorsão mediante seqüestro para extorsão simples (CP, art. 158)" [STF – HC 83494-RS, 2ª Turma, rel. Min. Ellen Gracie, j. 16/03/2004, DJU: 02/04/2004, p. 28], que prescindiria do aditamento, não só porque os fatos são os mesmos, mas, também, porque a pena fora reduzida. Outrossim, é freqüente a desclassificação do crime da modalidade delitiva dolosa para a modalidade culposa, conforme se verifica no precedente a seguir.

Desclassificação de infração para a modalidade culposa e Emendatio Libelli. A Turma negou provimento a recurso ordinário em *habeas corpus* em que se pretendia ver declarada nula decisão de primeira instância que condenara a recorrente por crime de peculato culposo. Alegava-se ofensa às garantias da ampla defesa e do contraditório, eis que, por ter sido a recorrente denunciada pela prática de peculato doloso (CP, art. 312, *caput*), a sentença teria incorrido em *mutatio libelli*, impondo, por isso, a prévia abertura de prazo à defesa, nos termos do art 384 do CPP. *Entendeu-se não estar configurada a hipótese de mutatio libelli e sim a emendatio libelli, uma vez que os fatos narrados na denúncia seriam iguais aos considerados na sentença atacada, tendo esta divergido apenas quanto ao elemento subjetivo do tipo, ao considerar ser o caso de culpa e não de dolo.* Salientou-se que caberia à ré se defender dos fatos que lhe são imputados, e não das respectivas definições jurídicas que a eles são atribuídas. Asseverou-se, ainda, que a alteração contestada fora benéfica à recorrente, incidindo, no caso, o disposto no art. 563 do CPP ("*nenhum ato será declarado nulo, se da nulidade não resultar prejuízo para a acusação ou para a defesa*"). Concluiu-se que, de qualquer modo, não haveria de se prover o recurso, visto que houvera reforma da sentença pelo Tribunal de Justiça local que, acolhendo recurso de apelação do Ministério Público, condenara a recorrente na mesma capitulação contida na denúncia. Precedentes citados: HC 67997/DF (DJU de 21.9.90) e RHC 82589/BA (DJU de 20.2.2004). [STF – RHC 85.623-SP, 1ª Turma, j. 07/06/05, DJU: 31/03/06, Informativo STF/390]

3.14.3.7.2. "Mutatio libelli"

Dispõe o art. 384 do CPP:

Art. 384. Se o juiz reconhecer a possibilidade de nova definição jurídica do fato, em conseqüência de prova existente nos autos de circunstância elementar, não contida, explícita ou implicitamente, na denúncia ou na queixa, baixará o processo, a fim de que a defesa, no prazo de 8 (oito) dias, fale e, se quiser, produza prova, podendo ser ouvidas até três testemunhas.

Parágrafo único. Se houver possibilidade de nova definição jurídica que importe aplicação de pena mais grave, o juiz baixará o processo, a fim de que o Ministério Público possa aditar a denúncia ou a queixa, se em virtude desta houver sido instaurado o processo em crime de ação pública, abrindo-se, em seguida, o prazo de 3 (três) dias à defesa, que poderá oferecer prova, arrolando até três testemunhas.

A diferença fundamental entre a *definição jurídica diversa* a que faz menção o art. 384, *caput*, do CPP e a *nova definição jurídica*, descrita no art. 383 do CPP, é que naquela a verificação de circunstância ou elementar não contida na denúncia acarreta a alteração dos fatos descritos na denúncia. Enquanto na *emendatio libelli* os fatos permanecem idênticos, na *mutatio*, ao contrário, são ampliados. Seria o caso, *v.g.*, de o réu estar sendo processado por furto e, no curso do processo, sobrevir informação de que o delito fora praticado com violência ou grave ameaça (roubo).

Embora o art. 384 equipare *elementares* e *circunstâncias*, a verdade é que se tratam de aspectos distintos do delito. As elementares caracterizam a *essentialia delicti*, ou seja, os elementos constitutivos originais do delito ou aqueles elementos que originam um tipo penal derivado com uma pena autônoma (qualificadoras). Já as circunstâncias fazem parte da *accidentalia delicti*, ou seja, aspectos que, uma vez verificados, não alteram a essência do delito, mas sim a sanção penal, seja para agravá-la (majorantes e agravantes), seja para mitigá-la (atenuantes e minorantes).

As providências estabelecidas no art. 384 são as seguintes:

a) aditamento facultativo: no caso de a *definição jurídica diversa* acarretar a diminuição da pena, ou a sua manutenção em idêntico patamar, o *caput* do art. 384 estabelece que a autoridade judicial, na ocasião da sentença, deverá baixar os autos à defesa a fim de que se manifeste no prazo de 8 (oito) dias e, se assim desejar, produza a prova (inclusive testemunhal) que entender cabível. Após tal providência, poderia a autoridade judicial sentenciar reconhecendo a *definição jurídica diversa*, independentemente de o aditamento ser realizado. Embora tal solução venha sendo admitida, é importante a observação de Boschi[196] no sentido de que "a nova definição jurídica do fato, enunciada pelo *caput* do art. 384, produz, pelo reconhecimento da elementar ou da circunstância constante da prova mas não contida na denúncia, sequer implicitamente, evidente violação ao princípio da congruência entre denúncia e sentença. Como não há imposição de pena mais grave do que a que seria primitivamente passível de imposição, sem a consideração da circunstância ou da elementar, a violação vem sendo mantida". Além disso, há evidente fissura ao modelo acusatório, na medida em que o art. 384, *caput*, permite que a autoridade judicial amplie os limites da imputação sem que o órgão acusador corrobore tal conclusão. O juiz deixaria de figurar como órgão imparcial para funcionar como acusador.[197] A prova disso é que o juiz, ao notificar a

---

[196] BOSCHI, cit., p. 237.

[197] Sobre o assunto: LOPES JR., cit., p. 150-174.

defesa e eventualmente o Ministério Público, não poderá mencionar expressamente o porquê da notificação.

b) aditamento obrigatório: já na hipótese do parágrafo único do art. 384, em que a *definição jurídica diversa* acarreta a exasperação da pena, a autoridade judicial deverá notificar o Ministério Público a tomar as providências que entender cabíveis (aditamento) e, após, abrirá prazo de 3 (três) dias à defesa para oferecer provas e arrolar até 3 (três) testemunhas. Nessa hipótese, o aditamento é obrigatório, não sendo possível o juiz corrigir a imputação sem tal providência, sob pena de nulidade. Caso o aditamento não seja promovido, não restaria outra alternativa à autoridade judicial senão absolver o réu. Nesse sentido, decidiu o TRF/1ª Região que:

> Denunciado por crime contra a ordem tributária, que teria sido praticado mediante falsificação de nota fiscal, não pode o Réu ser condenado pela não emissão daquele documento, fato diverso do contido na peça acusatória, circunstância que não encontra amparo no art. 383 do Código de Processo Penal. 2. De outro lado, incabível na hipótese a aplicação do art. 384 do CPC, ainda que com o aditamento da denúncia, a que se refere o parágrafo único do mesmo dispositivo, eis que inexistente qualquer circunstância elementar que tenha sido omitida na denúncia e que, provada durante a instrução criminal, imponha nova definição jurídica ao fato. 3. Além do mais, falsificação de nota fiscal e sua não emissão, referidas nos incisos III e V do art. 1º da Lei 8.137/90 não constituem, por si sós, crime contra a ordem tributária, mas apenas condutas que podem levar à supressão ou redução de tributo, núcleo do tipo descrito no *caput* do mesmo dispositivo legal. 4. Apelação provida para, mantida a imputação feita na denúncia, julgá-la improcedente, eis que não provadas a materialidade e a autoria da falsificação ou a ocorrência da sonegação fiscal. [TRF/1ª Região, Acr 1998010000909160/AP, 3ª Turma, rel. Juiz Osmar Tognolo, j. 29/03/2000, DJU: 26/06/2000, p. 52]

Por vezes, a ocorrência de *mutatio libelli* leva à modificação da competência para o processo e julgamento do feito:

> EMENTA: *HABEAS CORPUS*. CRIME DO ARTIGO 306 DO CÓDIGO DE TRÂNSITO BRASILEI-RO. RETIFICAÇÃO PARA A CONTRAVENÇÃO PENAL DO ARTIGO 34 DA LCP. COMPETÊN-CIA DO JUIZADO ESPECIAL CRIMINAL. APLICAÇÃO DO ARTIGO 384 DO CÓDIGO DE PROCESSO PENAL. 1. A mudança de imputação, na fase das alegações finais, do crime tipificado no artigo 306 do Código de Trânsito Brasileiro para a Contravenção Penal descrita no artigo 34 da LCP implica em *mutatio libelli*, atraindo a competência do Juizado Especial Criminal. 2. Tendo sido a instrução criminal realizada com esteio na acusação inicial, resulta em prejuízo à defesa a não-aplicação do artigo 384 do Código de Processo Penal. Ordem concedida. [STF – HC 86.276-MG, 1ª Turma, rel. Min. EROS GRAU, j. 27/09/2005, DJU: 28-10-2005 PP-00050).

A inobservância das formalidades do parágrafo único do art. 384 do CPP leva à nulidade de eventual sentença condenatória:

> Necessidade de adoção das providências estatuídas no art. 384, parágrafo único do CPP, em hipótese de condenação que importe em nova definição jurídica do delito com imposição de pena mais grave. Habeas Corpus deferido. [STF – HC 76704-RJ, 2ª Turma, rel. Min. Nelson Jobim, j. 26/05/1998, DJU: 15/10/99, p. 2].

Noutra decisão do mesmo Tribunal:

> (...) Desclassificação do crime de tentativa de homicídio para lesões corporais. Sentença do juiz singular que acolheu a qualificadora do art. 129, § 1º, III, do CP, que não constou na denúncia. Acórdão que a confirmou. Anulação de ambos. Mudança do libelo acusatório. Cumpra-se o

parágrafo único do artigo 384, do CPP. ordem deferida [STF – HC 76010-RS, 2ª Turma, rel. Min. Nelson Jobim, j. 17/04/1998, DJU: 12/06/1998, p. 52].

Caso a necessidade da providência do parágrafo único seja percebida somente em grau de apelação, não poderá o tribunal respectivo anular o *decisum*, restando apenas a via da absolvição. Nesse sentido, dispõe a Súmula nº 453 do STF:

Súmula 453 – STF. Não se aplicam à segunda instância o art. 384 e parágrafo único do Código de Processo Penal, que possibilitam dar nova definição jurídica ao fato delituoso, em virtude de circunstância elementar não contida explícita ou implicitamente na denúncia ou queixa.

Decidiu o STJ que:

Evidenciado que o Juízo Monocrático não observou os requisitos legais, ao promover a *mutatio libelli*, sobressai a ausência de ilegalidade na decisão do Tribunal que, por tal razão, determinou a absolvição do recorrido. A determinação do aditamento da denúncia, em segundo grau – em razão do reconhecimento da existência de circunstância elementar de tipo penal diverso daquele pelo qual o réu foi denunciado –, significaria o cerceamento da defesa do réu, já que o momento adequado à produção de provas é o da instrução penal. Recurso conhecido e desprovido. [STJ – Resp 170139-GO, 5ª Turma, rel. Min. Gilson Dipp, j. 21/02/2002, DJU: 08/04/2002, p. 252].

Contudo, o próprio STF já reconhecera que a vedação da Súmula nº 453 não se aplica aos casos de competência originária: "*A Súmula 453 só se aplica à segunda instância, e não à causa decidida em instância única*" (RTJ 162/370).

Consoante dito em tópico anterior, a sentença só poderá reconhecer agravantes ou majorantes não previstas na denúncia, independentemente de aditamento, no caso de estas causas de aumento de pena já se encontrarem descritas na exordial, até mesmo porque a hipótese, *in casu*, seria de *emendatio*, e não de *mutatio*.[198] Contudo, principalmente no caso de majorante que necessite de descrição fática, é imprescindível a adoção das providências descritas no parágrafo único do art. 384. Em se tratando de qualificadora – tendo em vista a sua natureza de elementar –, impossível será o seu reconhecimento na sentença caso não esteja descrita na denúncia. Acerca do tema, o STF entendeu que:

Sentença que condenou os réus por crime consumado e não tentado, como postulado na denúncia", caracteriza um "Caso de *emendatio libelli* e não de *mutatio libelli* [STF – RHC 80998/GO, 1ª Turma, rel. Min. Ellen Gracie, j. 21/08/2001, DJU: 14/12/2001, p. 90].

Cremos, entretanto, que se o reconhecimento da consumação do delito importa em alteração da imputação fática (*v.g.*, denúncia por homicídio tentado, com a posterior verificação do resultado morte), o caso é de *mutatio*; já no caso de o reconhecimento da consumação ser mera apreciação jurídica da mesma imputação fática (*v.g.*, se o juiz

---

[198] Sentença condenatória: validade: aplicação da causa especial da pena – ser internacional o tráfico de entorpecentes (L. 6.368/76, art. 18, I) – que, embora não incluída na capitulação do fato pela denúncia, nela vinha descrita com clareza: hipótese de classificação jurídica de imputação (C.Pr.Penal, art. 383) e não de decisão ultra petita (C.Pr.Penal, art. 384). [STF – HC 76.320, Rel. Min. Sepúlveda Pertence, Informativo STF/99].

reconhece que a extorsão está consumada, apesar de não efetuado o pagamento da vantagem indevida), teremos uma hipótese de mera *emendatio*, que prescinde do aditamento. O mesmo tribunal reconheceu, noutro caso, que:

> (...) Não há *mutatio libelli*, a implicar afronta do art. 384 CPrPen., se a sentença condenatória, não reputando configurado, no concurso de agentes descrito explicitamente na denúncia, o crime autônomo do art. 14 da L. 6.368/76, não obstante – aliás, na linha da jurisprudência do STF (com o dissenso do relator) – julga ocorrente à causa especial de aumento da pena do art. 18, III, da mesma Lei de Entorpecentes. [STF – HC 76596-RJ, 1ª Turma, rel. Min. Sepúlveda Pertence, j. 17/03/1998, DJU: 30/04/1998, p. 10].

3.14.3.8. Forma da denúncia

A denúncia é, via de regra, peça processual escrita. Contudo, o art. 77 da Lei nº 9.099/95 ressalva a possibilidade de denúncia oral, *verbis*:

> Art. 77. Na ação penal de iniciativa pública, quando não houver aplicação de pena, pela ausência do autor do fato, ou pela não ocorrência da hipótese prevista no art. 76 desta Lei, o Ministério Público oferecerá ao Juiz, de imediato, denúncia oral, se não houver necessidade de diligências imprescindíveis.

Em tal hipótese, entendemos necessária a redução a termo da inicial acusatória, pelo menos no que respeita aos aspectos essenciais da imputação, sob pena de dificultar-se a atuação defensiva e, até mesmo, de inviabilizar a análise da imputação (notadamente seus limites) pelo órgão recursal.

3.14.3.9. Ratificação da denúncia

Principalmente nos casos de deslocamento de competência, podem ocorrer hipóteses em que a denúncia oferecida perante um determinado órgão, posteriormente reconhecido incompetente, seja ratificada pelo representante do Ministério Público que atua perante o órgão para o qual fora declinada a competência. Tal possibilidade verifica-se porque a nulidade processual oriunda da incompetência não atinge a denúncia, mas sim o despacho que a recebe. Nesse rumo, decidiu-se que:

> (...) 2. Se a denúncia, inicialmente apresentada pelo Ministério Público do Estado, perante Juiz estadual, foi, posteriormente, ratificada pelo Ministério Público federal, perante Juiz federal, que, com jurisdição penal, no caso, procedeu à citação e à instrução e proferiu a sentença condenatória, não é de ser esta anulada, sob alegação de invalidade de ratificação da denúncia. 3. Nessa ratificação, não há necessidade de o Ministério Público competente reproduzir os termos da denúncia apresentada pelo Ministério Público incompetente, bastando que a eles se reporte. (...) [STF – HC 70.541-3-SP, 1ª Turma, rel. Min. Sydney Sanches, DJU: 18/03/94].

Em recente julgamento, o STF assentou, na hipótese de declinação da competência territorial de um juízo federal para outro, a desnecessidade de ratificação da denúncia, relativamente a membros do Ministério Público Federal com atuação em seções judiciárias diversas.

EMENTA: AÇÃO PENAL. Denúncia. Ratificação. Desnecessidade. Oferecimento pelo representante do Ministério Público Federal no juízo do foro em que morreu uma das vítimas. Declinação da competência para o juízo em cujo foro se deu o fato. Foros da Justiça Federal. Atuação, sem reparo, do outro representante do MP. Atos praticados em nome da instituição, que é una e indivisível. Nulidade inexistente. HC indeferido. Aplicação do art. 127, § 1º, da CF. Inteligência do art. 108, § 1º, do CPP. O ato processual de oferecimento da denúncia, praticado, em foro incompetente, por um representante, prescinde, para ser válido e eficaz, de ratificação por outro do mesmo grau funcional e do mesmo Ministério Público, apenas lotado em foro diverso e competente, porque o foi em nome da instituição, que é una e indivisible [STF – HC 85.137- MT, Primeira Turma, rel. Min. Cesar Peluso, j. 13/09/2005, DJU: 28-10-2005].

3.14.3.10. Prazo para oferecimento da denúncia

Dispõe o art. 46 do CPP que:

Art. 46. O prazo para oferecimento da denúncia, estando o réu preso, será de 5 (cinco) dias, contado da data em que o órgão do Ministério Público receber os autos do inquérito policial, e de 15 (quinze) dias, se o réu estiver solto ou afiançado. No último caso, se houver devolução do inquérito à autoridade policial (art. 16), contar-se-á o prazo da data em que o órgão do Ministério Público receber novamente os autos.

Já o § 1º desse mesmo dispositivo ressalva que:

§ 1º. Quando o Ministério Público dispensar o inquérito policial, o prazo para o oferecimento da denúncia contar-se-á da data em que tiver recebido as peças de informações ou a representação.

Algumas leis especiais, entretanto, possuem prazos diferenciados. Podem-se citar os seguintes exemplos:

a) Lei nº 1.521/51 (Economia Popular): 2 dias (10, § 2º);
b) Lei nº 4.737/65 (Código Eleitoral): 10 dias (art. 357);
c) Lei nº 4.898/65 (Abuso de Autoridade): 48h (art. 13);
d) Lei nº 11.343/06 (Tóxicos): 10 dias (art. 54).

O não-oferecimento da denúncia no prazo legalmente estabelecido, em se tratando de réu preso, produz o único efeito de originar o constrangimento ilegal quanto à prisão, sendo possível, desde que não prescrito o delito, o oferecimento posterior da exordial.

Após o prazo legalmente estabelecido, o único efeito processual para a inércia do Ministério Público consiste na possibilidade de, no prazo de 6 (seis) meses, ser oferecida a queixa subsidiária (art. 29 do CPP).

3.14.3.11. Não-recebimento e rejeição da denúncia.
Recurso cabível. Julgamento antecipado da lide.

Parte da doutrina faz a distinção entre *rejeição* e *não-recebimento* da denúncia. Nas palavras de Boschi,[199] a inobservância das formalidades descritas no art. 41 do CPP leva ao não-recebimento da denúncia, ao passo que o reconhecimento da ausência de condições da ação (art. 43 do CPP) levaria à rejeição. A diferença reside no fato de esta implicar

---

[199] *Ação Penal*, cit., p. 209-210.

julgamento antecipado da lide (salvo nas hipóteses do parágrafo único do art. 43), ou seja, seria decisão de mérito.

Para essa doutrina, a qual nos parece a mais adequada, o recurso cabível da decisão que *rejeita* a denúncia é o de *apelação* (art. 593, II, do CPP), ao passo que o *não-recebimento* sujeitar-se-ia ao *recurso em sentido estrito* (art. 581, I, do CPP).

Na jurisprudência, entretanto, vem predominando o entendimento de que não haveria tal distinção, sendo cabível, *in casu*, o recurso em sentido estrito. No bojo do TRF/4ª Região, a matéria encontra-se, inclusive, sumulada:

> Súmula 60 – TRF4: "Da decisão que não recebe ou que rejeita a denúncia cabe recurso em sentido estrito". [DJU: 29/04/99]

No STJ decidiu-se que:

> (...) Da decisão monocrática que rejeita o aditamento à denúncia cabe recurso em sentido estrito, por interpretação extensiva do art. 581, I, do Código de Processo Penal. Precedentes". [STJ – Resp 184477/DF, 5ª turma, rel. Min. Gilson Dipp, j. 19/02/2002, DJU: 25/03/2002, p. 302].[200]

Inteiramente aplicável, entretanto, o princípio da fungibilidade, principalmente em razão da ampla divergência doutrinária e jurisprudencial, além do fato de a própria legislação especial, em algumas ocasiões, fazer diferença entre rejeição e não-recebimento. São os casos, por exemplo:

a) do art. 44, § 2°, da Lei de Imprensa (Lei n° 5.250/67):

> Art. 44. (...) § 2º. Contra a decisão que rejeitar a denúncia ou queixa cabe recurso de apelação e, contra a que recebê-la, recurso em sentido estrito sem suspensão do curso do processo.

b) do art. 82 da Lei n° 9.099/95:

> Art. 82. Da decisão de rejeição da denúncia ou queixa e da sentença caberá apelação (...).

Caso tenha sido interposto recurso contra a decisão que não recebeu a denúncia ou queixa, a intimação do denunciado é obrigatória para as contra-razões, sob pena de nulidade. Nesse sentido a Súmula n° 707 do STF:

---

[200] Há polêmica jurisprudencial acerca da viabilidade de impetração de mandado de segurança pelo Ministério Público para o fim de agregar efeito suspensivo ao recurso interposto contra decisão que não recebe a denúncia, para o fim de dar prosseguimento imediato à ação penal. No TRF/4ª região já se decidiu que: "(...) Interposta apelação pelo Ministério Público contra decisão de rejeição de denúncia, havendo plausibilidade na tese recursal, e tendo-se em vista a iminência da prescrição da ação penal, concede-se a segurança para determinar o prosseguimento da ação penal até o julgamento do recurso, de modo a dar a este um resultado útil". [TRF4 – MS 97.04.74544-3, 2ª Turma, Rel. Juíza Tânia Escobar, j. 06/08/1998, DJU 23/09/1998, p. 548]. O STJ, contudo, já exteriorizou entendimento no sentido de que o Ministério Público não possui legitimidade para a impetração de mandado de segurança objetivando conferir efeito suspensivo a recurso: "(...) O mandado de segurança não se presta para atribuir efeito suspensivo a recurso em sentido estrito interposto pelo Ministério Público contra decisão que concede liberdade provisória" [STJ – ROMS 16364-SP, 5ª Turma, rel. Min. Gilson Dipp, j. 26/08/2003, DJU: 29/09/2003, p. 282].

INVESTIGAÇÃO CRIMINAL E AÇÃO PENAL

Súmula 707 – STF: "Constitui nulidade a falta de intimação do denunciado para oferecer contra-razões ao recurso interposto da rejeição da denúncia, não a suprindo a nomeação de defensor dativo.

Por outro lado, dispõe, a Súmula n° 709 do mesmo Tribunal, que:

Súmula 709 – STF: "Salvo quando nula a decisão de primeiro grau, o acórdão que provê o recurso contra a rejeição da denúncia vale, desde logo, pelo recebimento dela.[201]

Por fim, vem-se entendendo que o juiz não pode, após receber a denúncia, vir a rejeitá-la, mediante julgamento antecipado da lide:

(...) Uma vez recebida a denúncia, não pode o juízo *a quo* reconsiderar tal decisão, ainda que sob o pretexto de estar concedendo *habeas corpus* de ofício, pois somente é competente para tanto autoridade judiciária superior àquela da qual provier eventual violência ou coação (art. 108, I, d, da Constituição Federal) [TRF/4ª Região – CP 2000.04.01.037502-8-RS, rel. Ellen Northfleet, 1ª Turma, j. 27/06/00, DJU: 26/07/2000, p. 20].[202]

Importante frisar, entretanto, que tal conclusão não pode ser tomada em termos absolutos, na medida em que o princípio da instrumentalidade do processo, associado ao interesse estatal numa jurisdição efetiva, podem apontar para casos em que o julgamento antecipado da lide é perfeitamente aplicável, por analogia, no processo penal. Recente decisão do STJ reconhecera implicitamente tal possibilidade, embora não aventada no caso julgado:

(...) Rejeitando-se as alegações concernentes à regularidade formal da peça pórtica, passa-se ao exame sobre se seria o caso de eventual conclusão sobre a improcedência da acusação, na forma do julgamento antecipado da lide. VII. A improcedência só pode ser reconhecida quando evidenciada, estreme de dúvidas, a inviabilidade da instauração do processo, quando for possível afirmar-se, sem necessidade de formação de culpa, que a acusação não procede. VIII. Na decisão final, a dúvida beneficia o réu e, nesta fase de recebimento da exordial, a dúvida beneficia a acusação. [STJ – APN 195-RO, Corte Especial, rel. Min. Gilson Dipp, j. 21/05/2003, DJU: 15/09/2003, p. 225].

3.14.3.12. (Des)necessidade de fundamentação na decisão de recebimento da denúncia

Outro aspecto polêmico é a necessidade, ou não, de a decisão de recebimento da denúncia ou queixa ser fundamentada. Na jurisprudência, vem prevalecendo entendimento no sentido da prescindibilidade de fundamentação:

(...) Inexigibilidade de fundamentação do despacho de recebimento da denúncia. Precedentes (RHC 65.471, Rel. Min. Moreira Alves; HC 72.286, Rel. Min. Maurício Corrêa).(...) [STF – HC 82242-RS, 2ª Turma, rel. Gilmar Mendes, j. 17/09/2002, DJU: 11/10/2002, p. 47]

(...) O despacho que recebe a denúncia não contém carga decisória, examinando apenas as condições da ação e a caracterização, em tese, de infração penal, prescindindo, por isso mesmo, de fundamentação, assim entendida aquela preconizada pelo art. 93, IX, da Constitui-

---

[201] Esta conclusão, conforme entendemos, terá efeito para fins de interrupção da prescrição.

[202] Também o TRF/1ª Região já sufragou tal entendimento: "(...) Incabível julgamento antecipado da lide, no processo penal, à falta de expressa previsão na lei de regência que, exaurindo a disciplina ritual da demanda, afasta o subsídio da analogia". [TRF/1ª Região, HC 200301000247702/PI, 4ª Turma, rel. Juiz Hilton Queiróz, j. 07/10/2003, DJU: 30/10/2003, p. 80]

ção Federal.(...) [STJ – RHC 11.670-RS, 6ª Turma, Rel. Min. Fernando Gonçalves, j. 13/11/01, DJU:04/02/2002, p.551].

Nada obsta, entretanto, que, sendo possível, se exija – minimamente, que seja – fundamentação quanto ao preenchimento dos requisitos formais, pressupostos processuais e condições da ação no ato do recebimento da denúncia ou queixa, sem que isso, frise-se, implique exame antecipado de mérito.

3.14.4. Custas processuais e honorários na ação penal pública

Dispõe o art. 806 do Código de Processo Penal:

Art. 806. Salvo o caso do art. 32, nas ações intentadas mediante queixa, nenhum ato ou diligência se realizará, sem que seja depositada em cartório a importância das custas.

§ 1º – Igualmente, nenhum ato requerido no interesse da defesa será realizado, sem o prévio pagamento das custas, salvo se o acusado for pobre.

§ 2º – A falta do pagamento das custas, nos prazos fixados em lei, ou marcados pelo juiz, importará renúncia à diligência requerida ou deserção do recurso interposto.

§ 3º – A falta de qualquer prova ou diligência que deixe de realizar-se em virtude do não-pagamento de custas não implicará a nulidade do processo, se a prova de pobreza do acusado só posteriormente foi feita.

Diante disso, impõe-se a discussão acerca da possibilidade de as custas processuais e honorários periciais, em ações penais públicas, serem arcadas pelo réu durante o seu andamento.

A doutrina penal brasileira é unânime em afirmar que a regra do § 1º do art. 806 do CPP há de ser interpretada em consonância com o *caput* do mesmo artigo; ou seja, diz respeito, apenas, aos casos de ações penais privadas, em se tratando de querelado com condições de prover a própria subsistência. Isso porque, nos crimes de ação penal pública, a pretensão acusatória estatal há de ser interpretada à luz dos princípios da presunção de não-culpabilidade e da ampla defesa, ou seja, o réu é não-culpável até o trânsito em julgado da sentença condenatória, tendo direito, ademais, à produção de todos os meios de provas admissíveis pelo Direito.

Há se diferenciar, todavia, situações e situações. Por vezes, a diligência solicitada pela defesa revela-se, a um só tempo, de duvidosa importância ao processo e excessivamente onerosa ao Estado. Pense-se no exemplo do arrolamento de testemunhas – cujos indícios não apontam sejam elas verdadeiramente presenciais ou conhecedoras dos fatos *sub judice* – residentes no exterior, necessitando tal diligência de tradução juramentada da carta rogatória.

Não é por outra razão que o art. 804 do CPP determina que "a sentença ou acórdão, que julgar a ação, qualquer incidente ou recurso, condenará nas custas o vencedor"; ou seja, só no final da ação, caso condenatória a sentença, é que o réu terá de arcar com os gastos do processo. Nesse sentido, veja-se a lição de Tourinho Filho,[203] ao comentar o teor do § 1º do art. 806 do CPP:

> Já houve entendimento no sentido de que a regra deste parágrafo [§ 1º do art. 806] era aplicável não só nas hipóteses em que o processo se inicia através de queixa, como, inclusive, nos casos de denúncia (RT, 179/588). *É manifesto o equívoco*. O advérbio "igualmente", no texto em análise, leva sem dúvida o intérprete *ao caput do artigo*, e aí se lê: "Salvo o caso do art. 32, nas ações intentadas mediante queixa, nenhum ato ou diligência se realizará sem que seja depositada em cartório a importância das custas". O parágrafo, como observou o Ministro Orozimbo Nonato, de saudosa memória, guarda relação íntima com o artigo, que prevê, às expressas, *caso apenas de ação penal intentada mediante queixa*. E eles se completam claramente (cf. RF, 148/358). Nesse sentido, RT 601/427 (grifamos).

Também a jurisprudência já decidiu nesse sentido:

> "(...) O pagamento das custas, ônus da condenação criminal (CPP, art. 804), deve efetuar-se na fase da execução do julgado. 4. Habeas corpus deferido para cassar o acórdão da Corte indigitada coatora, no Recurso em sentido estrito n.º 96.001187-8 – Campina Grande, determinando seja processada a apelação criminal interposta pelo paciente". [STF – HC 74338/PB, 2ª Turma, rel. Min. Néri da Silveira, j. 27/09/1996, DJU: 23/06/00, p. 09]; "(...) Agravo de instrumento. Deserção por falta de pagamento de custas. Ilegalidade. Tratando-se de ação penal pública, o pagamento das custas só é exigível depois de decidida a causa, o incidente ou o recurso (art. 804 a 806 do CPP). Habeas corpus conhecido parcialmente e deferido" [STJ – HC 3155, 5ª Turma, rel. Min. Assis Toledo, j. 22/03/1995, DJU: 17/04/1995, p. 9.585].[204]

3.15. AÇÃO PENAL PÚBLICA CONDICIONADA

3.15.1. Espécies

A ação penal pública, de iniciativa do Ministério Público, poderá estar condicionada ao oferecimento de representação, de requisição do Ministro da Justiça, nos casos em que a lei expressamente exigir.

No CP, os crimes que dependem de representação estão arrolados nos arts. 130; 145, parágrafo único (que remete para os delitos dos arts. 138, 139 e 140, quando em detrimento de funcionário púbico); 147; 151; 152; 153; 154; 156; 176 e 182 (que se refere aos crimes patrimoniais desprovidos de violência e quando a vítima não tenha mais de 60 anos, quando em detrimento de cônjuge desquitado ou judicialmente separado, de irmão ou de tio ou sobrinho, com quem o agente coabita). Já os

---

203 TOURINHO FILHO, Fernando da Costa. *Código de Processo Penal Comentado*. São Paulo: Saraiva, 1996, vol. 2, p. 496. No mesmo sentido: MIRABETE, cit., p. 745; ROCHA, cit., p. 1032/1033; TORNAGHI, Helio. *Curso de Processo Penal*. 7 ed. São Paulo: Saraiva, 1990, vol. 2, p. 498.

204 No mesmo sentido: STF – RHC 34611, 1ª Turma – rel. Min. Sampaio Costa, j. 14/11/1956; STF – RE 102968-MS, 2ª Turma, rel. Min. Francisco Rezek, j. 25/06/1985, DJU: 09/09/85, p. 12.609; STF – HC 31899, rel. Min. Orosimbo Nonato, j. 02/04/1952, DJU: 14/07/52, p. 03056; TRF/5ª Região – ACR 930, proc. 9905040413, 1ª Turma, rel. Juiz Ubaldo Ataíde Cavalcante, j. 02/12/1999, DJU: 24/03/2000, p. 630; TRF/5ª Região – RCCR 74, proc. 9305372961, rel. Juiz Ridalvo Costa, j. 07/04/1994, DJU: 27/05/1994; TRF/1ª Região – RCCR 01266050, proc. 199401266050, 3ª Turma, rel. Juiz Olindo Menezes, j. 05/12/1995, DJU: 06/02/1995, p. 4009.

que dependem de requisição do Ministro da Justiça estão previstos nos arts. 7°, § 3°, e 145, parágrafo único, 1ª parte (que remete para os delitos dos arts. 138, 139 e 140, quando em detrimento do Presidente da República ou de chefe de governo estrangeiro). Na legislação extravagante, contudo, temos hipóteses específicas, *v.g.*, arts. 40 e 41 da Lei n° 5.250/67.

No Código Penal Militar (art. 112), há previsão de que a ação penal, nos crimes previstos nos arts. 136 a 141, "quando o agente for militar ou assemelhado, depende da requisição do Ministério Militar a que aquele estiver subordinado". Trata-se, pois, de terceira hipótese de ação penal pública condicionada na legislação brasileira.[205]

A representação e a requisição de Ministro são autorizações para o início da persecução penal. Uma vez oferecidas (salvo a hipótese de retratação, consoante veremos adiante), fazem com que a ação seja pública em todos os seus efeitos. Assim, todos os requisitos que a denúncia deve possuir na ação penal pública incondicionada são inteiramente aplicáveis também à condicionada. A fim de evitar tautologia, remetemos o leitor para as seções precedentes no que tange a estes aspectos.

Quanto ao início da investigação, já decidiu o STJ que:

> (...) Em se tratando de ação penal pública condicionada à representação, a instauração do inquérito policial depende da apresentação do referido documento pela vítima ou pelos seus representantes legais [STJ – HC 24473-MS, 5ª Turma, rel. Min. Gilson Dipp, j. 10/12/2002, DJU: 10/03/2003, p. 267].

Pela mesma razão, impossível é a lavratura de auto de prisão em flagrante sem a mesma formalidade estar concretizada. Por outro lado, evidenciando-se a prática de um delito de ação penal pública condicionada (lesão corporal leve) à representação ou de ação penal privada (estupro) diante da autoridade policial, sua intervenção no sentido de evitá-la parece legitimada por um imperativo de ordem pública. Todavia, tal medida, de natureza coercitiva-administrativa, não nos parece possa ser confundida com prisão, a qual, em hipóteses que tais, só se poderá consumar ante a representação do ofendido ou requerimento da vítima.

Nos casos em que a ação penal é proposta sem a representação, a nulidade é absoluta, por violação do art. 43, III, *in fine*, devendo a denúncia ser rejeitada.

> (...) A ação penal, dependente de representação, reclama manifestação de vontade do ofendido para atuação do Ministério Público. Sem essa iniciativa, a ação penal nasce com vício insanável. [STJ – RHC 6699/PR, 6ª Turma, rel. Min. Anselmo Santiago, j. 05/05/1998, DJU: 01/06/1998, p. 186, RSTJ 106/436].

---

[205] Nesse sentido: MONTEIRO ROCHA, cit., p. 106.

3.15.2. A representação, a requisição e os limites da denúncia

É sempre importante lembrar que a ação penal, mesmo nessas hipóteses, é de iniciativa do Ministério Público. Conseqüentemente, o oferecimento de representação, ou mesmo de requisição de Ministro, não obrigam ao oferecimento da denúncia e, muito menos, à capitulação legal dos fatos a ser dada pelo Ministério Público. Nesse sentido, já decidiu o STF:

> O Ministério Público, nas ações penais públicas condicionadas, não está vinculado à qualificação jurídica dos fatos constantes da representação ou da requisição de que lhe haja sido dirigida. A vinculação do Ministério Público à definição jurídica que o representante ou requisitante tenha dado aos fatos é nenhuma. A formação da "opinio delicti" compete, exclusivamente, ao Ministério Público, em cujas funções institucionais se insere, por consciente opção do legislador constituinte, o próprio monopólio da ação penal pública (CF, art. 129, I). Dessa posição de autonomia jurídica do Ministério Público, resulta a possibilidade, plena, de, até mesmo, não oferecer a própria denuncia. – A requisição e a representação revestem-se, em seus aspectos essenciais, de uma só natureza, pois constituem requisitos de procedibilidade, sem os quais não se legitima a atividade penal-persecutória do Ministério Público. Por isso mesmo, esses atos veiculadores de uma delação postulatória erigem-se em condições de procedibilidade, cuja função exclusiva consiste em autorizar o Ministério Público a instaurar a "persecutio criminis in judicio" (...) [STF – HC 68242/DF, 1ª turma, rel. Min. Celso de Mello, j. 06/11/1990, DJU: 15/03/1991, p. 2648].

Noutra decisão do STF, entretanto, reconheceu-se que o Ministério Público não pode ampliar os fatos que foram objeto da representação:

> (...) Ação Penal condicionada à representação: limitação material. O fato objeto da representação da ofendida ou de seu representante legal constitui limitação material à ação penal pública a ela condicionada. [STF – RHC 83.009-RJ, 1ª Turma, rel. Min. Sepúlveda Pertence, j. 05/08/2003, DJU: 05/09/2003, p. 40].

O caso diz respeito ao oferecimento de denúncia pelo Ministério Público pela prática de delito de estupro, com base em representação oferecida pelo pai da vítima, sendo que, posteriormente, é oferecida nova denúncia no que diz respeito a crime de atentado violento ao pudor. O Ministro-Relator, em seu voto, entendeu que esta denúncia foi além do fato narrado na representação, não podendo, por essa razão, alcançá-lo:

> (...) A alusão, nas declarações da vítima, a "sexo oral" se refere àquilo a que, juntamente com o estupro, a teria constrangido o paciente a praticar com ele mesmo, tanto que só "em seguida" é que teriam chegado os demais. Ora, a segunda denúncia não tem por objeto o "sexo oral" entre a ofendida e o próprio paciente, mas sim as felações às quais, sob ameaça de arma de fogo, ele a teria coagido a praticar com os seus cinco companheiros: é fato que não se pode reputar abrangido pela representação, por mais que nesta se dispensem quaisquer formalidades. (...) Esse o quadro, dou provimento ao recurso e defiro o *habeas corpus* para declarar extinta, pela decadência do direito de representação, a punibilidade do crime de atentado violento ao pudor atribuído ao paciente na denúncia questionada: é o meu voto.

O mesmo Tribunal, por outro lado, já reconheceu que os limites subjetivos da representação podem ser ampliados, desde que os fatos não se alterem:

(...) A interpretação sistemática dos artigos 39 do Código de Processo Penal e 225 do Código Penal é conducente a concluir-se pela possibilidade de a denúncia alcançar pessoa não mencionada na representação. Indispensável é, tão-somente, que esteja envolvida no mesmo fato motivador da iniciativa do ofendido ou de quem o represente (...) [STF – HC 77356-RJ, 2ª Turma, rel. Min. Marco Aurélio, j. 25/08/1998, DJU: 02/10/1998, p. 5].

Dessas decisões nota-se uma tendência em reconhecer que o Ministério Público não está sujeito à qualificação jurídica do fato narrado na representação, bem como à eventual autoria apontada. Contudo, haveria óbice em ampliar os limites fáticos da representação para o fim de incluir delito que nela não tenha sido mencionado.

3.15.3. Representação e requisição de Ministro: natureza

Em atenção à classificação das normas efetuada por Américo Taipa de Carvalho[206] no início deste estudo, pode-se reconhecer que essas condições de procedibilidade têm a natureza processual-material. Conseqüentemente, sujeitam-se a todas as diretrizes referentes aos institutos de índole penal, tais como irretroatividade da *lex gravior*, vedação de analogia *in malam partem* etc. É irretocável, nesse sentido, a seguinte decisão do STF:

(...) Os processos técnicos de despenalização abrangem, no plano do direito positivo, tanto as medidas que permitem afastar a própria incidência da sanção penal quanto aquelas que, inspiradas no postulado da mínima intervenção penal, têm por objetivo evitar que a pena seja aplicada, como ocorre na hipótese de conversão da ação pública incondicionada em ação penal dependente de representação do ofendido (Lei n. 9.099/95, arts. 88 e 91). – A Lei n. 9.099/95, que constitui o estatuto disciplinador dos Juizados Especiais, mais do que a regulamentação normativa desses órgãos judiciários de primeira instância, importou em expressiva transforma-ção do panorama penal vigente no Brasil, criando instrumentos destinados a viabilizar, juridicamente, processos de despenalização, com a inequívoca finalidade de forjar um novo modelo de Justiça criminal, que privilegie a ampliação do espaço de consenso, valorizando, desse modo, na definição das controvérsias oriundas do ilícito criminal, a adoção de soluções fundadas na própria vontade dos sujeitos que integram a relação processual penal. Esse novíssimo estatuto normativo, ao conferir expressão formal e positiva às premissas ideológicas que dão suporte às medidas despenalizadoras previstas na Lei n. 9.099/95, atribui, de modo conseqüente, especial primazia aos institutos (a) da composição civil (art. 74, parágrafo único), (b) da transação penal (art. 76), (c) da representação nos delitos de lesões culposas ou dolosas de natureza leve (arts. 88 e 91) e (d) da suspensão condicional do processo (art. 89). As prescrições que consagram as medidas despenalizadoras em causa qualificam-se como normas penais benéficas, necessariamente impulsionadas, quanto à sua aplicabilidade, pelo princípio constitucional que impõe a lex mitior uma insuprimível carga de retroatividade virtual e, também, de incidência imediata. (...) [STF – Inq 1055 QO-AM, Tribunal Pleno, rel. Min. Celso de Mello, j. 24/04/1996, DJU: 24/05/1996, p. 17412].[207]

---

[206] TAIPA DE CARVALHO, cit., p. 210-213.

[207] No mesmo sentido: STF – HC 80866-SP, 1ª Turma, rel. Min. Sepúlveda Pertence, j. 12/06/2001, DJU: 10/08/2001, p. 4; STJ – HC 10841-RS, 6ª Turma, rel. Min. Vicente Leal, j. 22/08/2000, DJU: 11/09/2000, p. 292.

INVESTIGAÇÃO CRIMINAL E AÇÃO PENAL

3.15.4. Formalidades da representação e da requisição do Ministro da Justiça

Quanto à forma como é oferecida a representação/requisição, vigora o princípio da informalidade, sendo consideradas válidas todas as manifestações da vítima ou de seu representante legal, orais ou escritas, que, de uma maneira geral, apontam para a autorização do início da persecução penal. Nesse sentido, vigora entendimento remansoso na jurisprudência no sentido de que:

> (...) A representação, nos crimes contra os costumes, quando verificado o estado de miserabilidade da vítima, prescinde de rigor formal, sendo suficiente a efetiva demonstração por parte da ofendida ou de seu representante legal em dar início à *persecutio criminis*.(...) [STJ – RHC 15530-MG, 5ª Turma, rel. Min. Jorge Scartezzini, j. 06/05/2004, DJU: 01/07/2004, p. 217].

Por outro lado, tais atos prescindem de capacidade postulatória, podendo ser oferecidos mesmo por quem não possua habilitação para a advocacia. Quanto à procuração, dispõe o art. 39 que:

> Art. 39. O direito de representação poderá ser exercido, pessoalmente ou por procurador com poderes especiais, mediante declaração, escrita ou oral, feita ao juiz, ao órgão do Ministério Público, ou à autoridade policial..

Há debate doutrinário e jurisprudencial a respeito de eventual nulidade de representação oferecida por advogado sem poderes especiais. No STJ, vigora o entendimento de tratar-se de nulidade relativa:

> (...) A ausência de poderes especiais do causídico para oferecer o referido instrumento de representação constitui tão-somente nulidade relativa, passível de ser sanada a qualquer tempo, pois, de acordo com o art. 568 do Código de Processo Penal, esta Corte tem entendido no sentido de que eventuais omissões ou irregularidades no mandato, atinentes à legitimidade do procurador da parte, podem ser convalidadas mesmo após o prazo decadencial.(...) [STJ – RHC 11406/PB, 5ª Turma, rel. Min. Gilson Dipp, j. 11/09/2001, DJU: 22/10/2001, p. 335, LexSTJ, 149/219; RT 796/564].[208]

Noutro caso, entendeu-se que a procuração outorgada ao advogado, com poderes para o oferecimento de queixa-crime, também alcança o direito de representação acerca dos mesmos fatos:

> (...) Procuração com poderes especiais para "queixa", sem menção ao fato criminoso e ao ofensor. Representação oferecida pelo procurador, instruída com autos do pedido de explicações, em caso de injuria contra funcionário publico em razão da função. Possibilidade, já que a outorga de poderes para oferecimento de queixa, o mais, abrange a representação, o menos. Regularidade da representação. A menção, na procuração, ao crime de imprensa, e a circunstância de estar ela instruída com autos de pedido de explicações, contendo descrição do fato criminoso e recortes de jornal em que foi publicado, afastam qualquer dúvida quanto aos objetivos do mandato e a real vontade do mandante. [STJ – RHC 599-SC, 5ª Turma, rel. Min. Assis Toledo, j. 07/05/1990, DJU: 21/05/1990, p. 4436].

---

[208] O mesmo Tribunal, entretanto, em decisão mais antiga, já havia entendido em sentido contrário: "Ação penal privada subsidiaria. Inadmissibilidade, quando se trate de ação penal pública condicionada, não tendo sido ofertada representação. Procuração – necessidade de poderes especiais – Código de Processo Penal, artigo 44". [STJ – APN 42/CE, Corte Especial, rel. Min. Eduardo Ribeiro, j. 10/12/1992, DJU: 01/03/1993, p. 2473].

Tendo em vista, contudo, as diferenças entre infração administrativa e delito – que podem ter origem no mesmo ilícito –, decidiu-se que, embora a representação não tenha formalidades rigorosas:

(...) A mera representação na instância administrativa não é suficiente para autorizar o Ministério Público a promover a ação penal.(...) [STJ – RHC 9717-SP, 6ª Turma, rel. Min. Vicente Leal, j. 10/04/2001, DJU: 28/05/2001, p. 168, LexSTJ 145/271].

A representação, ao contrário da queixa-crime (que, enquanto peça processual, só pode ser oferecida em juízo), pode ser apresentada perante a autoridade policial, o Ministério Público e/ou o Juiz. O mesmo ocorre com a requisição, apesar de, normalmente, ela ser endereçada ao Procurador-Geral da República.

3.15.5. Legitimidade ativa

Em princípio, somente a vítima do delito pode oferecer representação. Nos casos em que a vítima é menor de idade, mentalmente incapaz, declarada ausente por decisão judicial ou venha a morrer, o direito de representação passará ao cônjuge, ascendente, descendente ou irmão (art. 24, § 1°, do CPP). Há uma tendência em reconhecer, contudo, que este rol é meramente exemplificativo:

(...) Nos crimes contra os costumes, admite-se a representação formulada por pessoa que, de qualquer forma, seja responsável pelo menor, ainda que momentaneamente. "A finalidade da representação não é acautelar os interesses do réu em ficar impune, mas os da ofendida e de sua família, que podem preferir o silêncio ao *estrepitus judicii*". (RTJ 61/343). Recurso especial conhecido e provido [STJ – Resp 28653-SP, 5ª Turma, rel. Min. Assis Toledo, j. 25/05/1994, DJU: 20/06/1994, p. 16111, RT 709/391].

Muitas dúvidas surgiram na hipótese de a vítima ter entre 18 e 21 anos, já que o art. 34 do CPP estabelecia que, nessa hipótese, o direito de queixa (aplicável por analogia à representação) poderia ser exercido pelo menor ou por seu representante legal. Após amplo debate, o STF sumulou a matéria:

Súmula 594 – STF: "Os direitos de queixa e de representação podem ser exercidos, independentemente, pelo ofendido ou por seu representante legal".

Assim, havia uma concorrência de direitos entre o menor e o seu representante legal, sendo válida a representação oferecida por qualquer um deles, apesar do dissenso do outro.[209]

Tal hipótese, entretanto, parece ter sido superada com a edição do novo Código Civil, que veio a reconhecer que o agente, aos 18 anos, adquire a plena capacidade civil. Compartilhamos, nesse sentido, do entendimento de Tourinho Filho, para quem a vítima, se maior de 18 anos (desde que não seja mentalmente enferma), possui o direito exclusivo à representação,[210] devendo ser reputado revogado o art. 34 do CPP e, conseqüentemente, não mais cabível a analogia.

---

[209] Nesse sentido: MONTEIRO ROCHA, cit., p. 97.

[210] TOURINHO FILHO, cit., vol. 1, p. 349.

3.15.6. Retratação

O art. 25 do CPP estabelece que:

Art. 25. A representação será irretratável, depois de oferecida a denúncia.

Conseqüentemente, havendo retratação após este ato, ainda que anterior ao recebimento da denúncia, não produz qualquer efeito.[211] Isso porque, após esse momento, teríamos a figura do perdão judicial, que se aplica somente à ação penal privada.[212] Contudo, caso a retratação verifique-se na data do oferecimento da denúncia pelo Ministério Público, seus efeitos são produzidos a ponto de tornar nulo eventual recebimento da exordial.[213] Caso a retratação tenha sido obtida mediante coação, entretanto, reputa-se nula.[214]

Havendo colisão de interesses entre a vítima e seu representante legal quanto à retratação, já decidiu, o STF, no sentido da necessidade de nomeação de curador para o ato.[215]

Também entende-se, majoritariamente, a possibilidade do oferecimento da representação mesmo após a retratação, desde que não se tenha operado a decadência.[216]

Na doutrina, prevalece o entendimento de que a requisição do Ministro da Justiça, tendo em vista a ausência de previsão legal expressa, é irretratável.[217]

3.15.7. Prazo para o oferecimento da representação

A regra geral é que a representação deve ser oferecida no prazo de 6 (seis) meses, contados a partir do conhecimento da autoria do fato

---

[211] "() Nos termos do art. 25 do Código de Processo Penal e do art. 102 do Código Penal, a representação será irretratável, depois de oferecida a denúncia.(...)" [STJ – Resp 327313/DF, 5ª Turma, rel. Min. Laurita Vaz, j. 01/04/2003, DJU: 28/04/2003, p. 231].

[212] "(...) O perdão do ofendido, seja ele expresso ou tácito, só é causa de extinção da punibilidade nos crimes que se apuram exclusivamente por ação penal privada.(...)" [STJ – HC 23606-RS, 5ª Turma, rel. Min. Felix Fischer, j. 20/02/2003, DJU: 17/03/2002, p. 247].

[213] Nesse sentido: TJSP, RT 704/327.

[214] "(...) A retratação, como ato jurídico, precisa manifestar-se sem vicio. Sem nenhum efeito, entretanto, porque nula, resultante de vício na manifestação da vontade. No caso sub judice, evidenciada ameaça à mãe da vitima para formulá-la". [STJ – RHC 4320-SP, 6ª Turma, rel. Min. Luiz Vicente Cernicchiaro, j. 07/03/1995, DJU: 04/09/1995, RSTJ 78/382].

[215] "Crimes de estupro e atentado violento ao pudor praticados contra menor de doze anos. Ação pública condicionada. Retratação da representação, pelos pais da ofendida, mediante transação de que lhes resultou proveito financeiro. Colisão de interesses capaz de legitimar a designação de curador especial (art. 33 do Código de Processo Penal). Habeas corpus indeferido". [STF – HC 76311-SP, 1ª Turma, rel. Min. Octavio Gallotti, j. 28/04/1998, DJU: 07/08/1998, p. 20].

[216] Nesse sentido: MONTEIRO ROCHA, cit., p. 104. BOSCHI, *Ação Penal.* 3 ed. Rio de Janeiro: Aide, 2002, p. 183 (revendo, contudo, sua posição firmada na 2ª edição de sua pesquisa, quando sustentara a impossibilidade de retratação da retratação).

[217] Nesse sentido:, BOSCHI, cit., p. 143; TOURINHO FILHO, cit., vol. 1, p. 380; LIMA, cit., p. 236.

(art. 103 do CP). Já a Lei de Imprensa (Lei nº 5.250/67) excepciona não só o prazo como, também, o termo inicial: o art. 41, § 1º, estabelece que o direito de representação "prescreve" (na verdade, não se trata de prescrição, mas sim de decadência) em 3 (três) meses, contados a partir da data da publicação do periódico ou da transmissão.[218]

O prazo decadencial, por outro lado, sujeita-se à regra de contagem do art. 10 do CP: o dia do início (ou seja, o dia do próprio *fato gerador* da fluência do prazo) é levado em consideração, independentemente de verificar-se em final de semana ou em feriado, não se lhe aplicando a regra do art. 798, § 1º, do CPP.[219] Por outro lado, o prazo não se sujeita a suspensões, salvo nos crimes de imprensa, hipótese em que o § 2º do art. 41 da Lei nº 5.250/67 enumera dois casos (impropriamente denominados) de "interrupção" (na verdade, suspensão). Com o oferecimento da representação (em juízo, no Ministério Público ou mesmo perante a autoridade policial), o prazo deixa de fluir, não voltando a correr.

Já se reconheceu a possibilidade de a representação ser oferecida antes do início do prazo, quando a autoria do delito ainda era desconhecida:

> (...) Não se confundem termo inicial de contagem de prazo decadencial e termo inicial do prazo para o ofertamento de representação, que pode ser manifestada, expressa ou implicitamente, antes mesmo da certeza da identidade do autor do crime.(...) [STJ – HC 17140-RS, 6ª Turma, rel. Min. Hamilton Carvalhido, j. 18/10/2003, DJU: 04/02/2002, p. 566, RSTJ, 158/532].

O prazo decadencial de 6 (seis) meses para o oferecimento da representação não alcança também o prazo para o oferecimento da denúncia pelo Ministério Público, que pode ocorrer desde que não se tenha operado a prescrição do delito. Aliás, tendo em vista que os termos iniciais da prescrição (art. 111 do CP) e da decadência (art. 103 do CP) são distintos, poderão ocorrer hipóteses de prescrição sem decadência, e de decadência sem prescrição.

Discute-se a possibilidade, entretanto, de eventual queixa subsidiária na hipótese de o Ministério Público não oferecer a denúncia no prazo legal, apesar de oferecida a representação em tempo hábil. O STJ já decidiu em termos afirmativos:

---

[218] Não é correto entender-se que o art. 91 da Lei nº 9.099/95 estabeleceu outra exceção (30 dias), na medida em que se trata de norma de transição temporal, porquanto "(...) O art. 91 encerra norma de transição, aplicável aos fatos ocorridos anteriormente à vigência da Lei 9.099/95. Para aqueles verificados após a sua vigência, à instauração do processo-crime precederá oferta de representação do ofendido no prazo de seis meses (art. 38, CPP). Decadência que se declara, no caso, determinando-se o arquivamento dos autos". [STJ – NC 125-RS, Corte Especial, rel. Min. José Arnaldo da Fonseca, j. 06/10/1999, DJU: 03/11/1999, LexSTJ 128/362]. Na mesma hipótese, o prazo de 30 dias: "deve ser contado a partir da intimação da vítima ou representante legal; não havendo prova dessa intimação nos autos, não há que se reconhecer a decadência". [STJ – RHC 6260-MG, 5ª Turma, rel. Min. Edson Vidigal, j. 18/06/1998, DJU: 03/08/1998, p. 260].

[219] Nesse sentido: LIMA, cit., p. 226.

(...) tratando-se de ação penal publica condicionada, feita a representação ao Ministério Público, no silêncio deste, pode ser ajuizada queixa-crime, como subsidiária da primeira (...) [STJ – APN 101/ES, Corte Especial, rel. Min. William Patterson, j. 04/12/1996, DJU: 09/12/1997, p. 64583, RT 752/532].

Em decisão anterior, contudo, o mesmo tribunal havia negado tal possibilidade:

Ação penal privada subsidiária. Inadmissibilidade, quando se trate de ação penal pública condicionada, não tendo sido ofertada representação (...) [STJ – APN 42/CE, Corte Especial, rel. Eduardo Ribeiro, j. 10/12/1992, DJU: 01/03/1993, p. 2473].

Parece-nos correto o primeiro entendimento, na medida em que a ação penal, após oferecida a representação, sujeita-se a todos os princípios próprios da ação pública, dentre eles, a obrigatoriedade. Óbvio que tal possibilidade somente se verifica nos casos de inércia ministerial.

Já decidira o STJ que, em se tratando de crime continuado, o prazo de decadência previsto no art. 38 do CPP deve ser considerado em relação a cada crime, apreciado de forma isolada [STJ – RHC 5135-RS, 6ª Turma, rel. Min.Fernando Gonçalves, j. 30/09/1996, DJU: 29/10/1996, p. 41694, RSTJ 90/352]. O mesmo Tribunal, entretanto, na mesma Turma e no mesmo ano, decidiu em sentido oposto:

(...) Em se tratando de crime continuado, a data que se toma para termo inicial do prazo decadencial é o da última ocorrência. [STJ – RHC 4702-MG, 6ª Turma, rel. Min. Anselmo Santiago, j. 07/05/1996, DJU: 01/07/1996, p. 24099].

A evidente confusão desses julgados deve-se ao fato de que, em se tratando de decadência, o termo inicial não leva em consideração, via de regra, os delitos praticados – como é o caso da prescrição –, mas sim o conhecimento da autoria dos delitos. Conseqüentemente, se alguém foi vítima de três crimes continuados, vindo a tomar conhecimento da autoria de todos os delitos no mesmo dia, o prazo de 6 (seis) meses começa a correr a partir desta data, para todos os crimes; se o conhecimento da autoria verifica-se individualizadamente, cada prazo flui a partir de cada conhecimento.

Nos crimes permanentes, consoante Boschi, "o *dies a quo* do prazo decadencial, se conhecida a autoria do crime, esgotar-se-á nos 6 (seis) meses seguintes à cessação da permanência".[220] Já no caso de o conhecimento da autoria verificar-se após a cessação da permanência, pensamos que a regra geral é inteiramente aplicável.

No caso de crime complexo, em que o crime-fim depende de representação, a decadência do direito também extingue a punibilidade do crime-meio, mesmo no caso de este ser de ação pública incondicionada.[221]

---

[220] BOSCHI, cit., p. 181.

[221] "(...) 1. O crime mais grave de lesões corporais culposas, qualificado pela falta de habilitação para dirigir veículos, absorve o crime menos grave de dirigir sem habilitação (artigos 303, par.

Quando nem todos os sujeitos ativos do crime são conhecidos, o prazo decadencial não flui em relação àqueles cuja autoria seja desconhecida.

A decadência do prazo para a representação pode ser reconhecida em qualquer grau de jurisdição, ainda que o Tribunal de apelação não se tenha manifestado sobre o assunto:

> (...) – O art. 103 do Código Penal fixa o prazo de seis meses para o oferecimento de queixa ou representação nos crimes de ação pública condicionada e nos crimes de ação privada, fazendo a ressalva de que, decorrido esse tempo, "o ofendido decai do direito". – A decadência é a extinção do direito de oferecer a queixa pelo ofendido ou seu representante legal; ocorre quando flui *in albis* o prazo de seis meses concedido *ex lege* para o seu exercício, o qual deve ser contado da data do conhecimento do fato punível. – Exsurge incontroverso que o v. acórdão equivocou-se ao não examinar tal questão, sob o argumento de que suprimiria instância. De fato, causa extintiva de punibilidade é circunstância reconhecível a qualquer tempo. – Recurso conhecido e provido para determinar o trancamento da ação penal [STJ – RHC 8841/BA, 5ª Turma, rel. Min. Jorge Scartezzini, j. 07/12/1999, DJU: 28/02/2000, p. 93].

Tendo em vista a edição do novo Código Civil, cremos, na linha ressaltada anteriormente, que não se pode mais falar em dois prazos de representação, no caso de a vítima ser maior de 18 e menor de 21 anos. Agora, só a vítima é que possui o direito à representação, a partir de seus 18 anos.

Uma hipótese, contudo, ainda poderá ensejar dúvidas: trata-se do caso de o prazo ter-se iniciado para o representante do menor de 18 anos, sendo que antes de os 6 (seis) meses transcorrerem sem o oferecimento da representação, a vítima venha a atingir a maioridade civil. O entendimento majoritário é no sentido de que, na data de aniversário de 18 anos, um novo prazo de 6 (seis) meses iniciava-se em relação à vítima, nos termos da Súmula nº 594 do STF,[222] ou seja, existiriam dois direitos autônomos à representação: o da vítima e o de seu representante legal.[223] Com isso, teríamos dois termos iniciais: um, no dia em que o representante legal do menor toma conhecimento da autoria do fato; outro, no dia em que a vítima atinge a maioridade, na condição de que os 6 (seis) meses não se tenham extrapolado para o seu representante.

Se a vítima vier a morrer antes de esgotar-se o prazo decadencial, o direito de representação é transmitido ao cônjuge, ascendente,

---

único, e 309 do Código de Trânsito Brasileiro). 2. O crime de lesões corporais culposas é de ação pública condicionada à representação da vítima por expressa disposição legal (artigos 88 e 91 da Lei nº 9.099/95). 3. Na hipótese em que a vítima não exerce a faculdade de representar, ocorre a extinção da punibilidade do crime mais grave de lesões corporais culposas, qualificado pela falta de habilitação, não podendo o paciente ser processado pelo crime menos grave de dirigir sem habilitação, que restou absorvido(...)" [STF – HC 80298-MG, 2ª Turma, rel. Min. Maurício Corrêa, j. 10/10/2000, DJU: 01/12/2000, p. 71].

[222] Nesse sentido: LIMA, cit., p. 228; MONTEIRO ROCHA, cit., p. 99; MIRABETE, cit., p. 117.

[223] Em sentido contrário, para quem haveria apenas um direito de representação: TOURINHO FILHO, *Processo Penal*, cit., p. 349; JESUS, Damásio de. *Código de Processo Penal Anotado*. 2 ed. São Paulo: Saraiva, 1991, p. 38.

descendente, irmão (art. 24, § 1º, do CPP) ou qualquer outro sucessor (consoante jurisprudência majoritária antes mencionada).[224] Nessa hipótese, não haverá um prazo para cada sucessor, mas sim um prazo único para o primeiro sucessor que tenha condições de oferecer a representação após o falecimento.[225] Por outro lado, cremos que o prazo deste não flui *ab initio*, mas sim do dia seguinte àquele que já estava fluindo para a vítima falecida.

Havendo necessidade de nomeação de curador especial (art. 33 do CPP), o prazo tem início, para o curador, a partir do momento em que ele é intimado da nomeação.[226] O oferecimento da representação, contudo, não lhe é obrigatório.

Quanto à requisição do Ministro da Justiça, segundo cremos, tendo em vista a ausência de previsão legal expressa, não há prazo decadencial, mas sim, apenas, prescricional.[227]

3.16. AÇÃO PENAL PRIVADA

3.16.1. Conceituação, hipóteses e espécies

Os crimes de ação privada são aqueles cuja iniciativa da ação penal não é do Ministério Público, mas sim da vítima (seu representante ou seus sucessores, conforme o caso), mediante *queixa*. Em comum com a ação penal pública condicionada, a privada tem a circunstância de a investigação criminal não poder iniciar-se sem autorização da vítima (art. 5º, §§ 4º e 5º, do CPP). Afora a circunstância de a ação privada iniciar-se mediante o oferecimento de queixa, outra característica que a difere da ação pública é quanto à sua disponibilidade. Tecnicamente, denomina-se querelante o autor da ação penal privada, enquanto querelado, o réu. Portanto, como bem ressalta Lima,[228] "a queixa-crime é a peça inicial da ação penal privada, sendo totalmente impróprio se denominar a notícia do crime na Delegacia Policial de queixa, como é usual; trata-se aqui de notícia-crime e não de queixa".

Os casos de ação penal privada exigem expressa previsão legal (art. 100, *caput*, *in fine*, do Código Penal). No Código Penal, procedem-se mediante queixa nos crimes contra a honra (art. 145, salvo no que tange às hipóteses do parágrafo único e da injúria real), os crimes de

---

[224] BOSCHI, cit., p.176. Em sentido contrário, para quem a enumeração é taxativa: LIMA, cit., p. 229.

[225] Nesse sentido: LIMA, cit., p. 229.

[226] Nesse sentido: BOSCHI, cit., p. 180.

[227] Nesse sentido: MONTEIRO ROCHA, cit., p. 105.

[228] LIMA, cit., p. 313.

esbulho possessório (art. 161, § 3° – desde que a propriedade seja particular), de dano simples (art. 163, *caput*) e qualificado por motivo egoístico ou com prejuízo considerável à vítima (art. 163, parágrafo único, IV), de introdução ou abandono de animais em propriedade alheia (art. 164 – todos na forma do art. 167), de fraude à execução (art. 179), de violação de direito autoral em sua forma simples (art. 184, *caput*, c/c art. 186, I), crimes contra os costumes (art. 225, *caput*, salvo as exceções mencionadas antes), crimes de induzimento a erro essencial e ocultação de impedimento (art. 236) e de exercício arbitrário das próprias razões (art. 345). Também encontramos na legislação especial, como são os casos dos crimes contra a honra, descritos na Lei de Imprensa (Lei n° 5.250/50).

Quanto à legitimidade ativa, a ação penal privada classifica-se em:

a) *stricto sensu*;
b) personalíssima;
c) subsidiária.

Todas elas iniciam-se mediante queixa. As duas primeiras diferem-se em um único aspecto: na personalíssima, o direito de queixa é, em qualquer hipótese, instransmissível; ou seja, a incapacidade da vítima, bem como a sua morte, não autorizam o início da ação penal por terceiros; só à vítima é que incumbe o direito à queixa-crime. Por outro lado, na subsidiária, a ação penal é *essencialmente pública*, sendo considerada privada só em razão da sua iniciativa (queixa), cuja origem é a inércia do Ministério Público. Abordaremos, posteriormente, as duas últimas de maneira detalhada.

3.16.2. Princípios da ação penal privada

3.16.2.1. Princípio da oportunidade ou conveniência

Ao contrário do princípio da obrigatoriedade, aplicável à ação penal pública, a ação penal privada poderá ser proposta nos limites (subjetivos) da conveniência do ofendido. Assim, o sistema processual brasileiro reconheceu, de maneira excepcional, e nos casos expressamente previstos em lei, a possibilidade de a pretensão persecutória (*jus puniendi*) ficar a cargo do ofendido pelo delito, ainda que tal pretensão tenha de ser apreciada pelo Poder Judiciário.

Este princípio dá origem a alguns institutos processuais penais. É o caso da renúncia do direito à queixa crime (art. 104 do CP), que se verifica unilateralmente, expressa ou tacitamente, antes da propositura da ação penal. Pela mesma razão, pode dar ensejo à decadência (art. 103 do CP).

Este princípio também tem aplicação à ação penal privada subsidiária (art. 100, § 3°, do CP), na medida em que o ofendido não é obrigado a oferecer queixa substitutiva nos casos de inércia do Ministério Público. Não sendo oferecida a queixa no prazo legal, ocorre a decadência do direito, sem, contudo, que ocorra a extinção da punibilidade do delito. Opera-se, isso sim, o retorno da legitimidade exclusiva do Ministério Público (observe-se que enquanto não escoado o prazo decadencial tal legitimidade também perdurava, mas era concorrente à do ofendido).

3.16.2.2. Princípio da disponibilidade

Trata-se de uma decorrência lógica do princípio da oportunidade ou conveniência. Com efeito, se à parte incumbe a opção de ingressar ou não com a ação penal, também deve ser-lhe reconhecida a possibilidade de dispor da ação penal já proposta, ou seja, o princípio da disponibilidade estabelece que o querelante (autor da ação penal privada) poderá desistir do seguimento da demanda, durante o seu curso. Há dois institutos processuais materiais que dinamizam esse princípio: o perdão do ofendido (art. 105 do CP) e a perempção (art. 60 do CPP).

A peculiaridade dessa modalidade de ação é que o pedido de absolvição (expresso ou tácito) de parte do querelante impede que o Poder Judiciário analise o mérito da demanda, já que a disposição da relação jurídica objeto da ação penal privada acarreta a extinção da punibilidade (art. 107, IV, *in fine*, do CP).

Pode-se discutir se o princípio da disponibilidade tem aplicação na ação privada subsidiária. Poderia parecer, à primeira vista, a não-incidência dessa norma, na medida em que o art. 29 do CPP estabelece que o Ministério Público irá retomar o andamento da ação privada subsidiária sempre que haja inércia do querelante. É necessário, contudo, um esclarecimento: tanto o perdão quanto a perempção incidem na ação privada subsidiária, mas sem o efeito de extinção da punibilidade do delito. Em outras palavras: se o querelante, na ação privada subsidiária, vier a perdoar o querelado ou dar causa à perempção, automaticamente perderá a legitimidade ativa da demanda para o Ministério Público, que retomará o seu curso. Contudo, tendo em vista que tal ação é, em essência, pública, inexistiria disponibilidade relacionada à pretensão persecutória do Estado, ou seja, a legitimidade ativa até é disponível, mas não a relação processual.

3.16.2.3. Princípio da indivisibilidade

O princípio da indivisibilidade impede que o ofendido selecione somente alguns dos supostos autores para, contra eles, dar início à ação penal. Pode-se aqui notar, em certa medida, um controle sobre o princípio da oportunidade; ou seja, a indivisibilidade da ação determina que o ofendido, caso pretenda exercitar seu direito de ação, o faça contra todos os supostos autores do delito, sendo vedada a seleção aleatória do pólo passivo da demanda.

Há diversos institutos processuais materiais que confirmam este princípio, tais como a renúncia e o perdão judicial, que, se oferecidos somente em relação a um dos autores do delito, também alcançam os demais, ainda que implicitamente (arts. 49 e 51 do CPP).

O princípio da indivisibilidade também comporta exceção. Seria o caso de o perdão ser oferecido a todos os querelados, mas nem todos virem a aceitá-lo. Consoante dispõe o art. 51 do CPP, a ação continuará seu curso normal em relação àquele que o recusou. Logicamente, caso pretenda o querelante concluir efetivamente a ação sem julgamento de mérito, poderá lançar mão de alguma hipótese de perempção (art. 60 do CPP), que, ao contrário do perdão, é unilateral (não depende de aceitação).

Outro dispositivo legal que também confirma o princípio da indivisibilidade na ação penal privada é o art. 48 do CPP, que estabelece que a queixa oferecida contra qualquer dos autores obriga aos demais, devendo, o Ministério Público, zelar pela sua indivisibilidade. Cremos, contudo, na linha de entendimento seguida pela jurisprudência majoritária,[229] que o caminho correto à dinamização da indivisibilidade não reside no *munus* ministerial de aditar a queixa para a inclusão dos demais co-autores (ao contrário do que dispõe o § 2º do art. 46 do CPP), mas sim no reconhecimento da renúncia tácita à ação penal privada. O STF corroborou essa tese.[230]

---

[229] "(...) Se há notícia da participação de outro agente nos fatos narrados como delituosos, a proposição de queixa-crime contra um só, acarreta a renúncia tácita do direito de ação, que se estende a todos (art. 49, do CPP), e, conseqüentemente, a extinção da punibilidade, nos termos do art. 107, V, do CP". [STJ – HC 12203/PE, rel. Min. Fernando Gonçalves, 6ª Turma, j. 18/05/2000, DJU: 12/06/2000, p. 138]. No mesmo sentido: "(...) Considerando que o processamento e julgamento dos crimes contra a honra ora deduzidos reclamam a propositura de ação penal privada, vige, entre os supostos co-autores, o princípio da indivisibilidade, de forma que a renúncia em favor de um deles, obrigatoriamente, a teor do art. 49 do CPP e 104 do CP, estende-se aos demais, gerando, quanto a estes, da mesma forma, a extinção da punibilidade nos termos do art. 107, V, do CP. Ordem concedida". [STJ – HC 19.088-SP, 5ª Turma, rel. Min. Felix Fischer, j. 25/03/2003, DJU: 22/04/2003, p. 240, RSTJ – 168/461]. "Ação penal privada: ofensa ao princípio da indivisibilidade: rejeição: Quando, na matéria jornalística, a declaração atribuída ao querelado é indissociável de fatos cuja divulgação o autor da reportagem assume como revelação sua e sem os quais sequer seria possível entendê-la, a hipótese é de inequívoca co-autoria, quando o princípio da indivisibilidade da ação penal privada não propicia ao ofendido propor a ação penal contra um dos co-autores, omitindo-se quanto ao outro". [STF – Inq 1593/GO, Pleno, rel. Min. Sepúlveda Pertence, j. 22/08/2001, j. 22/08/2001, DJU: 05/10/2001, p. 41]. Idem: RT, 682/353 (TJMG), 585/370 (TARS), 653/337 (TAMG); RJD, 23/383 (TACrim-SP). Estas últimas referências jurisprudenciais foram obtidas em SILVA FRANCO, Alberto *et al. Código de Processo Penal e sua Interpretação Jurisprudencial*, cit., p. 1146-1147.

[230] "O Tribunal rejeitou queixa-crime formulada contra atual deputado federal e outros, à época funcionários da prefeitura do Rio de Janeiro, pela suposta prática dos crimes de esbulho possessório (CP, art. 161, § 1º, II: "Suprimir ou deslocar tapume, marco, ou qualquer outro sinal indicativo de linha divisória, para apropriar-se, no todo ou em parte, de coisa imóvel alheia:...§ 1º – Na mesma pena incorre quem:...II – invade, com violência a pessoa ou grave ameaça, ou

3.16.2.4. Princípio da intranscendência ou da incontagiabilidade da sanção penal

Todas as observações feitas acerca deste princípio na ação penal pública também são aplicáveis à ação penal privada; ou seja, também nesta modalidade de persecução penal a ação penal não poderá ir além da pessoa do querelado.

3.16.3. Queixa: requisitos e formalidades

A teor do que dispõe o art. 41 do CPP, todas as formalidades exigidas para a denúncia também recaem sobre a queixa. Conseqüentemente, também se trata de peça processual concisa, que narra o fato concreto nos limites do tipo penal imputado ao querelado. Eventual deficiência formal, assim como na denúncia, conduz à inépcia:

> (...) Várias queixas contra a mesma querelada. Prolixidade e excesso de capitulação, além de imprecisão na caracterização da época do fato, em relação a duas delas. Efeitos sanáveis nos termos do art. 569 do CPP. Terceira queixa contendo os mesmos defeitos e falha mais grave, isto é, total ausência de indicação da época do fato, prejudicando o direito de defesa. Provimento parcial do recurso para deferir-se a ordem em relação à terceira queixa, que se anula por inépcia [STJ – RHC 1713, rel. Min. Assis Toledo, DJU: 16/03/1992, p. 3105].

Quanto à tipificação do delito, assim decidiu o STF:

> (...) A exigência de classificação do delito na queixa-crime não obstaculiza a incidência do disposto nos artigos 383 e 384 do Código de Processo Penal (...) [STF – RHC 83091/DF, 1ª Turma, rel. Min. Marco Aurélio, j. 05/08/2003, DJU: 26/09/2003, p. 13].

Em princípio, trata-se de peça processual escrita. Na Lei nº 9.099/95, contudo, verifica-se a possibilidade de a queixa ser oral.

Não é necessário, à proposta da ação penal privada (assim como da pública), que a exordial seja precedida de inquérito policial. Basta, para o seu recebimento legítimo, que a queixa esteja acompanhada de elementos probatórios mínimos que indiquem a materialidade do delito e os indícios da autoria.

Há quem diga que o pedido de condenação, *na queixa*, é fundamental, "pois se trata de procedimento em que vigora o princípio da oportunidade, prevendo a lei, na forma do art. 60 do CPP, inclusive, a perempção caso não seja feito tal pedido nas alegações finais da ação penal privada".[231] Pensamos, entretanto, que a ausência dessa formali-

---

mediante concurso de mais de duas pessoas, terreno ou edifício alheio, para o fim de esbulho possessório".) e de dano (CP, art. 163, parágrafo único, IV: "Destruir, inutilizar ou deteriorar coisa alheia:...Parágrafo único – Se o crime é cometido...IV – por motivo egoístico ou com prejuízo considerável para a vítima:...".), que seriam decorrentes de invasão de imóvel de propriedade da querelante e de demolição do edifício ali existente. Entendeu-se que a ausência de propositura da ação contra o prefeito do Município do Rio de Janeiro, do qual emanara a autorização para a demolição, implicaria em renúncia extensível aos querelados, em razão do princípio da indivisibilidade da ação penal privada" [STF – Inq 2020-RJ, rel. Min. Ellen Gracie, j. 1º/7/2004, Informativo STF/354].

[231] LIMA, cit., p. 314.

dade não pode ensejar o trancamento da ação penal privada, na medida em que o início da ação penal se sujeita ao preenchimento de condições mínimas à propositura da ação penal, e não necessariamente à condenação. Assim, seria válida a ação privada em que o pedido de condenação viesse somente em alegações finais.

O oferecimento de queixa pressupõe *capacidade postulatória*. Nesse caso, se o querelante não for advogado – ou, em o sendo, não pretender atuar em nome próprio –, deverá constituir defensor, caso em que a *procuração* a que faz menção o art. 44 é exigível. O princípio que se segue é que a procuração deverá narrar sucintamente o fato que irá ensejar a propositura da ação penal privada, bem como a concessão de poderes para o seu oferecimento. Não se deve exigir rigor quanto à capitulação legal do fato na procuração, ficando, tal formalidade, para a queixa:

> (...) Para validade da procuração, na ação penal de iniciativa privada, não se exige a descrição mas apenas a menção ao fato criminoso. Cumpre essa exigência o instrumento de mandato que faz referência ao nome da querelada e menciona os crimes a ela imputados pelo seu "nomen iuris" (calúnia, difamação além de citar os respectivos artigos do Código Penal (...) [STJ – RHC 1713, rel. Min. Assis Toledo, DJU: 16/03/1992, p. 3105].

Nos tribunais vem prevalecendo o entendimento de que eventuais falhas do mandato podem vir a ser regularizadas posteriormente, mesmo após o transcurso do prazo decadencial:[232]

> (...) Ação penal privada: o defeito na procuração pode ser sanado, ainda depois de escoado o prazo de decadência, mediante ratificação dos atos processuais, nos termos do art. 568 do CPP. Jurisprudência do STF. RHC improvido. [STF – RHC 65879/PR, 2ª turma, rel. Min. Célio Borja, j. 15/04/1988, DJU: 06/05/1988, p. 10629].

> (...) Esta E. Corte tem proclamado que havendo omissão ou irregularidade de mandato, que diz apenas com a legitimidade do procurador da parte, pode ser sanada a qualquer tempo (ainda que após o prazo decadencial). Ordem denegada [STJ – HC 16330-MG, 5ª Turma, rel. Min. Jorge Scartezzini, j. 08/06/2004, DJU: 02/08/2004, p. 431].

Entretanto, caso tal formalidade não seja regularizada até a sentença condenatória, verifica-se nulidade processual:

> (...) A ausência de indicação do fato delituoso, apesar dos poderes expressos para o oferecimento da queixa contra o querelado, prontamente identificável, constitui, nos termos do art. 44 do CPC, nulidade que, até a sentença, poderia ter sido sanada. Contudo a inércia do querelante, não suprindo essa omissão até a prolação do *decisum* condenatório, impõe o reconhecimento da nulidade *ab initio* da queixa-crime, tendo como conseqüência a extinção da punibilidade do querelado, nos termos do art. 107, IV do CP (RT 716/463). Ordem concedida [STJ – HC 15193/PB, 5ª Turma, rel. Min. Felix Fischer, j. 07/06/2001, DJU: 13/08/2001, p. 185].

O art. 32 do CPP dispõe que, no caso de a vítima não ter condições econômicas para contratar um advogado, o juiz, a requerimento da parte que comprovar a pobreza, nomeará advogado para promover a ação penal. Já o § 1º do mesmo artigo estabelece:

---

[232] Em sentido contrário: LIMA, cit., p. 315.

Art. 32. Considerar-se-á pobre a pessoa que não puder prover às despesas do processo, sem privar-se dos recursos indispensáveis ao próprio sustento ou da família.

A seu turno, dispõe o § 2°:

§ 2º. Será prova suficiente de pobreza o atestado da autoridade policial em cuja circunscrição residir o ofendido.

Assim, a mera declaração de pobreza presume, em termos relativos, a veracidade da afirmação. Nada impede que, em razão da pobreza, a queixa seja oferecida por Defensor Público:

(...) É função institucional da Defensoria Pública patrocinar tanto a ação penal privada quanto a subsidiária da pública, não havendo nenhuma incompatibilidade com a função acusatória, mais precisamente a de assistência da acusação (...) [STJ – HC 24079/PB, 5ª Turma, rel. Min. Felix Fischer, j. 19/08/2003, DJU: 29/09/2003, p. 288].

Não se exige procuração quando a vítima assina a queixa juntamente com o advogado.

3.16.4. Aditamento à queixa

A queixa pode ser aditada pelo querelante, de uma maneira geral, nas mesmas hipóteses em que se verifica o aditamento da denúncia. Assim, poderá ser promovido o aditamento para o fim de incluir co-autor ou partícipe desconhecido no momento da propositura da ação penal, para a inclusão de delito de natureza privada de que se teve notícia no andamento da instrução, para a correção da tipificação legal do delito ou para acrescentar nova circunstância ou elementar não contida sequer implicitamente na queixa. Ressalte-se, contudo, que tais providências devem ser atendidas dentro do prazo decadencial previsto às peculiaridades do caso. Não se falaria em decadência, por exemplo, se um ano após o início da ação privada vem a lume co-autoria desconhecida, na medida em que a decadência tem seu termo inicial o conhecimento da autoria do fato.

O § 2° do art. 46 estabelece que:

Art. 46. (...) § 2º. O prazo para o aditamento da queixa será de 3 (três) dias, contado da data em que o órgão do Ministério Público receber os autos, e, se este não se pronunciar dentro do tríduo, entender-se-á que não tem o que aditar, prosseguindo-se nos demais termos do processo.

Cremos que o dispositivo legal manifesta que o Ministério Público poderá aditar a queixa simplesmente para corrigir eventuais equívocos formais – corrigir a tipificação legal do delito, v g. – ou no caso de queixa subsidiária, não podendo fazê-lo, contudo, para a inclusão de co-autor ou de novo delito, por exemplo. Isso porque a ação penal privada é regida pelo princípio da oportunidade e conveniência, bem como pelo princípio da disponibilidade. Conseqüentemente, e como veremos adiante, a omissão de co-autor ou partícipe na queixa não autoriza o aditamento superveniente no caso do concurso de agentes já se fazer evidenciado quando da propositura da ação penal, seja pelo

Ministério Público,[233] seja pelo querelante. O caso diz respeito à renúncia tácita, sendo impossível falar-se, pois, em aditamento posterior.

Há interessante debate acerca da possibilidade de aditamento provocado da queixa subsidiária, nos termos dos arts. 383 e 384 do CPP. A solução do problema há de partir das peculiaridades de cada caso, senão vejamos.

Quanto à possibilidade de *emendatio libelli* (art. 383 do CPP), não vemos óbice à aplicação na ação privada exclusiva, na medida em que o dispositivo legal faz expressa menção à queixa sem que haja qualquer elemento apontando para a necessidade de interpretação somente em relação à queixa subsidiária. Com efeito, fora dos casos em que o erro da queixa importe em renúncia tácita ou perempção, não veríamos óbice à aplicação da providência do art. 383 também nas ações penais privadas exclusivas.

Já em relação à *mutatio libelli* prevista no *caput* do art. 384 (que não importe em aumento de pena), tendo em vista que o limite semântico da norma permite a sua aplicabilidade à queixa exclusiva, também não veríamos óbice para os casos de o juiz provocar o aditamento, desde que a inércia não caracterize hipótese de renúncia tácita ou de perempção.

Os problemas surgem em relação ao parágrafo único do art. 384, que diz respeito à *mutatio libelli* cujo efeito é o aumento da pena, na medida em que o dispositivo legal fala somente em aditamento da queixa pelo Ministério Público. Parte da doutrina sustenta a possibilidade de aplicação do parágrafo único também à ação penal exclusivamente privada, com base na analogia (art. 3º do CPP).[234] Embora sistematicamente tal solução seja coerente, não podemos olvidar que estamos diante de norma processual material, hipótese em que a analogia *in mallam partem* é vedada. Assim, por uma questão de legalidade formal, não vemos a possibilidade de o juiz aplicar o parágrafo único do art. 384, cabendo a ele, tão-somente, absolver o querelado ou, conforme o caso, julgá-lo nos estritos limites da queixa.[235]

---

[233] No sentido da impossibilidade de aditamento da queixa pelo Ministério Público para a inclusão de co-autor ou partícipe: TOVO, Paulo Cláudio. 'Aditamento da Queixa pelo Ministério Público: Amplitude'. *Revista da Ajuris*. Porto Alegre, vol. 18, p. 27-28; BOSCHI, cit., p. 271 (este autor, até a 2 ed. de sua monografia, sustentou opinião contrária). Em sentido contrário, para quem seria possível o aditamento da queixa pelo Ministério Público para a inclusão de co-autor ou partícipe: TOURINHO FILHO, cit., vol. 1, p. 500; MONTEIRO ROCHA, cit., p. 146; GRECO FILHO, Vicente, NERY JR., Nelson. 'Legitimidade Recursal do MP na Ação Penal Privada'. *Revista da Ajuris*. Porto Alegre, vol. 19, p. 136.

[234] Nesse sentido: JESUS, Damásio E. de. *Código de Processo Penal Anotado*. 10 ed. São Paulo: Saraiva, 1993, p. 231; TOURINHO FILHO, cit., vol. IV, p. 193.

[235] No sentido da impossibilidade de aplicação do parágrafo único do art. 384 à queixa: MIRABETE, Julio Fabbrini. *Código de Processo Penal Interpretado*. São Paulo: Atlas, 1994, p. 443; LIMA, cit., p. 321-322; BOSCHI, cit., p. 259.

3.16.5. Legitimidade ativa

Tem legitimidade para o oferecimento da queixa a vítima, em tese, do delito. É o que dispõe o art. 30 do CPP:

Art. 30. Ao ofendido ou a quem tenha qualidade para representá-lo caberá intentar a ação privada.

Sendo capaz o ofendido, sua representação judicial é impossível, salvo nos casos de outorga de procuração:

Queixa-crime formulada por advogado contra magistrada Presidente de Junta de Conciliação e Julgamento – JCJ. – Caso em que o querelante não ostenta legitimidade ativa para intentar a ação penal privada, uma vez que as supostas ofensas não lhe foram dirigidas, mas, sim, à estagiaria que trabalhava em seu escritório. – Queixa rejeitada (CPP, art. 43, III). [TRF/1ª Região, QCR 01098707/BA, Plenário, rel. Juiz Fagundes de Deus, j. 17/12/1993, DJU: 03/02/1994, p. 2805].

De acordo com o art. 31 do CPP:

Art. 31. No caso de morte do ofendido ou quando declarado ausente por decisão judicial, o direito de oferecer queixa ou prosseguir na ação passará ao cônjuge, ascendente, descendente ou irmão.

Quanto ao direito de preferência, estabelece, o art. 36 do CPP, que:

Art. 36. Se comparecer mais de uma pessoa com direito de queixa, terá preferência o cônjuge, e, em seguida, o parente mais próximo na ordem de enumeração constante do art. 31, podendo, entretanto, qualquer delas prosseguir na ação, caso o querelante desista da instância ou a abandone.

Na Lei de imprensa (Lei nº 5.250/67) o art. 40, I, "d", consignou, expressamente, a palavra "indistintamente" no rol das pessoas elencadas no dispositivo. Assim, excepcionando a regra do CPP, podem suceder os direitos da vítima qualquer daqueles sucessores em se tratando de crimes de imprensa:

(...) A Lei nº 6.640, de 8.5.79, ao modificar o art. 40, I, "d", da Lei de Imprensa, nele acrescentou a palavra descendente, com o declarado objetivo de conferir a esses parentes em linha reta qualidade para agir nos delitos cometidos contra a memória dos mortos. A Lei de Imprensa, ao dispor sobre a tutela penal da memória dos mortos – tenham sido estes agentes públicos, ou não – atribui, em norma autônoma e especial, a iniciativa da ação penal privada somente ao cônjuge, descendente, ascendente ou irmão da pessoa falecida. – Se as expressões alegadamente contumeliosas, proferidas contra a memória de pessoa falecida, podem configurar, em tese, delito contra a honra, nada justifica o trancamento sumario, em sede de "habeas corpus", da ação penal condenatória. [STF – HC 69323/GO, 1ª Turma, rel. Min. Celso de Mello, j. 12/05/1992, DJU: 26/03/1993, p. 5004].

Quanto às pessoas jurídicas, dispõe o art. 37 do CPP que:

Art. 37. As fundações, associações ou sociedades legalmente constituídas poderão exercer a ação penal, devendo ser representadas por quem os respectivos contratos ou estatutos designarem ou, no silêncio destes, pelos seus diretores ou sócios-gerentes.

Caso o contrato social preveja representação unicamente conjunta de todos os sócios, a ausência de algum deles quanto à procuração outorgada, ou mesmo à propositura da queixa, acarreta a nulidade. Tudo depende, por certo, dos casos em que a pessoa jurídica possa ser vítima de crime:

(...) A pessoa jurídica pode ser vítima de difamação, mas não de injúria e calúnia. A imputação da prática de crime a pessoa jurídica gera a legitimidade do sócio-gerente para a queixa-crime por calúnia (...) [STF – RHC 83091/DF, 1ª Turma, rel. Min. Marco Aurélio, j. 05/08/2003, DJU: 26/09/2003, p. 13].

Só se admite, contudo, queixa proposta por pessoa jurídica quando esta seja a vítima efetiva do delito. Conseqüentemente, impossível falar-se em representação de pessoa física por pessoa jurídica:

(...) Ação penal privada: ilegitimidade ativa de associação civil para propô-la por ofensa à honra de seus filiados: precedentes. [STF – Inq 1660/DF, Tribunal Pleno, rel. Min. Sepúlveda Pertence, j. 06/09/2000, DJU: 06/06/2003, p. 32].

Também o STJ já decidiu nesse sentido:

(...) Ilegitimidade ativa de entidade associativa para figurar como querelante na ação, como substituta processual dos ofendidos. Rejeição da queixa quanto a esta. 3 – Recebimento da queixa formulada pelo querelante Roberto Cardoso [STJ – APN 77/PR, Corte Especial, rel. Min. Assis Toledo, j. 13/10/1994, DJU: 07/11/1994, p. 29993].

Da mesma forma, se a pessoa jurídica não é atingida pelo crime contra a honra, impossível reconhecer sua legitimidade ativa:

(...) Hipótese que trata de ação penal privada, iniciada por queixa oferecida por pessoa jurídica, para a apuração de delito de difamação, atribuído ao paciente, que, no entanto, não restou caracterizado. Ainda que se pretenda atribuir exclusivamente ao paciente a prática do delito, não houve imputação de fato ofensivo à honra de pessoa jurídica, mas, sim, evidenciou-se acusação de que os diretores do Banco BNP Paribas S/A teriam cometido delito de evasão de divisas. O simples fato de a pessoa jurídica não poder ser vítima do delito de calúnia, não autoriza a qualificação dos fatos como difamação. Na ocorrência de calúnia, a correspondente queixa-crime deve ser apresentada pelas vítimas – pessoas físicas – e, não, pela pessoa jurídica, pois somente as pessoas físicas que, valendo-se da empresa, cometeram crimes, podem se sentir ofendidas com as acusações (...) [STJ – HC 29861-SP, 5ª Turma, rel. Min. Gilson Dipp, j. 09/12/2003, DJU: 25/02/2004, p. 198].

Por outro lado, sendo vítima do delito a pessoa jurídica, impossível falar-se em propositura de ação privada por pessoa física que não seja a sua representante legal:

(...) 1. Ilegitimidade ativa da querelante pessoa física para ajuizar a presente ação penal privada, uma vez que ela não foi direta nem indiretamente atingida pelas palavras proferidas pela querelada, o que impõe a rejeição da queixa-crime (Lei 5.250/67, art. 44, § 1º; c/c art. 43, III, do C.P.P.) e a extinção do processo, quanto a ela. 2. No caso, analisando-se detidamente as afirmações contidas na petição inicial, verifica-se que nelas não consta qualquer afirmação que possa configurar injúria ou difamação puníveis (Código Penal, arts. 139; 140 e 141, III), estando elas asseguradas pela liberdade de manifestação do pensamento (Carta Magna, arts. 5º, IV e V; e 220, "caput"). 3. Ademais, os conselhos de fiscalização profissional, na qualidade de autarquias corporativas, gozando de diversos privilégios aplicáveis à Fazenda Pública (C.P.C., arts. 188 e 475, III; Lei 6.830/80 e Decreto 20.910/32, dentre outros), não podem se achar imunes às críticas da sociedade, mormente aquelas que partem dos profissionais que os sustentam. 4. Recurso em sentido estrito a que se nega provimento.[TRF/1ª Região, RCCR 01001178760/DF, 3ª Turma, rel. Juiz Leão Aparecido Alves, j. 15/04/2004, DJU: 03/06/2004, p. 189].

Caso o ofendido seja incapaz (menor de 18 anos ou mentalmente enfermo) e não tenha representante legal, a queixa será oferecida por curador nomeado pelo juízo (art. 33 do CPP). Este, contudo, não tem a obrigação de oferecer a queixa quando nomeado.

Se o menor de 18 anos possui representante, só a este incumbe o direito de oferecer queixa, salvo no caso de ação privada personalíssima, em que a vítima é a única legitimada ao seu oferecimento. Nesta hipótese, o prazo decadencial não flui enquanto não atingida a maioridade.

O art. 34 do CPP dispõe que:

> Art. 34. Se o ofendido for menor de 21 (vinte e um) e maior de 18 (dezoito) anos, o direito de queixa poderá ser exercido por ele ou por seu representante legal.

Cremos que esse dispositivo legal está implicitamente revogado pelo novo Código Civil, na medida em que a maioridade civil, hoje, é atingida com os 18 anos. Assim, não haveria razão para que o seu representante legal ainda detivesse o direito de oferecer queixa-crime no caso de a vítima ter entre 18 e 21 anos.

3.16.6. Legitimidade passiva

A queixa deve ser proposta contra todos os autores, em tese, do delito, desde que conhecidos, sob pena de ofensa ao princípio da indivisibilidade:

> (...) Por outro lado, embora a peça inaugural tenha se referido a fatos que, na sua integralidade, são de responsabilidade do jornalista que escreveu a matéria publicada na Revista Época, a queixa foi proposta somente contra o impetrante-paciente, ofendendo, desta maneira, o princípio da indivisibilidade da ação penal privada. A alegação de ausência de justa causa para o prosseguimento do feito pode ser reconhecida quando, sem a necessidade de exame aprofundado e valorativo dos fatos, indícios e provas, restar inequivocamente demonstrada, pela impetração, a configuração da inépcia da queixa. O habeas corpus presta-se para o trancamento de ação penal por falta de justa causa se, para a análise da alegação, não é necessário aprofundado exame acerca de fatos, indícios e provas. Determinado o trancamento da ação penal privada movida contra o paciente. Ordem concedida, nos termos do voto do relator. [STJ – HC 29861-SP, 5ª Turma, rel. Min. Gilson Dipp, j. 09/12/2003, DJU: 25/02/2004, p. 198].

Cremos possível a possibilidade de oferecimento de queixa contra pessoa jurídica só no caso extremo – de duvidosa constitucionalidade – de o delito imputado ser crime ambiental e quando o Ministério Público tenha-se mantido inerte no prazo para o oferecimento da denúncia, ou seja, só no caso de queixa subsidiária em crime ambiental.

3.16.7. Renúncia

A renúncia é a possibilidade de, unilateralmente, a vítima abdicar de seu direito ao oferecimento à queixa-crime, produzindo a extinção da punibilidade (art. 107, V, do CP). Verifica-se antes de a ação penal privada ter início e, por essa razão, é uma decorrência lógica do princípio da oportunidade ou conveniência.

A unilateralidade da renúncia representa que os seus efeitos são produzidos independentemente da anuência da parte contra a qual a investigação foi instaurada. Quanto à forma, a renúncia pode ser expressa ou tácita, podendo ser deduzida de qualquer ato ou fato que indique a disposição do direito de queixa.

O art. 49 do CPP estabelece que:

> Art. 49. A renúncia ao exercício do direito de queixa, em relação a um dos autores do crime, a todos se estenderá.

Tal hipótese de renúncia tácita também vem sendo reconhecida pelos tribunais quando o querelante oferece a queixa somente contra um dos co-autores do delito, omitindo os demais. Em recente decisão, assim manifestou-se o STF:

> O Tribunal rejeitou queixa-crime formulada contra atual deputado federal e outros, à época funcionários da prefeitura do Rio de Janeiro, pela suposta prática dos crimes de esbulho possessório (CP, art. 161, § 1º, II: "Suprimir ou deslocar tapume, marco, ou qualquer outro sinal indicativo de linha divisória, para apropriar-se, no todo ou em parte, de coisa imóvel alheia: ... § 1º – Na mesma pena incorre quem: ... II – invade, com violência a pessoa ou grave ameaça, ou mediante concurso de mais de duas pessoas, terreno ou edifício alheio, para o fim de esbulho possessório".) e de dano (CP, art. 163, parágrafo único, IV: "Destruir, inutilizar ou deteriorar coisa alheia:...Parágrafo único – Se o crime é cometido ... IV – por motivo egoístico ou com prejuízo considerável para a vítima: ...".), que seriam decorrentes de invasão de imóvel de propriedade da querelante e de demolição do edifício ali existente. Entendeu-se que a ausência de propositura da ação contra o prefeito do Município do Rio de Janeiro, do qual emanara a autorização para a demolição, implicaria em renúncia extensível aos querelados, em razão do princípio da indivisibilidade da ação penal privada. [STF – Inq 2020-RJ, rel. Min. Ellen Gracie, j. 1º.7.2004, Informativo STF/354].

Podem surgir dúvidas quanto ao limite para o oferecimento da renúncia. Ao que tudo indica, parece que o oferecimento da queixa faz com que, a partir de então, somente o perdão possa verificar-se, ou seja, a renúncia deve ocorrer até o oferecimento da queixa. Num acórdão do STF, contudo, reconheceu-se que a conciliação prévia das partes ao recebimento da queixa implica renúncia, ou seja, seria ela possível até o despacho judicial de recebimento:

> O Tribunal, em questão de ordem, decidiu pela admissibilidade do pedido de desistência unilateral da ação penal privada, pelo querelante, quando requerido anteriormente ao recebimento da queixa. Considerou-se que a disponibilidade ínsita à ação penal privada e o art. 520 e seu § 2º, do CPP – que prevê expressamente a desistência da ação nos crimes contra a honra na audiência de conciliação prévia –, autorizam a ampliação da admissibilidade da desistência posterior ao oferecimento da queixa-crime, mas antes de seu recebimento, levando-se em conta, ainda, que o querelante poderia, por omissão, dar causa à perempção da ação. [STF – Inq (QO)566-DF, rel. Min. Sepúlveda Pertence, j. 5.6.2002, Informativo STF/271].

Outros acórdãos revelam o entendimento pretoriano rigoroso quanto à omissão de co-autoria da queixa:

> Ação penal privada: ofensa ao princípio da indivisibilidade: rejeição: Quando, na matéria jornalística, a declaração atribuída ao querelado é indissociável de fatos cuja divulgação o autor da reportagem assume como revelação sua e sem os quais sequer seria possível entendê-la, a hipótese é de inequívoca co-autoria, quando o princípio da indivisibilidade da ação penal privada

não propicia ao ofendido propor a ação penal contra um dos co-autores, omitindo-se quanto ao outro. [STF – Inq 1593/GO, Tribunal Pleno, rel. Min. Sepúlveda Pertence, j. 22/08/2001, DJU: 05/10/2001, p. 41].

(...) I – Quando, na matéria jornalística, a declaração atribuída ao querelado é indissociável de fatos publicados em outra reportagem, cuja remissão faz-se obrigatória para a compreensão de supostas críticas desonrosas atribuídas ao querelante, a hipótese é de co-autoria de conduta delitiva (Precedente do Excelso Pretório). II – Considerando que o processamento e julgamento dos crimes contra a honra ora deduzidos reclamam a propositura de ação penal privada, vige, entre os supostos co-autores, o princípio da indivisibilidade, de forma que a renúncia em favor de um deles, obrigatoriamente, a teor do art. 49 do CPP e 104 do CP, estende-se aos demais, gerando, quanto a estes, da mesma forma, a extinção da punibilidade nos termos do art. 107, V, do CP. Ordem concedida. [STJ – HC 19088-SP, 5ª Turma, rel. Min. Felix Fischer, j. 25/03/2003, DJU: 22/04/2003, p. 240, RSTJ, 168/461].

Há decisão, contudo, no sentido de que a inclusão de co-réu seria possível dentro do prazo decadencial:

(...) A não inclusão na queixa, dentro do prazo decadencial de todos os co-réus – embora possível – importa em renúncia tácita do direito de ação quanto aos excluídos. Por força do princípio da indivisibilidade da ação penal (art. 49 do CPP), deve tal renúncia produzir efeitos em relação aos demais possíveis autores do crime (Precedentes).(...) [STJ – HC 12815-SP, 5ª Turma, rel. Min. Felix Fischer, j. 02/10/2001, DJU: 19/11/2001, p. 293, RSTJ, 152/473].

Não se fala em renúncia tácita, entretanto, quando a omissão do co-autor deve-se à absoluta impossibilidade material ou probatória de imputar-se, na época do oferecimento da queixa, a conduta delituosa a todos os envolvidos no delito:

(...) A sócia da empresa omitida na queixa-crime, quando dos preparativos para ingresso com a ação, ainda estava com sua inclusão no quadro societário em fase de cadastramento na Junta Comercial – seu nome ainda não aparecia no contrato social registrado. A impossibilidade de inclusão no pólo passivo da demanda afasta eventual ofensa ao princípio da indivisibilidade da ação penal (arts. 48 e 49 do CPP). [STJ – HC 20687-SP, 5ª Turma, rel. Min. Felix Fischer, j. 25/06/2002, DJU: 02/09/02, p. 215].

Quando a renúncia for expressa, e oferecida por procurador, são necessários poderes especiais (art. 50, *caput*, do CPP).

Com a superveniência do novo Código Civil, consoante temos afirmado, perdeu sentido a discussão acerca da possibilidade de o representante da vítima maior de 18 anos, porém menor de 21, renunciar à queixa sem a anuência do menor. Agora, só à vítima incumbe o direito de renunciar, desde que maior de 18 anos e portadora de sanidade mental.

Ainda persiste a questão relacionada à renúncia feita pelo representante da vítima, quando esta possui menos de 18 anos. Sobre o assunto, dispõe o parágrafo único do art. 50 do CPP que:

Art. 50. A renúncia do representante legal do menor que houver completado 18 (dezoito) anos não privará este do direito de queixa, nem a renúncia do último excluirá o direito do primeiro.

A redação do parágrafo não deixa dúvida para o fato de estar ele se referindo ao caso de a vítima atingir 18 anos e a renúncia, nesta data, ainda não ter sido oferecida. Como já dito, nesta hipótese, a maioridade civil impede que o representante renuncie, caso em que o parágrafo único do art. 50 deve ser reconhecido revogado implicitamente pelo novo Código Civil.

Quando a renúncia do representante ocorre antes dos 18 anos da vítima, cremos que a extinção da punibilidade se verifica, sendo impossível falar-se num direito à queixa quando o menor completar 18 anos. No entanto, vimos que, em relação à Súmula nº 594 do STF, consagraram-se dois direitos autônomos à queixa, caso em que haveria a possibilidade de, com esse entendimento, reconhecer-se que a renúncia do representante não produziria, imediatamente, a extinção da punibilidade.

3.16.8. Perdão

O perdão do ofendido é um instituto decorrente do princípio da disponibilidade da ação penal privada, na medida em que é uma forma legalmente estabelecida de o querelante, após a propositura da ação penal, desistir de levá-la adiante.

Ao contrário da renúncia, entretanto, o perdão é bilateral, ou seja, sua eficácia pressupõe aceitação do querelado. Havendo mais de um réu, o perdão oferecido a um deles, a todos se estenderá. Por outro lado, a aceitação do perdão somente por um dos querelados não produz efeito em relação aos demais. É o que dispõe o art. 51 do CPP:

Art. 51. O perdão concedido a um dos querelados aproveitará a todos, sem que produza, todavia, efeito em relação ao que o recusar.

Pelas mesmas razões já expostas em relação à superveniência do novo Código Civil, devem ser reputados revogados os arts. 52 e 54 do CPP, ou seja, se querelado ou querelante tiverem entre 18 e 21 anos, a aceitação ou oferecimento do perdão não mais necessita de anuência de seu representante legal.

Caso o querelante seja menor de 18 anos, o oferecimento do perdão incumbe ao seu representante legal, salvo no caso de queixa proposta em razão da prática de induzimento a erro essencial, em que somente à vítima, quando completar 18 anos, é que incumbirá o direito ao perdão. Impossível, contudo, que o querelado seja menor de 18 anos, ante a inimputabilidade a que estaria sujeito (art. 27 do CP).

Quanto à hipótese de o querelado ser mentalmente enfermo ou retardado mental e não tiver representante legal – ou colidirem os interesses deste com os do querelado, dispõe, o art. 53 do CPP, que "a aceitação do perdão caberá ao curador que o juiz lhe nomear". Quanto ao curador, trata-se de ato discricionário.

Assim como a renúncia, o perdão também poderá ser expresso ou tácito (art. 57 do CPP), podendo ser deduzido de qualquer ato envolvendo as partes.

Já em relação à aceitação do perdão, o art. 58 do CPP estabeleceu o princípio de que o silêncio do querelado, no prazo de 3 dias a partir de sua intimação, importará em aceitação. Trata-se de solução coerente com a possibilidade de perdão tácito. Caso o perdão seja aceito fora do processo, tal aceitação "constará de declaração assinada pelo querelado, por seu representante legal ou procurador com poderes especiais" (art. 59 do CPP).

3.16.9. Decadência do direito à queixa

Assim como a representação, o direito à queixa decai, via de regra, no prazo de 6 (seis) meses, contado a partir do conhecimento da autoria do fato (e não do conhecimento do fato) – art. 103 do CP. Existem, contudo, algumas exceções:

a) em crimes de imprensa, o prazo decadencial é de 3 (três) meses, contado a partir da publicação do periódico ou da transmissão – art. 41, § 1º, da Lei nº 5.250/65;

b) na queixa subsidiária, o prazo decadencial, embora também seja de 6 (seis) meses, conta-se a partir do dia em que se esgota o prazo para o oferecimento da denúncia.

Discute-se se, nos crimes contra a propriedade imaterial, teríamos uma quarta exceção à regra do prazo decadencial. O art. 186, I, do CP (com a redação dada pela Lei nº 10.695/03) estabelece que no crime definido no art. 184, *caput*, do CP (violação de direito autoral em sua forma simples) procede-se mediante queixa, sem estabelecer, contudo, o prazo para o seu oferecimento. No silêncio da norma, inteiramente aplicável o disposto no art. 103 do CP, ou seja, o prazo decadencial é de 6 (seis) meses contado a partir do conhecimento da autoria do fato. O problema é que o CPP, em seu art. 529, ao regular o procedimento especial para o processo e julgamento dos crimes contra a propriedade imaterial, estabelece que:

> Art. 529. Nos crimes de ação privativa do ofendido, não será admitida queixa com fundamento em apreensão e em perícia, se decorrido o prazo de 30 (trinta) dias, após a homologação do laudo.
>
> Parágrafo único. Será dada vista ao Ministério Público dos autos de busca e apreensão requeridas pelo ofendido, se o crime for de ação pública e não tiver sido oferecida queixa no prazo fixado neste artigo.

Na doutrina, prevalece o entendimento no sentido de que os crimes contra a propriedade imaterial, que deixam vestígios e são de ação penal privada, continuam sendo regidos pelo prazo de 6 (seis) meses para o oferecimento da queixa, sendo que os 30 dias enunciados no art. 529 do CPP não seriam prazo decadencial, mas sim um interregno temporal cujo objetivo é evitar que o requerente mantenha em seu poder, durante largo período, os objetos arrecadados na busca e apreensão. Nas palavras de Mirabete,[236] citando o mesmo entendimento de João Gama da Cerqueira, Frederico Marques, Tourinho Filho e Magalhães Noronha, "o artigo 529 do CPP visa a impedir que o querelante da busca e apreensão protele a apresentação da queixa, causando maiores gravames ao requerido, nada tendo a ver com o instituto da decadência e não se prejudicando o disposto no artigo 103 do CP e artigo 38 do CPP".

Embora tal entendimento já tenha sido reconhecido pelo STJ,[237] a verdade é que, em termos atuais, prevalece opinião contrária no sentido de que a decadência, nos crimes contra a propriedade imaterial, é de 30 (trinta) dias, nos termos do art. 529 do CPP:

> A persecução penal dos denominados crimes contra a propriedade imaterial, que deixam vestígios, exige, como condição para o recebimento da queixa-crime, a demonstração prévia da existência da materialidade do delito atestada por meio de perícia técnica. A norma do art. 529, do Código Processual Penal, de caráter especial, prevalece sobre a geral do art. 38, desse mesmo diploma legal. Em conseqüência, o direito de queixa é de 30 (trinta) dias, contados da sentença homologatória do laudo pericial. Recurso conhecido e provido [STJ – Resp 336553-SP, 5ª Turma, rel. Min. José Arnaldo da Fonseca, j. 20/02/2003, DJU: 24/03/2003, p. 263, RT 814/566].

> (...) Seja o Código de Processo Penal, seja o Código de Propriedade Industrial exigem, nos crimes contra a propriedade imaterial que deixam vestígio, como pressuposto à admissibilidade da queixa-crime, a prévia comprovação da materialidade e autoria do ilícito pela apreensão dos bens e realização de perícia. – Em sede de crimes contra a propriedade industrial que deixam vestígio, cuja ação penal tem como condição de procedibilidade a realização de perícia, incide o prazo decadencial de trinta dias após a homologação do laudo, expresso na regra específica do artigo 529, do CPP (...) [STJ – RHC 11848-SP, 6ª Turma, rel. Min. Vicente Leal, j. 07/02/2002, DJU: 11/03/2002, p. 278, RT, 801/480].[238]

O prazo decadencial, via de regra, não se interrompe nem se suspende – salvo nas hipóteses descritas no § 2º do art. 41 da Lei nº

---

[236] MIRABETE, cit., p. 564.

[237] "(...) Mesmo na hipótese dos crimes contra a propriedade imaterial, em que não se admite a queixa fundada em apreensão ou perícia, se decorrido o prazo de 30 dias após a homologação do laudo (CPP, art. 529), impõe-se a observância do prazo semestral de decadência, como previsto no art. 38, do Código de Processo Penal, pois sendo o mesmo instituído para tutelar o direito de liberdade, não seria lógico que a promoção da ação penal ficasse a juízo de oportunidade do ofendido que poderia dilatá-lo, retardando a busca e apreensão ou a perícia. – Recurso especial não conhecido". [STJ – Resp 103231-SP, 6ª Turma, rel. Min. Vicente Leal, j. 16/04/1999, DJU: 21/06/1999, p. 205, RT, 768/532].

[238] No mesmo sentido: "(...) 1 – Recusa-se aplicação aos arts. 38 do CPP e 105 do CP, em se tratando de crime de violação de direito autoral, em decorrência da norma de caráter especial do art. 529 do CPP, máxime quando, antes do prazo fixado naqueles dispositivos, há requerimento expresso de abertura de inquérito policial, com identificação do responsável (autoria), viabilizando a realização da perícia, condição de procedibilidade da queixa. 2 – Recurso provido. [STJ – ROMS 10589-SP, 6ª Turma, rel. Min. Fernando Gonçalves, DJU: 05/06/2000, p. 213, LexSTJ, 133/372]. "(...) 1. Em se tratando de infração que deixa vestígio, ocorrerá a decadência do direito de queixa, quando o querelante, ciente da homologação do laudo pericial, pela retirada da medida preparatória do cartório, apenas instrui a petição inicial da ação privada com a integralidade do trabalho de exame de corpo delito, após escoado o prazo fixado no art. 529 do Código de Processo Penal. 2. Ordem concedida para declarar extinta a punibilidade (art. 107, IV, do Código Penal)". [STJ – HC 8225-RJ, 6ª Turma, rel. Min. Fernando Gonçalves, j. 06/04/1999, DJU: 28/06/1999, p. 153].

5.250/67 –, caso em que o oferecimento da queixa, devidamente protocolizada em juízo, impede a verificação da extinção da punibilidade. Assim, em relação aos crimes contra a honra definidos no CP, é correto afirmar que:

> (...) O prazo para propositura de ação penal privada, ante seu caráter decadencial, não se suspende ou interrompe pela formulação de pedido de explicações, nos moldes do art. 144 do Código Penal, em face da ausência de previsão legal a respeito (...) [STJ – Resp 204291/PR, 6ª Turma, rel. Min. Fernando Gonçalves, j. 17/08/2000, DJU: 04/09/2000, p. 202].

A contagem do prazo leva em consideração a regra do art. 10 do CP:

> (...) Sendo a decadência causa extintiva de punibilidade, o prazo respectivo tem caráter penal e deve ser contado nos termos do art. 10, do Código Penal, computando-se o dies a quo, que é o dia da ciência da autoria do fato pelo querelante, e encerrando-se na véspera do mesmo dia do mês subseqüente, obedecendo-se o calendário comum (gregoriano). (...) [STJ – Resp 103231-SP, 6ª Turma, rel. Min. Vicente Leal, j. 16/04/1999, DJU: 21/06/1999, p. 205, RT 768/532].

Quanto ao assunto, já se entendeu – de forma criticável, frise-se – que a queixa oferecida perante juízo incompetente também produz efeitos:

> (...) Oferecida a queixa dentro do prazo legal, independentemente de ter sido apresentada perante juízo incompetente ou ainda não ter sido analisado o seu recebimento, resta superada a alegação de extinção da punibilidade fundada na decadência (...) [STJ – APN 165/DF, Corte Especial, rel. Min. Eduardo Ribeiro, j. 29/11/2000, DJU: 22/04/2002, p. 154].

Em relação a crimes continuados, consoante já destacado, há ampla divergência jurisprudencial acerca do termo inicial. Vimos que, no bojo do STJ, a mesma Turma, no mesmo ano, sufragou entendimentos distintos, ora afirmando que o prazo deve ser isolado em relação a cada crime,[239] ora afirmando que o *dies a quo* é o do último delito.[240] A mesma crítica já lançada em relação à representação também é válida para a queixa: em se tratando de decadência, o termo inicial não leva em consideração, via de regra, os delitos praticados – como é o caso da prescrição –, mas sim o conhecimento da autoria dos delitos. Conseqüentemente, cada delito há de ter o seu prazo, a partir do conhecimento de cada autoria delitiva.

No caso de queixa subsidiária, a decadência do direito não acarreta a extinção da punibilidade do delito, apenas gerando o efeito de a legitimidade para a propositura da ação penal pública ser

---

[239] Em se tratando de crime continuado, "o prazo de decadência previsto no art. 38 do CPP (...) deve ser considerado em relação a cada crime, apreciado de forma isolada" [STJ – RHC 5135-RS, 6ª Turma, rel. Min. Fernando Gonçalves, j. 30/09/1996, DJU: 29/10/1996, p. 41694, RSTJ, 90/352].

[240] "(...) Em se tratando de crime continuado, a data que se toma para termo inicial do prazo decadencial é o da última ocorrência". [STJ – RHC 4702-MG, 6ª Turma, rel. Min. Anselmo Santiago, j. 07/05/1996, DJU: 01/07/1996, p. 24099]. No mesmo sentido: "(...) Termo *a quo* do prazo decadencial na data da ciência do último ato e de sua autoria, ocorrida em agosto de 1995 (...)" [TRF/1ª Região, QCR 01498419-MG, 1ª Turma, rel. Juiz Jirair Aram Meguerian, j. 20/11/1997, DJU: 09/02/1998, p. 210].

retomada, integralmente, pelo Ministério Público, que poderá oferecer denúncia enquanto não verificado o prazo prescricional do delito.

3.16.10. Perempção

O instituto da perempção tem seu fundamento no interesse processual que deve reger não só a propositura da ação penal privada, mas, também, o seu andamento. Trata-se, assim, de uma espécie de penalidade (extinção da punibilidade) aplicável aos casos em que o querelante mantém-se inerte quanto ao andamento da ação. Verifica-se, dentre outras, nas hipóteses descritas no art. 60 do CPP:

Art. 60. Nos casos em que somente se procede mediante queixa, considerar-se-á perempta a ação penal:

I – quando, iniciada esta, o querelante deixar de promover o andamento do processo durante 30 (trinta) dias seguidos;

II – quando, falecendo o querelante, ou sobrevindo sua incapacidade, não comparecer em juízo, para prosseguir no processo, dentro do prazo de 60 (sessenta) dias, qualquer das pessoas a quem couber fazê-lo, ressalvado o disposto no art. 36.

III – quando o querelante deixar de comparecer, sem motivo justificado, a qualquer ato do processo a que deva estar presente, ou deixar de formular o pedido de condenação nas alegações finais;

IV – quando, sendo o querelante pessoa jurídica, esta se extinguir sem deixar sucessor.

Em se tratando de "(...) concurso formal de delitos, ensejadores de ação penal pública (denunciação caluniosa) e ação penal privada (injúria), a extinção da punibilidade do crime de injúria pela ocorrência da perempção não produz qualquer reflexão no curso da ação penal pública, que deve prosseguir em sua regular tramitação. – Recurso ordinário desprovido". [STJ – RHC 9425-RJ, 6ª Turma, rel. Min. Vicente Leal, j. 29/06/2000, DJU: 16/10/2000, p. 351]. Por outro lado, havendo dois ou mais querelantes, a perempção somente atinge aquele que tiver dado causa à inércia. É um instituto próprio da ação penal privada, não se aplicando à ação penal pública, ainda que condicionada:

(...) A perempção – perda do direito de ação motivada pela inércia processual do querelante, com a conseqüente extinção da punibilidade –, é instituto próprio da ação penal privada, não podendo ser invocada quando a persecução criminal é iniciada pelo Ministério Público, mediante representação, em virtude da prática de crime contra a honra de funcionário público no exercício de suas funções ou em razão delas. Matéria não submetida à apreciação da Corte Estadual não pode ser apreciada neste Tribunal. Ordem conhecida em parte e, nessa parte, denegada, prejudicado o HC 31028-MT [STJ – HC 32577-MT, 5ª Turma, rel. Min. José Arnaldo da Fonseca, j. 05/08/2004, DJU: 06/09/2004, p. 276].

Cremos possível a perempção na ação privada subsidiária, sem, contudo, o efeito da extinção da punibilidade. De fato, por tratar-se de ação penal pública em sua essência, a perempção apenas produzirá o efeito de o pólo ativo da demanda ser retomado, integralmente, pelo Ministério Público, nos termos do art. 29 do CPP.

INVESTIGAÇÃO CRIMINAL E AÇÃO PENAL

Por fim, "(...) A perempção é passível de ocorrer apenas depois de instaurada a ação penal privada (...)" [STJ – HC 24218-MG, 6ª Turma, rel. Min. Paulo Medina, j. 08/05/2003, DJU: 26/05/2003, p. 378].

Vejamos, isoladamente, cada hipótese legalmente estabelecida de perempção.

3.16.10.1. Inércia do querelante por mais de trinta dias

O primeiro caso de perempção da ação penal privada, nos termos do art. 60 do CPP, verifica-se "quando, iniciada esta, o querelante deixar de promover o andamento do processo durante 30 (trinta) dias seguidos". A norma não exige que o querelante deva peticionar de 30 em 30 dias nos autos, mas sim que deva atender os chamados processuais no tempo oportuno, cujo limite é o prazo de 30 dias. Assim, por exemplo, se o juiz determinar a intimação do querelante acerca da juntada de uma perícia, tal manifestação deverá verificar-se, no máximo, até 30 dias contados da publicação do despacho. Não se aplica, por certo, para os casos em que a paralisação do processo não possa ser imputada ao querelante.[241]

3.16.10.2. Falecimento do querelante sem habilitação de sucessor em 60 dias

A segunda hipótese de perempção, arrolada no art. 60 do CPP, verifica-se "quando, falecendo o querelante, ou sobrevindo sua incapacidade, não comparecer em juízo, para prosseguir no processo, dentro do prazo de 60 (sessenta) dias, qualquer das pessoas a quem couber fazê-lo, ressalvado o disposto no art. 36". Nos termos do art. 31 do CPP, o falecimento do querelante faz com que o direito de prosseguir na ação penal se transmita ao cônjuge, ascendente, descendente ou irmão. Tais sucessores, entretanto, devem se habilitar nos autos no prazo de 60 dias, a contar da data do falecimento do querelante.

---

[241] "(...) Apesar de devidamente intimado para constituir novo patrono por ter o anterior renunciado os poderes que lhe foram outorgados, deixou o querelante de fazê-lo por mais de trinta dias seguidos. Ação penal privada que se julga perempta, com a conseqüente extinção da punibilidade do querelado" [STF – Inq 780/TO, Tribunal Pleno, rel. Min. Moreira Alves, j. 12/06/1996, DJU: 06/09/1996, p. 31849]. "(...) A inércia do querelante, cujo comportamento omissivo gera a paralisação do processo penal condenatório por mais de trinta (30) dias, traduz situação configuradora de perempção da ação penal privada. Basta, para efeito de caracterização da perempção, que o querelante, notificado pela imprensa oficial, deixe de adotar os necessários atos de impulsão da *persecutio criminis*. Decorridos mais de trinta dias, opera-se a extinção da punibilidade do querelado. [STF – Inq 512 QO/DF, Tribunal Pleno, rel. Min. Celso de Mello, j. 20/02/1992, DJU: 13/08/1992, p. 21170]. "(...) Quando o querelante, devidamente intimado, não providenciou o preparo a que se refere o art. 61 do RI/STF, deixando em decorrência de promover o andamento do processo, por mais de quatrocentos e oitenta dias, extingue-se a punibilidade do querelado pela perempção. [STF – Inq 372/DF, Tribunal Pleno, rel. Min. Paulo Brossard, j. 21/06/1989, DJU: 10/08/1989, p. 12915].

O objetivo da ressalva ao art. 36, ao que tudo indica, deve-se ao fato de o sucessor que se habilitou nos autos deixar de dar andamento à ação privada, caso em que o prazo para a habilitação dos demais elencados no art. 31 é de 30 dias (art. 61, I, do CPP), e não de 60 dias.

3.16.10.3. Ausência de comparecimento do querelante a ato personalíssimo e ausência de pedido de condenação nas alegações finais

O inciso III do art. 60 do CPP aponta outras duas hipóteses de perempção: "quando o querelante deixar de comparecer, sem motivo justificado, a qualquer ato do processo a que deva estar presente, ou deixar de formular o pedido de condenação nas alegações finais".

Quanto à primeira hipótese, ocorreria perempção no caso de "(...) falta não justificada do querelante ou de seu patrono, à audiência de inquirição de testemunhas, enseja a perempção da ação penal (...)" [STJ – Resp 45743-RJ, 6ª Turma, rel. Min. Pedro Acioli, j. 23/08/1994, DJU: 19/09/1994, p. 24716, LexSTJ, 67/376, RT, 712/478]. Contudo, tendo em vista que a perempção só se verifica após o início da ação penal:[242]

> (...) O não comparecimento do querelante à audiência de conciliação prevista no art. 520 do CPP não implica na ocorrência da perempção visto que esta pressupõe a existência de ação penal privada em curso, o que se dá apenas com o devido recebimento da exordial acusatória. Recurso desprovido" [STJ – Resp 605871-SP, 5ª Turma, rel. Min. Felix Fischer, j. 15/04/2004, DJU: 14/06/2004, p. 274]. No mesmo sentido já decidiu o STF: "(...) 5. Configura-se a perempção, dentre outras hipóteses, quando "o querelante deixar de comparecer, sem motivo justificado, a qualquer ato do processo a que deva estar presente" (art. 60, inc. III, do C.P.Penal). 6. Não e obrigatório o comparecimento do querelante a audiência de tentativa de conciliação, de que trata o art. 520 do C.P.Penal. 7. Doutrina e jurisprudência. 8. "H.C". indeferido [STF – HC 71219/PA, 1ª Turma, rel. Min. Sydney Sanches, j. 18/10/1994, DJU: 16/12/1994, p. 34887].[243]

Já em relação ao pedido de condenação em alegações finais, é necessário que o querelante seja conclusivo quanto à procedência da pretensão exposta na exordial. Ao contrário da ação penal pública – em que, por força de lei, o pedido de absolvição formulado pelo Ministério Público não isenta o juiz de proferir sentença de mérito –, a ação penal privada pressupõe postura ativa até o seu deslinde, caso em que eventual ambigüidade ou omissão quanto ao pedido de condenação caracteriza verdadeira hipótese de disponibilidade da ação penal privada. O peculiar disso é que vale muito mais a forma do pedido do que, propriamente, o seu conteúdo. Justifica-se tal rigor ante o direito de liberdade que está em jogo na ação penal privada.

---

[242] STJ – HC 24218-MG, 6ª Turma, rel. Min. Paulo Medina, j. 08/05/2003, DJU: 26/05/2003, p. 378.

[243] Em sentido contrário, para quem a hipótese seria de perempção: MIRABETE, cit., p. 149.

Não caracterizaria perempção o atraso no oferecimento das alegações finais, desde que a petição não seja apresentada após os 30 dias.[244]

3.16.10.4. Extinção de pessoa jurídica sem sucessor

O último caso descrito no art. 60 do CPP para a perempção ocorre "quando, sendo o querelante pessoa jurídica, esta se extinguir sem deixar sucessor". Nos casos em que a pessoa jurídica venha a ser vítima de um delito de ação penal privada, a falência ou a dissolução da empresa, sem que nenhuma outra pessoa jurídica a suceda em seus direitos, faz com que a ação penal privada seja encerrada pela perempção, ainda que algum sócio manifeste pretensão a privada de dar continuidade à demanda.

3.16.11. Resenha acerca das causas extintivas da punibilidade na ação penal privada: o que as diferencia?

Como vimos, decadência, renúncia, perdão e perempção são causas extintivas da punibilidade que incidem exclusivamente sobre a ação penal privada (ressalvada a hipótese de decadência do direito de representação).

Didaticamente, seria-nos possível traçar uma resenha, realçando os dois aspectos que diferenciam, entre si, essas quatro hipóteses de extinção da punibilidade. São eles:

1) o momento de sua ocorrência, se *anterior* (renúncia e decadência) ou *posterior* (perdão e perempção) ao início da ação penal;

2) a constatação de que sua incidência decorre ou de um *atuar positivo* (ação) – no caso da renúncia e do perdão – ou *negativo* (omissão) – na hipótese de decadência e da perempção – do agente no mundo dos fatos.

Assim, afora as especificidades que informam cada uma dessas hipóteses de extinção da punibilidade, poderíamos assentar que:

a) a renúncia incide *antes* de iniciada a ação penal, sendo que sua ocorrência se evidencia pela prática de um *ato positivo* (de uma ação) do agente; isso porque, mesmo quando tácita, a renúncia está a exigir "a prática de um ato incompatível com a vontade de exercê-lo" (*v.g.*, após demitir um funcionário pela prática de um delito contra a honra, o empregador o readmite, convidando-o para uma confraternização objetivando selar o bom relacionamento entre ambos);

---

[244] "(...) II – Não há que se falar em perempção se o querelante é intimado para apresentar alegações finais (Precedentes). III – A própria apresentação de alegações finais fora do prazo, desde que não configure a omissão desidiosa caracterizadora da perempção, não motiva a enfocada causa de extinção da punibilidade (Precedentes). Writ indeferido" [STJ – HC 9209/PR, 5ª Turma, rel. Min. Felix Fischer, j. 10/08/1999, DJU: 27/09/1999, p. 103].

b) o perdão, a seu turno, incide *depois* de iniciada a ação penal, exteriorizando-se, no mundo dos fatos, também pela prática de um *ato positivo* do agente (ação); a exemplo da renúncia, o perdão, mesmo que tácito, consiste na *prática de um ato* (ação), o qual, neste caso, se revela incompatível com a vontade de *prosseguir* na ação;

c) a decadência, a seu turno, verifica-se *antes* de iniciada a ação, porquanto sua incidência impede o próprio exercício do direito de queixa; para que ocorra, basta que o agente mantenha-se inerte (omissão);

d) a perempção, em suas várias hipóteses, verifica-se *após* iniciada a ação; a exemplo da decadência. Para que ocorra, basta que o agente, em situações que a lei requeira sua atuação (art. 60 do CPP), não realize o ato, mantendo um comportamento negativo (omissão).

3.16.12. Ação penal privada e a Lei nº 9.099/95

A edição da Lei nº 9.099/95 deu origem a algumas polêmicas acerca da aplicabilidade de alguns de seus institutos aos crimes de ação penal privada. Após ampla discussão, firmou-se o entendimento positivo:

> (...) As Turmas que compõem a Terceira Seção desta Egrégia Corte firmaram o entendimento no sentido de que, preenchidos os requisitos autorizadores, a Lei dos Juizados Especiais Criminais aplica-se aos crimes sujeitos a ritos especiais, inclusive àqueles apurados mediante ação penal exclusivamente privada (...) [STJ – HC 27003-RO, 5ª Turma, rel. Min. Laurita Vaz, j. 09/03/2004, DJU: 05/04/2004, p. 285].

Quanto ao *sursis* processual (art. 89 da Lei nº 9.099/95), apesar de alguns entendimentos dissonantes,[245] tornou-se majoritário o entendimento no sentido de sua aplicabilidade também aos crimes de ação penal privada:

> (...) Suspensão condicional do processo instaurado mediante ação penal privada: acertada, no caso, a admissibilidade, em tese, da suspensão, a legitimação para propô-la ou nela assentir é do querelante, não, do Ministério Público. [STF – HC 81720-SP, 1ª Turma, rel. Min. Sepúlveda Pertence, j. 26/03/2002, DJU: 19/04/2002, p. 49].
> (...) O benefício processual previsto no art. 89, da Lei n.º 9.099/1995, mediante a aplicação da analogia *in bonam partem*, prevista no art. 3.º, do Código de Processo Penal, é cabível também nos casos de crimes de ação penal privada. Precedentes do STJ.(...) [STJ – RHC 12276-RJ, 5ª Turma, rel. Min. Laurita Vaz, j. 11/03/2003, DJU: 07/04/2003, p. 296].

3.16.13. Custas processuais e sucumbência

A gratuidade da ação penal só tem aplicabilidade aos crimes de natureza pública. Conseqüentemente, todas as diligências e custas

---

[245] "(...) Nos crimes em que o jus persequendi é exercido por ação de iniciativa privada como tal o crime de injúria, é impróprio o uso do instituto da suspensão condicional do processo, previsto no art. 89, da Lei 9.099/95, já que a possibilidade de acordo é da essência do seu modelo, no qual tem vigor os princípios da oportunidade e da disponibilidade (...)" [STJ – HC 17431-SP, 6ª Turma, rel. Min. Vicente Leal, j. 15/04/2003, DJU: 23/06/2003, p. 444].

processuais devem ser arcadas pelo querelante e, se ao final restar vencedor, pelo querelado. Pela mesma razão, são devidos honorários sucumbenciais pela parte vencida:

> (...) Aplica-se na ação penal privada o disposto no art. 20 do Código de Processo Civil, devendo o vencido arcar com o ônus da sucumbência, nos termos do art. 3º do Código de Processo Penal. Precedentes [STJ – Resp 612772-RS, 5ª Turma, rel. Min. Laurita Vaz, j. 25/05/2004, DJU: 02/08/2004, p. 546].

> (...) É admissível a condenação do vencido no pagamento das verbas sucumbenciais nos crimes de ação penal privada, incluidamente os honorários de advogado, por aplicação analógica do princípio geral da sucumbência, em razão da omissão existente na Lei de Imprensa (...) [STJ – Resp 275650-SP, 6ª Turma, rel. Hamilton Carvalhido, j. 19/12/2003, DJU: 16/02/2004, p. 355].

Quanto às custas processuais, o art. 806, *caput*, do CPP é expresso em ressaltar que "Salvo o caso do art. 32, nas ações intentadas mediante queixa, nenhum ato ou diligência se realizará, sem que seja depositada em cartório a importância das custas". Caso o querelante não tenha condições econômicas para tanto, nada impede o reconhecimento dos efeitos da assistência judiciária gratuita (Lei nº 1.060/50), até mesmo porque o § 1º do art. 806 prevê, expressamente, tal possibilidade.

No mais, importantes as ressalvas contidas nos §§ 2º e 3º do art. 806 do CPP:

> Art. 806. (...) § 2º A falta do pagamento das custas, nos prazos fixados em lei, ou marcados pelo juiz, importará renúncia à diligência requerida ou deserção do recurso interposto.
> § 3º A falta de qualquer prova ou diligência que deixe de realizar-se em virtude do não-pagamento de custas não implicará a nulidade do processo, se a prova de pobreza do acusado só posteriormente foi feita.

A necessidade de pagamento de custas e honorários sucumbenciais não se aplica à ação privada subsidiária, pois tal ação, em essência, é pública.

3.17. AÇÃO PENAL PRIVADA PERSONALÍSSIMA

A ação penal privada personalíssima é aquela cujo direito à queixa-crime só recai sobre a vítima do delito, não se podendo falar em sucessão ou representação processual de incapaz. Em nossa legislação, com a expressa revogação do delito de adultério, remanesce um caso dessa natureza: induzimento a erro essencial e ocultação de impedimento (art. 236, parágrafo único, do CP).

Na ação privada personalíssima, a menoridade da vítima impede a propositura da ação penal – sendo incabível, até mesmo, a nomeação de curador –, caso em que a fluência do prazo decadencial resta impedida até o dia em que a vítima atinja a maioridade – lembrando que o casamento não supre a capacidade para fins penais.[246] Por outro

---

[246] Nesse sentido: TOURINHO FILHO, Fernando da Costa. *Processo Penal*, cit., vol. 1, p. 457.

lado, eventual falecimento da vítima impede a sucessão do direito de queixa, bem como a continuidade da ação penal já proposta.

No mais, todas as exigências da ação privada são inteiramente aplicáveis a esses casos.

3.18. AÇÃO PENAL PRIVADA SUBSIDIÁRIA DA PÚBLICA

A ação penal privada subsidiária da pública é um direito fundamental reconhecido na CF/88 (art. 5º, LIX), que funciona como mitigação do princípio enunciado no art. 129, I, da CF/88. Com efeito, embora o Ministério Público seja o *dominus litis* da ação penal pública, sua atuação há de ser controlada por mecanismos externos de combate à inércia e, eventualmente, à prevaricação. Diz o art. 29 do CPP:

> Art. 29. Será admitida ação privada nos crimes de ação pública, se esta não for intentada no prazo legal, cabendo ao Ministério Público aditar a queixa, repudiá-la e oferecer denúncia substitutiva, intervir em todos os termos do processo, fornecer elementos de prova, interpor recurso e, a todo tempo, no caso de negligência do querelante, retomar a ação como parte principal.

O fundamento para o oferecimento legítimo da queixa subsidiária é a inércia do Ministério Público. Daí que eventual pedido de arquivamento dos autos do inquérito policial não autoriza o oferecimento da queixa:

> (...) Se o Ministério Público pede o arquivamento dos autos, não se houve com omissão, desaparecendo espaço para a propositura de ação penal privada subsidiária da pública (...) [STJ – Resp 147733-SP, 6ª Turma, rel. Min. Fernando Gonçalves, j. 01/06/1999, DJU: 21/06/1999, p. 206].

Por outro lado, uma vez reconhecida:

> (...) insuficiente a instrução da representação dirigida à Chefia do *Parquet*, a realização de diligências imprescindíveis ao oferecimento de denúncia, em regular procedimento investigatório, obsta a propositura de ação penal privada subsidiária da pública, não consubstanciando inércia do órgão do Ministério Público. Inteligência do artigo 39 do Código de Processo Penal. 2. Na hipótese do artigo 29 do Código de Processo Penal, o Ministério Público não perde a legitimidade para a actio, devendo sua manifestação de arquivamento dos autos ser apreciada pelo Poder Judiciário, ainda que invocada a prestação jurisdicional pelo querelante. (...) [STJ – Resp 263328-SP, 6ª Turma, rel. Min. Hamilton Carvalhido, j. 03/04/2001, DJU: 27/08/2001, p. 423, RT, 796/578].

Cabível a queixa, pois, na hipótese de o Ministério Público exceder o prazo sem a adoção de *qualquer* das medidas que lhe seria possível adotar:

> Ação penal privada subsidiária (art. 100, p. 3., do CP, 29 do CPP e 5., LIX, da Constituição). Promotor que, de posse de inquérito de indiciado preso, excede o prazo do art. 46 do CPP, sem requerer diligência ou oferecer denuncia. Cabimento, nessa hipótese, da ação penal privada subsidiária (...) [STJ – RHC 1909/GO, 5ª Turma, rel. Min. Assis Toledo, j. 26/08/1992, DJU: 14/09/1992, p. 14980, LexSTJ 49/309].

O prazo de 15 dias conta-se a partir da data em que os autos do inquérito policial ou peças de investigação ingressam no setor de distribuição do Ministério Público, e não a partir da data em que os autos são encaminhados ao gabinete do membro do Ministério Público. Esse é o recente entendimento do STF, *mutatis mutandis*, no que tange a prazos recursais.[247]

Vem-se entendendo que o oferecimento da denúncia somente contra um dos indiciados caracteriza pedido de arquivamento implícito, não sendo possível a queixa subsidiária:

> (...) Hipótese que trata de ação penal privada subsidiária da pública, iniciada por queixa oferecida em função de o Ministério Público, em crime de homicídio culposo, ter deixado de apresentar denúncia contra alguns dos indiciados, ofertando-a contra os demais. Evidenciada a ocorrência de arquivamento implícito – eis que o Ministério Público não teria promovido a denúncia contra os pacientes por entender que não havia prova da prática de delito pelos mesmos – impede-se a proposição de ação penal privada subsidiária da pública (...) [STJ – HC 21074-RJ, 5ª Turma, rel. Min. Gilson Dipp, j. 13/05/2003, DJU: 23/06/2003, p. 396, RSTJ 175/473].

Há se ponderar, entretanto, as hipóteses concretas em que tal omissão reputa-se ilegítima, caso em que nos parece possível a medida do art. 29 do CPP.

A legitimidade ativa para o oferecimento da queixa subsidiária é da vítima ou de algum representante legal ou sucessor, não se admitindo a sua proposição por terceiro interessado:

> Recurso extraordinário. Ação privada subsidiária. Legitimidade. Art. 5º, LIX, da Constituição. – Inexiste a alegada ofensa ao artigo 5º, LIX, da Constituição que reza: "será admitida ação privada nos crimes de ação pública, se esta não for intentada no prazo legal". – Com efeito, tendo a Constituição, em seu artigo 129, I, estabelecido como uma das funções institucionais do Ministério Público a de "promover, privativamente, a ação penal pública, na forma da lei", constitucionalizou, nos crimes de ação pública, a ação penal privada subsidiária se a ação penal pública não for intentada no prazo legal. E a legitimidade para intentar a ação penal privada subsidiária, como ocorre na ação penal exclusivamente privada, é do particular ofendido ou de quem tenha qualidade para representá-lo, se um ou outro vivo e presente, como preceitua o

---

[247] "Concluído o julgamento de *habeas corpus* em que se discutia se o termo inicial do prazo para que o Ministério Público interponha recurso conta-se da remessa dos autos à secretaria do citado órgão, com vista, ou se do lançamento do 'ciente' pelo *parquet* – v. Informativo 327. O Tribunal, por maioria, acompanhou o voto proferido pelo Min. Marco Aurélio, relator, no sentido do deferimento do *writ*, para declarar a intempestividade do recurso especial interposto pelo Ministério Público estadual, por entender que, em face do tratamento isonômico que deve ser conferido às partes para se evitar privilégios, o prazo para interposição de recurso pelo Ministério Público inicia-se com a sua intimação pessoal, a partir da entrega dos autos com vista à secretaria do órgão. Salientou-se, na espécie, que a adoção de entendimento diverso implicaria o gerenciamento, pelo Ministério Público, do termo inicial do prazo recursal, a partir da aposição do ciente. Vencidos os Ministros Joaquim Barbosa, por entender necessária na espécie a intimação pessoal, e Celso de Mello, por considerar que, no caso concreto, não se poderia presumir a ciência prévia e inequívoca do representante do Ministério Público apenas pela entrada dos autos na repartição, inclusive porque o processo sequer havia sido entregue no gabinete do promotor responsável pelo caso. HC deferido para consignar a intempestividade do recurso especial interposto, ficando, em conseqüência, restabelecido o acórdão impugnado" [STF – HC 83255-SP, rel. Min. Marco Aurélio, j. 05/11/2003, Informativo STF/328].

Código Penal em seu artigo 100, §§ 2º, 3º e 4º. Recurso extraordinário não conhecido [STF – RE 331990/CE, 1ª Turma, rel. Min. Moreira Alves, j. 12/03/2002, DJU: 03/05/2002, p. 16].

Assim, conforme o STJ:

(...) não se torna parte legítima para propor ação penal privada subsidiária da pública pelos crimes de falsidade ideológica e uso de documento falso o simples fato de alguém se sentir ofendido diante de tais condutas (...) [STJ – Resp 205964-SP, 5ª Turma, rel. Min. Felix Fischer, j. 19/06/2001, DJU: 20/08/2001, p. 512, RT 795/561].

Uma exceção à regra geral da legitimidade pode ser encontrada no art. 80 do Código de Defesa do Consumidor (Lei nº 8.078/90), que reconhece a legitimidade para a propositura da ação penal privada pelas entidades previstas nos incisos III e IV do art. 82 daquela Lei (entidades e órgãos da Administração Pública, direta ou indireta, ainda que sem personalidade jurídica, especificamente destinados à defesa dos interesses e direitos protegidos por este código; associações legalmente constituídas há pelo menos um ano e que incluam entre seus fins institucionais a defesa dos interesses e direitos protegidos por este código, dispensada a autorização assemblear). Justifica-se tal legitimidade porque a vítima do crime contra a relação de consumo não é, propriamente, o consumidor diretamente atingido pelo ilícito, mas sim as relações de consumo entendidas em sentido difuso.

Pensamos que em delitos cujo bem tutelado seja de natureza difusa (crimes contra o sistema financeiro, contra o meio ambiente etc.), ante a ausência de sujeito passivo direto individualizado, seria cabível a propositura de ação subsidiária, na mesma linha do art. 80 da Lei nº 8.078/90, somente por associações ou organizações (estatais ou não) com legitimidade para a representação judicial dos interesses tutelados. Seria incabível falar-se, nesse sentido, em queixa subsidiária a ser proposta por pessoa diretamente atingida por um crime de gestão temerária de instituição financeira (art. 4º, parágrafo único, da Lei nº 7.492/86), na medida em que tal delito não tutela direitos individuais, mas sim difusos.

Caso interessante, onde se discutiu a legitimidade para o oferecimento da queixa subsidiária, foi apreciado pelo TRF/4ª Região:

(...) 1. Réu em ação penal pública, acusado da prática, em tese, de homicídio, ajuíza ação penal privada objetivando a condenação de pessoa que teria prestado falso testemunho na referida ação penal pública. 2. Utilização, inadequada, da ação penal privada como defesa. É na ação penal pública, onde o Recorrente é Réu, que ele pode e deve exercer todo direito de defesa assegurado pelo ordenamento jurídico pátrio. 3. Recurso improvido. [TRF/4ª Região – 7ª Turma, rel. Juiz Tadaaqui Hirose, j. 29/06/2004, DJU: 14/07/2004, p. 550].

Tal solução é criticável, na medida em que a partir da ação penal pública onde o réu está sendo processado não se julgará a veracidade do depoimento, mas sim o crime de homicídio. A prosperar a tese, eventual falso testemunho não poderá ser combatido quando produza efeitos em prejuízo do réu. A bem da verdade, o acórdão vai de encontro ao direito fundamental de tutela contra a inércia do Ministério Público.

Como já afirmado antes, cremos que o perdão e a perempção, conquanto tenham aplicabilidade à ação penal privada subsidiária,[248] não trazem como efeito a extinção da punibilidade. A única conseqüência, em tal hipótese, seria a retomada da ação pelo Ministério Público.

Embora proposta pela parte, o Ministério Público continua intervindo na ação penal privada subsidiária da pública. Havendo inércia da parte, retoma a sua condição se *autor*.

Quanto ao procedimento, o juiz, antes de receber a queixa subsidiária, deverá abrir vista dos autos ao Ministério Público, que poderá adotar três medidas (art. 29 do CPP):

a) opinar pelo *repúdio* da queixa subsidiária, nos casos em que a entenda como incabível, sendo que tal *repúdio* não vincula a decisão judicial;

b) aditar a queixa subsidiária, em homenagem ao princípio da obrigatoriedade e da indivisibilidade da ação penal pública; tal aditamento poderia ocorrer quando a queixa omite algum delito conexo ao fato imputado, bem como algum co-autor ou partícipe omitido;

c) também se cogita, no art. 29, de *denúncia substitutiva*. Seria o caso de o querelante não ter legitimidade para o oferecimento da queixa, caso em que só se poderia falar em *denúncia substitutiva* nos casos em que haja *repúdio* da queixa subsidiária.[249]

Diante dessas três possibilidades, o juiz pode discordar do repúdio ministerial e receber a queixa, assim como poderá receber a queixa e não o aditamento ou, na última hipótese, receber a queixa e não receber a denúncia substitutiva. Por outro lado, poderá acompanhar o repúdio para o fim de rejeitar ou não receber a queixa, receber a queixa e o aditamento ou receber a denúncia substitutiva.

Havendo inércia do querelante, o Ministério Público retoma o andamento da ação penal, nada impedindo que, preenchidos os requisitos legais, o querelante expelido do processo habilite-se como assistente da acusação.[250]

---

[248] Em sentido contrário: TORNAGHI, cit., vol. 1, p. 75; MONTEIRO ROCHA, cit., p. 123.

[249] No mesmo sentido: TORNAGHI, cit., p. 74.

[250] Idem, p. 74-75.

Referências Bibliográficas

AZEVEDO, David Teixeira de. "A Representação Penal e os Crimes Tributários: Reflexão sobre o art. 83 da Lei n° 9.430/96". *Revista Brasileira de Ciências Criminais*. São Paulo: RT, jul/set-1997, vol. 05, n. 19.

BITENCOURT, Cezar Roberto. *Juizados Especiais Criminais*. Porto Alegre: Livraria do Advogado, 1995.

——. *Crimes contra as finanças públicas e crimes de responsabilidade de Prefeitos*. São Paulo: Saraiva, 2002.

——. *Tratado de Direito Penal*. 8 ed. São Paulo: Saraiva, 2003, vol. 1.

BITTAR, Walter Barbosa. *As Condições Objetivas de Punibilidade e as Causas Pessoais de Exclusão da Pena*. Rio de Janeiro: Lumen Juris, 2004.

BOSCHI, José Antonio Paganella. *Ação Penal*. 2 ed. Rio de Janeiro: Aide, 1997.

——. *Ação Penal*. 3 ed. Rio de Janeiro: Aide, 2002.

BROSSARD, Paulo. *O impeachment*. 3 ed. São Paulo: Saraiva, 1992.

CAMPOS NETO, Alcides Silva de. "Os Crimes contra a Ordem Tributária e a Denúncia do Ministério Público". In *Cadernos de Direito Tributário e Finanças Públicas*, ano 6, n. 22, jan/mar-1998.

CAPRARO, Osvaldo; ABUSSAMRA, Michel Calfat. "Algumas Considerações sobre os Crimes de Ordem Tributária". *Revista Dialética de Direito Tributário*, n. 65, fev/2001.

CLÈVE, Clèmerson Merlin. *Investigação Criminal e Ministério Público*. Jus Navigandi, Teresina, a. 8, n. 450, 30 set. 2004.

DOTTI, René Ariel. *Curso de Direito Penal – Parte Geral*. Rio de Janeiro: Forense, 2001.

ESPÍNOLA FILHO, Eduardo, *Código de Processo Penal Brasileiro Anotado*, v. I, Rio de Janeiro: Editora Rio, *edição histórica*, 1976.

FARIA, Bento de. *Código Penal Brasileiro*. Rio de Janeiro: Jacinto Editora, 1942, vol. II.

FELDENS, Luciano. *A Constituição Penal – A Dupla Face da Proporcionalidade no Controle de Normas Penais*. Porto Alegre: Livraria do Advogado, 2005.

——. *Tutela Penal de Interesses Difusos e Crimes do Colarinho Branco*. Porto Alegre: Livraria do Advogado, 2002.

——. "Sigilo Bancário e Ministério Público: da necessária coabitação entre as Leis Complementares 105/01 e 75/93". In *Boletim dos Procuradores da República*, São Paulo, n. 5, v. 56, p. 12-14, dez. 2002.

——. *Poder Geral de Polícia e "Sigilo Telefônico"*, Última Instância Revista Jurídica Eletrônica, disponível em *www.ultimainstancia.com.br* (17/09/2004).

——. *Pessoa Jurídica e Direito Penal*, Última Instância Revista Jurídica Eletrônica, disponível em *www.ultimainstancia.com.br* (16/10/2004).

FERREIRA, Roberto dos Santos. *Crimes contra a Ordem Tributária*. 2 ed. São Paulo: Malheiros, 2002.

FIGUEIREDO, Alex Nunes de. "Os Crimes Materiais Contra a Ordem Tributária e a Ação Penal Respectiva". *Revista dos Tribunais*, São Paulo, ano 88, vol. 767.

FONTELES, Cláudio Lemos. "A Constituição do Crédito Tributário não é Condição Objetiva de Punibilidade aos Delitos contra a Ordem Tributária". *Revista dos Tribunais*, São Paulo, ano 91, vol. 796, fev-2002.

GOMES, Luiz Flávio; BIANCHINI, Alice. Crimes de Responsabilidade Fiscal. São Paulo: RT, 2001.

GOMES FILHO, Antônio Magalhães. *O Direito à Prova no Processo Penal*. São Paulo: RT, 1997.

GRINOVER, Ada Pellegrini; GOMES FILHO, Antonio Magalhães; FERNANDES, Antonio Scarance; GOMES, Luiz Flávio, *Juizados Especiais Criminais*, 5. ed., São Paulo: RT, 2005.

—— *et al. Comentários à Lei nº 9.099, de 26/09/95*. São Paulo: RT, 1995.

GRECO FILHO, Vicente. *Manual de Processo Penal*. 5 ed. São Paulo: Saraiva, 1998

——; NERY JR., Nelson. "Legitimidade Recursal do MP na Ação Penal Privada". *Revista da Ajuris*. Porto Alegre, vol. 19.

HUNGRIA, Nelson. *Comentários ao Código Penal*. Rio de Janeiro: Forense, 1980, vol. VII.

——. *Novas questões jurídico-penais*. Rio de Janeiro: Nacional de Direito, 1945.

JARDIM, Afrânio Silva. *Da Ação Penal Pública*. Rio de Janeiro: Forense, 1988.

——. *Direito Processual Penal*. Rio de Janeiro: Forense, 2003.

JELLINEK, Georg. *Sistema dei Diritti Pubblici Subbiettivi*. Trad. por Gaetano Vitagliano. Milano: Società Editrice Libreria, 1912.

JESUS, Damásio de. *Direito Penal*. 19 ed. São Paulo: Saraiva, 1995.

——. "A Questão da Representação na Ação Penal por Delito Tributário (Lei n. 9.430/96, Artigo 83)". In *Cadernos de Direito Tributário e Finanças Públicas*, ano 5, n. 20, jul/dez-1997.

——. *Código de Processo Penal Anotado*. 2 ed. São Paulo: Saraiva, 1991.

LIMA, Marcellus Polastri. *Curso de Processo Penal*. Rio de Janeiro: Lumen Juris, 2002.

LOPES JÚNIOR, Aury. *Sistemas de Investigação Preliminar no Processo Penal*. Rio de Janeiro: Lumen Juris, 2001.

——. *Introdução Crítica ao Processo Penal*. Rio de Janeiro: Lumen Juris, 2004.

——. *A opacidade da discussão em torno do promotor investigador – mudem os inquisidores, mas a fogueira continuará acesa*. Boletim IBCCRIM. São Paulo, v.12, n.142, p. 10-11, set. 2004.

——. "(Re)Discutindo o Objeto do Processo Penal com Jaime Guasp e James Golschmidt". In *Revista de Estudos Criminais*. Porto Alegre: Notadez, vol. 06, 2002.

MACHADO, Hugo de Brito. *Estudos de Direito Penal Tributário*. São Paulo: Atlas, 2002.

——. "A Ação Penal nos Crimes Contra a Ordem Tributária". *Revista Trimestral de Jurisprudência dos Estados*, ano 23, n. 173, nov/dez-1999.

——. "Algumas Questões Relativas aos Crimes contra a Ordem Tributária". *Revista dos Tribunais*, São Paulo, ano 87, n. 751, mai-1998.

MARQUES, José Frederico. *Elementos de Direito Processual Penal*. Bookseller: Campinas, 1997, vol. I.

——. *Tratado de Direito penal*. Campinas: Millennium, 1999, vol. III.

MIRABETE, Julio Fabbrini. *Processo Penal*. 4 ed. São Paulo: Atlas, 1995.

——. *Código de Processo Penal Interpretado*. 7. ed., São Paulo: Atlas, 2000.

MONTEIRO ROCHA, Francisco de Assis do Rêgo. *Curso de Direito Processual Penal*. Rio de Janeiro: Forense, 1999.

NOGUEIRA, Carlos Frederico Coelho. *Comentários ao Código de Processo Penal*. São Paulo: 2002, EDIPRO, vol. 1.

NUCCI, Guilherme de Souza. *Código de Processo Penal Comentado*. 3. ed. São Paulo: RT, 2004.

PALHARES, Cinthia Rodrgiues Menescal. *Crimes Tributários: uma visão prospectiva de sua despenalização*. Rio de Janeiro: Lumen Juris, 2004.

PEDROSO, Fernando de Almeida. *Processo Penal – O Direito de Defesa: Repercussão, Amplitude e Limites*. 3 ed. São Paulo: Revista dos Tribunais, 2001.

PENIDO, Flavia Valeria Regina. "O Artigo 83 da Lei 9.430/96 – Interpretação". In *Cadernos de Direito Tributário e Finanças Públicas*, São Paulo, ano 5, n. 20, jul/set-1997, p. 157-161.

PIRAÍNO, Adriana. "A Ação Penal nos Crimes contra a Ordem Tributaria e o Art. 83 da Lei 9.430/96". In *Cadernos de Direito Tributário e Finanças Públicas*, São Paulo, ano 5, n. 21, out/dez-1997, p. 111-115.

PIZOLIO JÚNIOR, Reinaldo. "Os Crimes Contra a Ordem Tributária e a Questão da Condição de Procedibilidade". *Revista Dialética de Direito Tributário*, n. 25, out-1997.

PRADO, Geraldo. *Sistema Acusatório. A Conformidade Constitucional das Leis Processuais Penais*. Rio de Janeiro: Lumen Juris, 1999.

RIBAS, Lídia Maria Lopes Rodrigues. *Questões Relevantes do Direito Penal Tributário*. São Paulo: Malheiros, 1997.

ROMEIRO, Jorge Alberto. *Da Ação Penal*. Rio de Janeiro: Forense, 1978.

ROXIN, Claus. *Derecho Penal*. Trad. Por Miguel Díaz y García Conlledo e Javier de Vicente Remesal. 2 ed. Madrid: Civitas, 1997.

SCHMIDT, Andrei Zenkner. *O Princípio da Legalidade Penal no Estado Democrático de Direito*. Porto Alegre: Livraria do Advogado, 2001.

——. *Exclusão da Punibilidade em Crimes de Sonegação Fiscal*. Rio de Janeiro: Lumen, 2003.

——. "O Direito de Punir: Revisão Crítica". In *Revista de Estudos Criminais*. Porto Alegre: Notadez, n. 09, 2003, p. 84-101.

——. "Concurso Aparente de Normas Penais". In *Revista Brasileira de Ciências Criminais*. São Paulo: RT, vol. 33, 2001, p. 67-100.

SILVA, Aloísio Firmo Guimarães da. "Considerações sobre a Natureza Jurídica da Norma Prevista no Art. 83 da Lei 9.430/96". *Revista Brasileira de Ciências Criminais*, São Paulo, ano 6, n. 23, jul/set-1998, p. 147-154.

STRECK, Lenio Luiz; FELDENS, Luciano. *Crime e Constituição: A Legitimidade da Função Investigatória do Ministério Público*. 3. edição, Rio de Janeiro: Forense, 2006.

TAIPA DE CARVALHO, Américo A. *Sucessão de Leis Penais*. Coimbra: Coimbra, 1990.

TORNAGHI, Hélio. *Curso de Processo Penal*. 7 ed. São Paulo: Saraiva, 1990, vols. 1 e 2.

TOURINHO FILHO, Fernando da Costa. Processo Penal. 26 ed. São Paulo: Saraiva, 2004, vol. 1.

TOVO, Paulo Cláudio. "Aditamento da Queixa pelo Ministério Público: Amplitude". *Revista da Ajuris*. Porto Alegre, vol. 18.

TUCCI, Rogério Lauria. "Breve Estudo sobre a Ação Penal Relativa a Crimes contra a Ordem Tributária". *Revista do Advogado*, n. 53, out-1998.

——. "Indiciamento e Qualificação Indireta". In Revista dos Tribunais, vol. 571.

VIDIGAL, Edson Carvalho. "Fluxos de Cadeia ou de Caixa: o Exaurimento da Instância Administrativo-fiscal como Condição de Punibilidade". In *Lex – Jurisprudência do Superior Tribunal de Justiça e Tribunais Regionais Federais*, ano 11, n. 120, ago-1999.

WESSELS, Johannes. *Direito penal. Parte Geral*. Trad. por Juarez Tavares. Porto Alegre: Sergio Fabris, 1976.

Impressão:
Evangraf
Rua Waldomiro Schapke, 77 - P. Alegre, RS
Fone: (51) 3336.2466 - Fax: (51) 3336.0422
E-mail: evangraf.adm@terra.com.br